U0107389

丛书策划　陈义望　朱宝元

A Concise History *of*

AUSTRALIA
5th EDITION

澳大利亚史

从沉睡大陆到现代国家

Stuart Macintyre

[澳] **斯图亚特·麦金泰尔** ——著

潘兴明　刘　琳——译

中国出版集团 东方出版中心

图书在版编目（CIP）数据

澳大利亚史：从沉睡大陆到现代国家 /（澳）斯图
亚特·麦金泰尔著; 潘兴明, 刘琳译. —上海: 东方
出版中心, 2023.8
　　ISBN 978 - 7 - 5473 - 2250 - 5

　Ⅰ.①澳…　Ⅱ.①斯…②潘…③刘…　Ⅲ.①澳大利
亚—历史　Ⅳ.①K611.0

　中国国家版本馆 CIP 数据核字(2023)第 145762 号

上海市版权局著作权合同登记: 图字 09-2021-0511 号

澳大利亚史：从沉睡大陆到现代国家

著　　者　[澳]斯图亚特·麦金泰尔
译　　者　潘兴明　刘琳
丛书策划　陈义望　朱宝元
责任编辑　沈旆婷
装帧设计　钟　颖

出 版 人　陈义望
出版发行　东方出版中心
地　　址　上海市仙霞路 345 号
邮政编码　200336
电　　话　021 - 62417400
印 刷 者　上海盛通时代印刷有限公司

开　　本　710mm×1000mm　1/16
印　　张　20
字　　数　317 千字
版　　次　2023 年 10 月第 1 版
印　　次　2023 年 10 月第 1 次印刷
定　　价　98.00 元

目 录 *Contents*

致谢 / 1

致 谢

　　这本书是为国际读者所出版的各国历史系列书籍之一，其后续修订版本已被翻译成多国语言。向澳大利亚以外的读者解释澳大利亚及其历史的机会是令人激动的，尽管在这本书首次出版时，我预料的读者期望可能与实际情况大不相同。本国读者期待在书中寻找到熟悉的事件和人物，既可以帮助他们明确自身定位也可以帮助他们梳理对历史的叙述。然而，海外读者对澳大利亚历史并不熟悉，因此有关这些知识的叙述很难对那些没有任何知识储备的人有所帮助。因此，在后来的修订版中，我对此提供了更多的提示，同时努力勾勒出粗线条的历史画卷，以历史特点统领历史细节。

　　在本书的多个使用过程中，也出现了类似困境。那些把它作为澳大利亚历史教科书的人，期望它能涵盖主要的研究领域，而那些因特定原因而持有强烈个人情感的读者，则把本书给予这些特定原因的关注程度视为评价本书的指标。这种个人倾向是不可避免的，我清楚本书研究重点的设置，也清楚表达了本人的理解和倾向。然而，我的目的是阐释这些历史事实在国家历史中占有一席之地的原因，以及继续讨论它们的方式。我试图将澳大利亚的历史放在全球和地区历史的背景下考察，并与世界其他地区的历史进行比较。这样做是为海外读者服务，他们可能在脑海中对澳大利亚的景观、植物群和动物群建立了一种印象，但这种印象只基于媒体的报道，而媒体很少揭示澳大利亚的国民生活模式。我还考虑到一些游客读者群：虽然他们接触到澳大利亚当地的习俗，却发现以他们自身逻辑难以理解他们的所见所闻。我希望通过描述澳大利亚历史的由来，能帮助这些读者理解他们在此地的所见所闻。

我的前辈、墨尔本大学的历史学教授在 100 年前的《澳大利亚简史》中写道："历史事件如同崇山峻岭，要在一段距离之外才能一睹真容。"在准备这一版的写作中，我借此机会再度审视那些已从前景中消失的事件，并试图更加清晰地详述当代的发展状况。

一部简明的历史必然依赖于大量的历史研究，在先前的版本中，我感谢了许多朋友和同事的帮助。我得到了前辈同仁多层次的指导，受益匪浅，这样一来，过分强调我的分内之事不免令人生厌。如同之前一样，通过在教学中分享能引发思考的问题，以及借助澳大利亚历史研究方法以激发想象力，我不仅受益于我教过的本国和海外学生，也从和我一起从事研究工作的研究生身上学到很多。

我把本书的第一版献给了我的两个女儿，她们出生在英国，成长在澳大利亚。她们常常任由自己的父亲扮演导师角色，却总是按照她们自己的兴趣和关注点来指教一番。同时，她们的伴侣和孩子们也经常帮助我更深入地理解历史和现实的相互影响。

斯图亚特·麦金泰尔（Stuart Macintyre）

第一章 肇始之初(5 万年前—1600 年)

关于澳大利亚何时以及如何开始出现的问题,其中一个答案祖祖辈辈都在学校里向学童讲授,见诸文学艺术、回忆录和种种周年庆典之中,即澳大利亚历史始于 18 世纪末。在欧洲对南方大洋数世纪之久的航行探险之后,英国海军上尉詹姆斯·库克(James Cook)于 1770 年航行到东岸海区,将澳洲大陆命名为新南威尔士(New South Wales),以英国君主的名义宣布拥有该地。不到 20 年之后,英国政府派出一支远航船队到新南威尔士,建立殖民地。1788 年 1 月 26 日,船队司令官亚瑟·菲利普(Arthur Phillip)开始建立对东部地区的统治。上千名军官士兵、文职官员和流放犯搭乘首航船队的 11 艘船在悉尼海湾下锚登岸,打下根基。此后的契约移民和自由移民前往大陆的各个地方,探险、定居、占有和征服。

这是一个有关"奋进号"(Endeavour)唤醒沉睡大地的历史叙述。"奋进号"是库克所驾的坚固帆船的名字,也反映了他手下船员的秉性。编年史家记载了首航船队运送人员是如何卸下物品,在悉尼湾树木丛生的坡地上清理出场地和建立第一个定居点的过程。在他们的笔下,文明时代到来了:英国钢铁制成的斧子落在南半球桉树上的声响,打破了原始荒野的沉静。

这些新来者带来了牲畜、植物和工具，也带来了思想宝库：其来源为启蒙运动的客观理性、对于人类能力的信念、固有道德观、基督教福音主义的严峻使命和对市场的强烈渴望。这样的思想和行为使欧洲确立了对世界其他地方的支配权。这样的成就反过来又促进了经济学、资源学、航海学、贸易学、生物学、动物学、人类学和历史学方面的认识发展。

历史学为控制和支配客观世界、理解和操纵人类事件提供了新的推动力。对于地理和编年史、空间和时间在客观上的确定性和可衡量性的新认识，促使历史学成为独立于当事人观点之外的一门知识。同时，历史学揭示了持续不断地改善和进步的进程，为新旧交替提供了合法依据。因此，澳大利亚历史构成了英国、欧洲和整个世界历史的一个新篇章。

这种历史语境下的澳大利亚开端，十分强调澳洲大陆的奇异之处。这里的动植物、甚至于人类居民都将传统的分类学逼向窘境：这些物种既是古老的，也是新生的。单孔目动物、有袋动物和热血类动物通过产蛋或育儿袋生殖繁衍，似乎是有胎盘哺乳动物的原始先祖，同时也是大自然的一种令人惊异的生理倒位现象。新南威尔士早期的一位法官和民谣诗人巴伦·菲尔德(Barron Field)写道：

> 袋鼠啊，袋鼠！
> 澳洲自有的精神！
> 从原始的荒芜之中，
> 历经失败而重振。
> 地球第五大陆的创造，
> 就此得到验证，
> 更像是一种再生……

根据这种历史记述，新南威尔士(其前身为新荷兰，New Holland)的特别之处，由于与帝国命运相联系而遭到弱化。殖民史的写作，是从英国和欧洲的殖民成就上落笔的。在那些大英帝国最早的殖民者粗陋的即兴创作作品背后，是对制度、习俗和期望的承袭。1803 年，一个海军军官在南部海湾的一座荒沙山上，看到一批流放犯拖拉一辆大车，车轴没入沙中。他不禁自得其乐，看到"又一个罗马，从一伙武器和技艺高强的……强盗联合中诞生"。

虽然军官们后来返回英国，这个定居点被废弃，但其他人留了下来，重新确定其期望所在。这些幻想家并不仅仅是将澳大利亚看作是英国的翻版，而是视为全新的再造。他们认为澳洲大陆广袤的内陆提供了摒弃旧大陆的贫困罪恶和阶级特权的机会。随着 19 世纪中叶由刑惩流放地过渡到自由定居地和自治社会，关注的重点也由殖民开发转向国家实验。同时，淘金潮的兴起、土地问题的解决和城市的发展，使得人们的心境由依附转为自足，历史研究也由对帝国遗产的发掘转向对自身发现的探究。

对起源的淡化，使得澳大利亚历史变为一部包含旅途和抵达之类经历的记述，为所有澳大利亚人所熟知，这种情况延续至今。但是，这种淡化处理的权宜色彩过于浓厚。它未能满足情感归属方面的需要，只留下未经抚慰的痛苦心灵。这种无根的、只有奇异而无深度的情感，使得将人民与土地连接在一起的过去民族的整合愿望受挫。最初的侵占，根绝了寻求土著文化归属感的希望。一部殖民化的历史则让位于入侵的实现。

到 20 世纪末，坚持澳洲本是一片无主土地（*terra nullius*）的杜撰之说再无可能。这种说法称直到 1788 年英国人定居为止，澳洲是无人居住的，缺乏法律、政府和历史的地方。这样，澳大利亚的另一个开端已经显而易见。澳洲大陆，或更古老的莎湖陆棚，本是一片更大的大陆，北面与巴布亚新几内亚连接，南面包括今天的塔斯马尼亚岛在内，这里是经过数万年演进的生活方式存在之处。这部大大向前延伸的澳洲历史，已获得越来越多的认可，反映了 20 世纪末的认知能力。它展示了社会组织、社会生态实践、语言、艺术形式和精神上对伟大丰富的古典文化的信仰。通过接纳土著人的过往历史，非土著的澳大利亚人将自己与这个国家联系在一起。

不过,他们之所以这样做,其原因并不仅仅是出于和解与和谐的愿望,而是由于受到了土著人在澳大利亚存在的挑战。与这部更久远历史被重新发现同时,土著组织和文化出现复兴。两者之间相互促进,但推动力各异。对于土著人和托雷斯海峡岛民来说,欧洲人的入侵是一个令人痛苦的事件,对其生活方式、健康、福祉和身份都造成了持久的影响。但他们的故事也是有关幸存的故事。只是通过他们的坚持和努力,习俗、故事和歌谣得以幸存。关于澳大利亚历史开端的新说法,即该开端并非始于西方历史中所记载的1788年,而是5万年前或更早,这个观点一经提出就更具争议性和革新性。

科学家认为,今天的岛状澳洲大陆曾是巨大的超级大陆——泛古陆的一部分,在遥远的过去发生分离断裂。起初,北面的劳亚古大陆与南面的冈瓦纳大陆分开。之后,今天的印度、非洲、南美洲和新西兰从冈瓦纳大陆中分离出来,向北漂移。此后,大约在5 000万年之前,澳大利亚和新几内亚也从冈瓦纳大陆中分离出来,最后在从中南半岛延伸到帝汶的链状岛屿前停了下来。尽管海平面随着气候的热冷周期而出现涨落,这个巨大的地块始终为海水环绕。今天将东南亚与澳大利亚西部海岸分隔开来的纵深海峡曾数度变窄到100公里,但从未合拢过。大海一直将包含澳洲、塔斯马尼亚和新几内亚的莎湖陆棚与包含马来亚、苏门答腊、婆罗洲和爪哇的巽他(Sunda)大陆分开。这条分割线被称为华莱士线(Wallace Line)。19世纪之后,科学家确认这是一条动物学上的永久分割线,一边是欧亚物种,另一边是澳洲和新几内亚物种。

这样,澳洲处于地理上的隔绝状态,但在地质上又十分稳定。这里很少发生地块碰撞和折叠现象,而这种现象在其他大陆十分常见,形成了高山和深壑。同时,澳洲大陆受冰河作用的影响轻微,火山活动很少,其地块更为古老、平坦,矿藏丰富且埋藏较浅。气候及其侵蚀作用造成土壤十分贫瘠。种类繁多的动植物必须进行调整,以适应重大的气候变化,并在这个环境里进化和繁衍。雨林地区不断扩大和收缩,内陆湖泊也时常充盈和干涸,食肉动物的生存时间则要短于食草动物。

最后一次冰河期在约 1 万年以前结束时,目前的海岸线就形成了。澳洲大陆从北部热带地区到南部较高纬度地区的距离为 3 700 公里,从东到西为 4 400 公里。大部分地区是干旱贫瘠的平原,山区的大量降水向下流入东部沿海地区,再流入太平洋。与其他大陆相比,澳洲大陆的降雨频率最低、降雨概率也最低。自北方而来的暖流与来自南方的寒流相互作用,导致澳洲大陆的气候极不稳定。此外,广阔海洋环绕在岛屿大陆四周,因而海洋大气压力变化直接引起气候模式的周期性波动。20 世纪的科学家们创建了厄尔尼诺涛动指数,用以测量一种特定气候现象,其成因是从东面吹来的信风在横跨太平洋时的停息现象。一旦信风停息,温暖的海水就会在南美洲海岸聚集,给南北美洲带来猛烈的风暴;相反,太平洋这边海水温度较冷,将减弱水分蒸发和雨云形成,从而造成澳大利亚东部的长期干旱。有时厄尔尼诺现象会被拉尼娜现象所取代,当信风威力太强时,太平洋这边的暖空气将引发飓风和洪水。这种变化的周期为 3—7 年,气象学家们已经在气象记录上将这个现象追溯到 19 世纪初。在印度洋也出现了类似现象,其持续时间似乎更长,可能影响到了澳大利亚的环境形成。

自然历史学家对这种单一环境中的丰富多样性感到大为惊异,从中发现了绝妙的拟人现象。最能适应这种环境的植物把根扎得很深吸取水分,叶面狭窄、树皮很厚,减少蒸发量和液体的丧失;撒下的植物种子能在干燥的土壤上存活很长时间,发芽生长。这些植物在补充营养方面要求不高,但繁衍能力却很强。其中的一些植物,比如桉树,能在烈日下散发一种蓝雾,主动向地面喷洒助燃物质,从中获得环境的帮助,烧死其他植物并刺激自身的繁衍。在史前的澳洲,这片广袤、沉睡的大陆演变为一个表演场,桉树以大火燃起的强烈气旋来庆祝胜利。

这种周期性大火可能是由闪电或其他自然原因引发的,但之后增添了新的助燃剂,那就是人类。人通过对火的控制获取了安全、热量、光和能量,因此家庭灶台成为人类社会的住所和象征。莎湖陆棚西北海岸边升起的条条烟柱很可能吸引了异他大陆边缘的岛民,促使他们越过大海，到达对岸。我们不知道这场征途何时开始、因何而起，又如何完成。可能迫于人口压力，在海平面较低时，那些人划着竹筏完成了这场旅行。最近的一次海平面低点比现在的海平面低 150 米，这发生在约 2 万年前的最后一个冰河时代。但在此之前，人类在莎湖陆棚定居的证据就十分确凿。同样的低点也出现在大约 13 万年前的上一个冰河期，但这个时间点又早于这场迁移。迁移大致在这两个时间点之间，约 5 万年前，那时海平面大约降低了 75 米。

在澳大利亚的历史上，人类定居初期所发生的改变比任何时期都大。过去人们认为这个时期的持续时间不会超过 1 万年。然而在1962 年，人们对澳大利亚西昆士兰一个古代洞穴进行考古挖掘，从中发现了 1.9 万年前的实证样本。随后十年内，进一步的发现将人类定居起点推前至 4 万年前。自此，已有人宣称澳大利亚北部地区的人类遗址可追溯到 6.5 万年前甚至更久远。尽管这种说法挑战了可信的年代测定法所能测定的极限，但由新发现而引发的公众关注为这一论点蒙上了一层阴影。1962 年，当澳大利亚第一位训练有素的考古学家约翰·马尔瓦尼(John Mulvaney)取得考古发现时，却被告知公众对此毫无兴趣。然而早在提交给专家评估之前，这些可追溯到 10 万年前的古老叙事就迅速占据新闻的头版头条。与此同时，由于考古学的新近发现和 DNA 分析技术提升，我们对智人离开非洲进入欧亚大陆，以及与早期人类互动方面的相关知识得到持续更新。

尽管进一步深入研究可能会大大推前人类定居澳洲的时间，但"越古老越好"的观点不利于理解登陆澳洲的非凡成就。由于在拓宽的莎湖陆棚海岸线的最初登陆点已被淹没了，因此我们无法确定这次登陆究竟发生在何时何地。最初登陆的地点可能在今天的西巴布亚海岸或西澳大利亚北部海岸附近，时间约为 5 万年前。无论何时何地，这都是一件具有世界意义的重大事件，是人类第一次实现跨海移民，从绵延的非洲和欧亚大陆向海对岸的新大陆迁徙。这一壮举要求航海家们借助船桨或风帆的帮助，穿越开阔海域，至少需要两到三天的时间，同时还需携带食物、水和各种工具。人类在莎湖陆棚的定居证明了其规划、信息共享和团结协作的能力。人类的首航富有目的性,这点体现在行动前的准备上,毕竟需要多次沟通协商,才能动员一支至少 1 000 人的先行队伍,达到基本的人口生存规模,而这与 1788 年英国人在悉尼登陆的人数大致相当。

远古时代竟能取得如此的巨大成就令我们费解。这段时期处于史前年代,我们已知在距今约 1 万年前,当时农耕和定居生活、文字以及文字记载的历史均未出现。而早在那些古老的文明出现之前,一个内涵丰富的澳大利亚土著社会就已经建立起来了,完全颠覆了世界历史。土著的历史就是如此悠久,而过于执拗地争论它何时开始,反而可能混淆重要细节和历史本质。

此外,有关人类在澳洲定居的准确时间的探究从未间断,在这一过程中,我们必须接受一个基本观点,即这块土地的照管者一直生活在这里。第一批在偏远地区发掘遗址的专业考古学家对这种照管关系涉及的情况知之甚少。因此,在发布考古发现时,他们无意中披露的场所、物品和活动违反了习惯法。1968 年和 1974 年,考古学家分别发现了古老的人类遗骸芒戈女士(Mungo Lady)和芒戈男士(Mungo Man)(以新南威尔士州西部一个废弃的牧区站命名),此地在史前时代为一个内陆湖,他们已在湖畔长眠了 4 万年。据一位发现芒戈男士遗骸的参与者回忆,他和他的同事没预料到这些土著居民会反对重新发掘他们的过去。但他们的确持反对态度,于是考古学家被迫要事先获得野外发掘许可。现如今,开展考古发掘需要与这些土著居民进行广泛协商,后者作为合作伙伴参与其中,贡献所拥有的知识。1992 年,芒戈女士遗骸被返还给对她负有照管责任的土著居民,2015 年芒戈男士遗骸也被返还。许多照管者尽管已经同意考古探查的开展,但他们仍对考古新发现持有怀疑态度。作为土著长者之一,洛蒂·威廉姆斯(Lottie Williams)在澳大利亚国立大学举办的一个仪式上接收了芒戈男士遗骸。他很高兴将遗骸送回到他的长眠之地,但他仍不相信在这工作的科学家们所"拼凑"出的故事,并声称:"我和我们族群中其他人都知道我们一直都在这里,所以这些事情对我们来说并不新鲜。"

当然，真实的情况是我们这些里拉特亚基人（Riratjungi）是来自大海对面巴拉尔库岛（Baralku）伟大的德扬卡瓦（Djankawa）的后代。我们的灵魂在死后回到巴拉尔库岛。德扬卡瓦与他的两个姐妹乘坐独木舟，在晨星的导引下来到阿纳姆地东部沿海的耶朗巴拉海岸。他们跟随雨云长途跋涉，穿越大地。当需要饮水时，他们抡镐掘入地下，淡水潺潺涌出。我们跟他们了解了这片大地上的所有生灵的名称，他们教给我们所有的法则。

德扬卡瓦故事只是万德尤克·马里卡（Wandjuk Marika）讲述的众多土著故事之一。其他故事则谈到了不同的起源，其祖先要么来自陆地，要么来自天空，还有其他变幻莫测的人类生活形式等等。以上故事谈到的起源都始于一个征程，一些征兆引导其祖先奔赴目的地，即一片物产丰富的土地，从而养活他们自己。

诸如此类的创世故事也存在于其他民族之中，《旧约全书》的《创世纪》和《出埃及记》（Genesis and Exodus）就是一例，但他们与今天读者的思想相去甚远。记载于故事、歌曲和礼仪中的祖先事迹，对于土著人生活具有特别重要的意义，因为它们表达了与土地之间尤为密切的关系。这些祖先事迹发生在梦幻时代，这个英语术语译自澳大利亚中部的阿兰恩特人（Arrernte）使用的词汇"*altyerre*"，译义并不精确。这个时代创造了山岳溪流、动物植物，并将他们的精神注入这些地方。

对于这种知识的保存和运用，确认了对土地的照管关系。一位北部地区居民佩第·贾帕尔加利·斯图尔特（Paddy Japaljarri Stewart）对其重要性作了以下解释：

我父亲的祖父最先教了我这些东西，不久之后我的父亲将他的父亲讲给他听的关于梦幻时代的事，又原原本本地教给了我，然后我的父亲把他父亲讲的故事再讲给我听，现在他正在教我如何以梦幻时代的生活方式生活，按照我祖父的方式行事，再教我他自己所做的事，此后我将像我父亲教我那样去教我的孙儿孙女。

　　这就是我父亲活着时教给我的东西。他教给我传统的方式，比如袋鼠的头部或身体处于梦境的传统图案。他教我在大型典礼上演唱。那些与我们有亲戚关系的家里人，也有同样的梦幻，用同样的方式演唱、跳舞、在身上或盾上或物件上绘上图案，这些是我父亲教给我的。我的梦幻就是袋鼠的梦幻、雄鹰的梦幻和鹦鹉的梦幻，因此我有三种梦幻，我必须恪守不变。这就是我父亲教我的东西，这就是我必须教我儿子的东西，而且我儿子会以我父亲教我的方式教他的儿子。这就是自梦幻时代以来祖祖辈辈传下来的方式。没有人知道什么时候这种方式会结束。

　　佩第·贾帕尔加利·斯图尔特在 1991 年用他自己的语言，通过磁带录音机录下了这些证词。他再现了梦幻从祖父、父亲到儿子、孙子的传承，世代相袭，经久不息。然而，坚持和传输他的三种梦幻的义务本身验证了在长时期内发生蜕变的可能性。他继而主张必须"真正严格地"坚持梦幻，这样他的家庭就不会"像一张纸一样失去、被扔掉或送给其他家庭"。当新技术置于传统知识之上，有约束力的传统与脆弱的、可遗弃的过去之间的巨大差异得到了凸显。记载于纸上的历史，如同土地证之类的证件一样，有可能丢失或交给别人。而存在和更新于家庭纽带之中的历史就能保持在自己手中。

　　定居在莎湖陆棚的土著人所面临的生存环境与留在异他的土著人截然不同。由于没有食肉动物的存在，这里几乎没有食肉竞争者，这给他们提供了巨大的生存优势。他们的足迹遍布于迥然不同的生态环境中，从北部的热带森林、冰原高原、开阔的林地、肥沃的河谷，到沼泽湿地和干燥的草原，他们被迫调整自己以适应气候变化。自 3 万年前开始的最后一个寒冷干燥的时期，其温度比现在低 6 摄氏度，在最极端的情况下，约 2 万年前，降雨量比现在减少了一半，植被减少，在干旱的内陆形成了沙丘。有考古证据表明，迫于无奈，一些生存区域被废弃，而另一些地区则需要新的技术。

　　这片土地上的土著人历经约 1.7 万年的数代繁衍，适应了这些截然不同且不断变化的自然环境,并反过来学会了如何利用环境来增加食物供应。作为狩猎-采集者,他们依靠土地生存,对这片土地上的各种资源和季节特征了如指掌。男性通常负责狩猎,而女性则负责采集各种食物。他们使用各式工具,包括挖掘棒、磨石、回旋镖、标枪投掷器、带柄的斧子和其他小型工具。他们以大家庭的方式构成社会,在特定的土地上行使权利且担负责任,并制定规则以规范他们与其他土著族群的相互交往。

狩猎-采集者是一个技术词汇,但还有更深远的含义。它指一种物质生产方式;标志着人类历史的一个阶段。5万年之前,当狩猎-采集者居住在澳洲之时,世界上所有地方的人类社会都在从事狩猎和采集。后来,在欧洲境内,以及亚洲、非洲和美洲的大部分地区,种植植物和驯养动物取代了狩猎和采集生产方式。这使得人口密度增加,并推动了城镇和国家的产生。随着农业生产出剩余的产品,财富得以积累,劳动分工成为可能。这种专业化促进技术进步和商业、工业的发展;并能够供给军队、统治者和官僚,这些统治者得以增强统治能力,控制更大的政治单位。

最初,当英国和其他欧洲探险者遇到澳洲土著人时,他们将后者放入人类进化的阶梯,其中狩猎-采集者占据最下面的一阶。19世纪历史学家詹姆斯·邦威克(James Bonwick)撰写了大量的土著历史,强调其生活方式的阿卡迪亚品性,但认定土著生活方式必然会让位于欧洲生活方式。对他而言,如同大多数同时代的人一样,土著人是一种原始的古人,缺乏改变的能力。就如邦威克所言:"他们对过去一无所知,对未来一无所求。"

后来有关历史的解释有所不同。史前史学家(尽管这个术语的沿用表明新的认知还不够)发现狩猎-采集者社会具有惊人的持久性和适应性;人口学家指出土著人十分成功地保持人口和资源的平衡;经济学家确信土著人的产品出现剩余,从而进行贸易和取得技术进步;语言学家揭示土著人语言的多样性和复杂性;人类学家洞悉土著人复杂的宗教引导其生活和行为,破解生态的奥秘,确保遗传的多样性和社会凝聚力。由于澳洲土著平等的社会和政治结构,分布广泛的贸易网络,特别是他们丰富的精神和文化生活,著名的法国人类学家克劳德·莱维-施特劳斯(Claude Lévi-Strauss)将他们描述为"有知性的贵族"。

有种观点认为从游牧的史前狩猎者到古代的定居种植者的转变标志着人类在文明道路上迈出了决定性的一步,但这一观点也遭遇了挑战。约1.2万年前,采集者开始在美索不达米亚的湿地上定居,这比植物驯化的历史早了几千年,也早于第一批国家形成的时间。这些早期国家的统治者奴役着在田里劳作的臣民,后者被限制食物摄入量,被迫与牲畜同处一室,共同遭受跳蚤、苍蝇、蠕虫和病毒的肆虐。有证据表明,比起那些远离政权的游牧民,这些农民的体型较小,也更易染上疾病。

这两种生活方式之间的紧张关系通过圣经中该隐和亚伯的故事得以昭示。农夫该隐杀害了他的兄弟亚伯,他的兄弟是个牧羊人,因为上帝认为亚伯的牲畜祭品比该隐的农业祭品更有价值。作为惩罚,上帝宣判该隐从此被放逐,终生流浪。如今,环保主义者则坚持另一种看法,认为人类对自然强加控制的同时,与自然达成浮士德式交易,即以出卖灵魂换取短时享乐。最近,联合国气候变化专门委员会(United Nations panel on climate change)的一位大气科学家提出"人类世"(Anthropocene)一词,意指人类对地球环境产生决定性影响的时代。在这个进程中,人类消灭了其他物种,改变了栖息地,并改变了生态系统。

有时"人类世"被认为始于工业革命,有时则被认为伴随农业兴起而生,它的起源很可能要早得多,始自人类开始用火,因为人类正是通过火的使用得以改变自然。火的实际作用,包括提供热量、煮熟食物使其易于被消化、劈开石头以制成工具、融化植物树脂以制成胶水。除此之外,狩猎-采集者还利用火来清除灌木丛,以种植可结出果实的植物,或建成草场以吸引心仪的猎物。莎湖陆棚的居民广泛使用这种火耕法,定期且有限度地主动用火来避免不受控制的野火可能带来的危害。越来越多的证据表明,他们还通过其他方式来提高生产率。大约6 000

11

年前,位于今天维多利亚州西南部的布吉比姆(Budj Bim)火山(或埃克尔斯山)爆发喷射出大量岩浆,土著民族贡第杰马若人(Gunditjmara)利用这些岩浆在流淌过程中所形成的纵横交错的沟渠,建造出一个复杂的生态系统,其中包括沟渠、围堰和捕获鳗鱼与其他鱼类的水池。在这些湿地沿线的村庄中,还发现了一些石屋的遗迹,表明这里至少是半永久定居的地方。2019 年,联合国教育、科学及文化组织将布吉比姆文化景观列入"世界文化遗产名录"。

贡第杰马若人所从事的石材工程是已知最早的水产养殖实例之一,在澳大利亚其他地区也发现了这种工程的遗迹。有些发现则更进一步,认为土著民族耕种了这片土地。在很大程度上,这种论点的形成是以最先观察到土著粮食生产的欧洲探险者所做的观察为基础。他们证实了土著人挖掘土地以获取块茎,收获种子和果实,以及除草、浇水、施肥并及时补种。这种论点的书面证据,体现在澳大利亚早期风景画中规整和花园般的景观上。综上所述,视觉和文字上的证据都表明,土著人常年用他们的火棒来发掘这片土地,他们受神圣的梦幻时代的感召,要照顾好他们所居之处的每一寸土地,反过来这也为他们提供了一种悠闲富足的生活。据说,这种经过深思熟虑而精心实施的经营管理,使得土著人时期的澳洲成为"地球上最大的庄园"。

这是一个富有吸引力的观点,对大众思想产生了明显的影响。然而,第一批欧洲人遇到的问题是,如何将"庄园"和"花园"等术语推广到第一批欧洲人抵达的这个国度。这两个专业术语都是有关土地利用和理想景观的新概念,它们被英国艺术家用以创造视觉艺术作品,暗示英国对新殖民地的承诺。1811 年,艺术家约瑟夫·利西特(Joseph Lycett)曾因伪造罪被判入狱,沦为罪犯,被流放到达悉尼后不久,他又因同样的罪名被判有罪,并描绘出这里的景象。在他的描绘中,悉尼东部树木稀疏的山丘上长满青草,与这片陆地上的其他地方截然不同,那些地区的土壤和气候状况存在很大的差别。在唤起一个世代之间保持着微妙生态平衡的整个大陆时,这片土地的特性体现为"舒适、安然、富足和美丽",而这些特性复兴了 19 世纪风行的理念,即保持一种固定不变的生活方式。这种理念将土著人悠久的火耕历史和数百个土著族群的生存经历简单化为一个单一的、普遍存在的体系。

回溯 5 万年，土著文化经常被描述为"世界上延续时间最长的文化"，这意味着它存在的长久性证实了它的客观性。人们批评历史学家在开始讲述 1788 年起的历史故事之前，如同这一章的撰写方式一样，把这一段漫长的时间用压缩至一个初始章节中，意在暗示土著历史结束于此时。有人呼吁纠正这种不平衡现象，因为若将人类在澳大利亚的存在视为一天，那么欧洲人的存在只占据最后的 7 分钟。

如何填补这一空白？我们对这段历史的了解依赖于考古学家提供的实物证据、人类学家和语言学家发现的社会和文化模式，以及那些被用来追溯祖先的传统知识。这些信息无法为传统的历史研究提供可靠的资料来源。考古证据在本质上是不完整的，因为只有一小部分历史碎片得以保存下来（我们发现了工具，但未能发现纺织物），通过人工制品只能对创造者的思维进行推论而已。民族学是欧洲社会的产物，欧洲人遇到了非常不同的社会，即使对从现在到遥远的过去做出的最精妙的推论也不具备确定性。同样地，土著民族承继的知识被新近的知识所覆盖，而源自所谓的梦幻时代的信仰体系，则演化为固定不变的架构，从而保证其应对时代变化。因此，对这最初 5 万年的记述将不同于传统的历史叙述，即记述何人在何时、何地做了何事，而只能采取所谓的"深度历史"（"deep history"，其倡导者所称）的历史叙述形式。

这段深度历史起始于人类到达莎湖陆棚，在接下来的 4 万年里，莎湖陆棚一直自成一体。我们可以推测，第一批初来者只会说几种语言，但最终澳洲存在 250 多种语言，新几内亚存在 1 000 多种语言。仅这一点就表明了一个显著的多样化的存在，这种特性在新几内亚表现得更突出，这主要因为太平洋南岛诸族（Austronesians）迁徙到此而形成。澳洲大陆没有出现这种第二次人类移入的现象。更确切地说，第一批人类从北方扩散开来，迁移并适应他们所遇到的新生态环境。考古记录表明，这一过程发生得相对较快，因此在海平面下降后不久，塔斯马尼亚岛就被人类占据。但这种时间表述只是相对而言，因为要适应完全不同的环境需要相当长的时间。例如,向内陆沙漠的迁移需要具备开发可用资源和应付季节性变化的新方法,为了应对这些环境条件,我们推测土著人需要反复尝试和纠错。气候变化迫使许多土地被遗弃,随后又重新被占据。1.4万年前,新几内亚与澳洲大陆分离①,之后不久,塔斯马尼亚也出现了同样的情况,其间伴随着大片平原被淹没。人类的适应力和忍耐力是令人惊叹的,考古学家在塔斯马尼亚西南部发现了一个人类居住的洞穴,该洞穴位于2万年前的上一个冰河时期,当时冰川覆盖着河谷,冰山漂浮在海岸附近。

因此,这段深度历史以人类的持续流动为标志,不断地分散和重聚。梦幻时代的信仰远未对所有土著人的生存形成支配力量,不同的环境塑造了不同的信仰系统,土著人可以自行做出选择。虽然一些普遍的模式尚可辨识,如对祖先的崇拜、坚持血缘关系的重要性以及性别在食物生产和分配中所起的作用,但在亲属关系分类和婚姻管理规则,以及典礼和符号体系方面则出现显著差异。典礼将人们聚集在一起,在歌舞中确认他们的共性,就像成人礼引导每一代新人履行其职责一样,但每个语言群体都有自己的习俗。岩画艺术有独特的地域风格,这些风格随时间而变。

社会的基本单位是大家庭或氏族,通过通婚、信仰和语言联结为更大的地域性群体。欧洲人将这些群体描述为部落,但这个术语已经不受欢迎,人们更喜欢用"某某人"这个指称,于是就出现了今天悉尼的盖蒂高人(Gadigal),或今日珀斯的沃巨克人(Wajuk)或其他实际存在的土著民族(此后,盖蒂高族人成为艾奥拉人[Eora])。当然,作出这些分类和民族命名的都是欧洲的做法,这表明土著人渴望自身所发挥的持久影响得到承认。尽管如此,随着语言恢复和文化更新,他们很可能会经历进一步的转变。

比起在历史进程中所发生的众多变化,我们对这段深度历史所导致的结果更为了解。毫无疑问,农业生产的可能已经存在,因为当农业

---

① 原文如此。——译者注

出现在新几内亚时,该岛还与澳洲大陆相连。然而,昆士兰州北部约克角地区的土著居民继续依靠狩猎和采集获取肉类和植物类食物。但约克角地区的土著居民拥有新几内亚的物品,如鼓、竹笛和配有舷外支架的独木舟,因此这种饮食偏好只是出于因土壤和气候不同而做出的选择。至于在澳洲的其他地区,环境条件可能使得对农业生产的必要投资失去经济可行性。

当然,火棍耕种法以及对特定动物和海洋生物的集约开发模糊了农业的界限。关键的区别似乎在于对植物和动物的驯化,因为这涉及主动干预它们的繁殖,以促进特定习性的形成,从而提升它们对人类持续照料的依赖度。因此,某些谷物因其适宜播种、收获和扬粒而被选择,而绵羊、山羊、牛和马等动物由于被选择性育种而失去了它们的野生特性。最早被驯养的动物是狗,但是被称为澳洲野狗的本地品种直到 4 000 年前才到达澳洲,当地的有袋动物也没有被驯养。此外,由于没有动物能用来负重搬运,因此澳洲土著只能轻装跋涉,而他们广泛的贸易网络也仅限于轻便物品的流通。

我们不应过分区分野生和家养,狩猎、采集、放牧和耕种只不过是根据情况选择的谋生策略。因为澳洲周期性的降水不足,因此依赖主食作物的风险太大,当地人使用的是火棍耕种法,而不是新几内亚的刀耕火种农业。他们定期照管作物,在开阔的草地上散养家畜而非在农场圈养,在牧场而非围栏里宰杀牲畜。

1.5 万年前,随着海平面的上升,澳洲四周被海水环绕。澳洲野狗的引入表明,澳洲并没有与外界完全隔绝。一些考古学家推测,经济活动已经迅速发展到能够应对厄尔尼诺现象引发的更为恶化的觅食环境。在过去的几百年里,更为晚近的航海者开始从印度尼西亚苏拉威西岛的港口城市马卡萨尔(Macassar)航行到澳洲北部的海岸线,在那里他们捕捞了一种被称为海参的海蛞蝓。这种每年一次的航行会持续几个月,为沿海居民同时带来合作与冲突。为了回馈土著人的热情和对捕捞海参提供的帮助,船员会给当地人奉上布料、烟草、烧酒(一种蒸馏酒)和金属工具,如斧头和刀子。当地土著学会了如何制造独木舟和用鱼叉捕猎海洋哺乳动物,同时,他们也可能接触到致命的疾病。这些变化是巨大而令人不安的,然而一场更具破坏性的变化很快就会到来。

澳大利亚的深度历史进程并没有汇聚成统一的模式,因为沿海和内陆经济之间一直存在着显著的差异。那些生活在广阔的干旱地带的人不得不到处跋涉,但他们都会在自己所占的全部土地之上开发资源。环境并没有决定他们的生活方式,而是为他们决定生活方式创造了基本条件,这些定居密度和迁移模式反映出各种资源的地理位置和季节性。

这种策略将人口控制在一个固定水平上,而这个水平是由最短缺时期食物的获得量所决定的。虽然这使他们摆脱了持续的生存斗争,但骨骼残骸提供的证据表明,在食物不足的时候,营养不良的情况确实存在。此外,在这些骸骨中,还发现了相当一部分颅骨骨折和上半身部位的其他创伤,这提醒我们土著社会存在着暴力行为。1788 年,澳洲的深度历史被新来者打断。据各种估测,当时的土著人口规模约在 75 万人到 100 万人之间。而在之前的 2 万年里,人口规模可能一直相对稳定。

在当地各种习俗所交织而成的画谱中存在一些普遍模式。狩猎、捕鱼、诱捕和采集食物是一个复杂的环境管理系统的一部分,这些基本任务与提供住所和衣物、更新设备、进行贸易和联系、维护法律和举行仪式的其他活动共同进行。尽管工作和休闲之间的区别分离了原本相连的生活领域,澳大利亚土著人的生活方式为文化和艺术的追求提供了大量的时间。他们对一种独特的环境挑战做出了巧妙而精确的反应。

第二章　新来者(约 1600—1792 年)

　　梦幻时代的故事从特殊性和普遍性的角度,叙述了澳洲的肇始之初。这些故事描述了在特定地点发生的特定事件,但这些事件并没有按照编年史的方式编排,其原因在于它们跨越古今,具有持续性的意义。考古学家和史前史学家寻求一种不同的精确描述,但他们的假设和推测只能提供人类最早在澳洲居住的粗线条估计而已。对比之下,人类第二次殖民澳洲的历史却有十分细致精确的记述。1 066 人搭乘11 艘船从英格兰南部海港朴次茅斯到达新南威尔士,途中经过特内里费岛、里约热内卢和开普敦。这是一次马拉松式的航行,用时长达 8 个多月,31 人未能活着到达目的地。1788 年 1 月 18 日,幸存者抵达植物湾北岸,但在 8 天之后才在北面 12 公里处的杰克逊湾登岸。在位于今天悉尼市中心的一个被清理的林地山坡上,船队司令亚瑟·菲利普船长正式宣布建立这个新殖民地,升起了英国国旗。

　　我们看到了菲利普有关航行和定居的记述,以及其他公开出版的记述、官方指令、公文函件、航行日志和随他出航者的日记和信件。我们知道每个人的姓名、身份和职责,携带到这里用于创建殖民地的各类物资、牲畜、植物、种子甚至书籍。我们能够复原殖民者的所有行动,其细微之处几乎可以超过所有其他类似的活动。其原因在于,澳洲殖民是欧洲扩张的后期行为,是最强大的欧洲国家将政治能力带向极致的产物。而且，新南威尔士的殖民活动是英国占取澳洲的第一步，在悉尼湾的登陆是新国家形成的标志时刻，后来通过庆祝 1 月 26 日"澳大利亚日"的方式来重现其起始。

然而，在庆祝周年纪念日和无穷无尽地书写澳大利亚创立的时候，这个问题不断引起争议。在 1888 年庆祝英国殖民 100 周年之时，激进的民族主义者抨击官方的庆祝活动是掩饰流放犯移民的历史，而这类移民占菲利普所率人员的大部分。50 年之后，土著批评家抵制再现登陆的活动，宣布 1 月 26 日为抗议和哀悼日。1988 年 200 周年庆祝期间，官方组织者安排来自世界各地的船只巡游悉尼湾，而没有安排由非官方组织的由朴次茅斯航行而来的船队参加庆典。但这并没有缓和土著人的不满，他们将一本新出版的关于 200 周年历史的书扔进悉尼湾的水中。如同公共庆典一样，学界对于英国殖民的解释也是莫衷一是：现在对于其动机、目的、功效和后果的争论，比以往任何时候都更加激烈。这是一个更宏大的帝国计划的一部分，还是一个即兴之举？澳洲是作为罪犯处理地，还是作为战略和商业基地？殖民地起初是"难以言状的无望和混乱"之地（澳大利亚最杰出的历史学家语），还是有秩序的和救赎之地？这是一场入侵还是和平占领，是掠夺还是改善，是流放之地还是希望之地，是隔离还是联谊？研究成果的积累使人们更加确切地掌握了殖民地形成历史的知识，而时间的流逝弱化了与历史的联系，并了解了其中的多样性含义。随着欧洲帝国时代的终结和土著存在的复兴，澳洲第二次殖民的历史并不比以往更清楚。

欧洲扩张从内部征服开始。从公元后第二个千年开始起，欧洲武士就在制服边疆地区的蛮族和不肯效忠的民族，建立新的定居点，演练扩张之术，向北推到波罗的海、向东推进到乌拉尔山脉、向西深入大西洋、向南沿非洲海岸探险并到达东亚地区。这些远征在 15 世纪加快了步伐，但起初的参与者寥寥无几，其目的是通过贸易和征服获取利益。欧洲探险者汲取了其他文明的知识（指南针和火药）、技术（弓弩制作和印刷术）和土产（土豆和西红柿）。

在亚洲，欧洲人遭遇了拥有高度发达经济的文明社会，在那里建立兵站和商站,目的是获取香料、咖啡、茶叶和纺织品。在美洲,欧洲人获取了大量贵金属,而在加勒比地区,他们建立甘蔗和烟草种植场,使用从非洲运来的奴隶劳工进行耕作。只是在北美洲和南美洲的气候温和地区,欧洲人进行了较大规模的移居。迟至 1800 年,居住在国外的欧洲人只占 4%。

当时还存在着非欧洲帝国:在中国的清帝国、在印度的莫卧儿帝国、奥斯曼帝国、萨菲帝国、阿兹特克帝国和印加帝国,但这些帝国都不能抵挡欧洲势力的增强。这些帝国幅员辽阔、疆域集中、内部统一;而欧洲帝国呈网状分布在各大洲,各部分相距遥远,但机动性和进取心更强。欧洲半岛临大西洋边缘地带的西班牙、葡萄牙、荷兰、法国和英国,相互争夺和竞争,刺激了进一步的增强和创新。不过,这场竞争产生了不断增长的资本。18 世纪,英国和法国崛起为欧洲最大的两个强国,竭尽全力在海上和陆上多次开战,在七年战争中,英国获得了胜利,取得了北美和印度的控制权。在下一轮的战事中,法国夺取了西印度群岛中的几个岛屿,英国则在美国独立战争(1774—1783 年)中败于本国的殖民者,丧失了大部分北美洲。到这个时候,法国处于革命的前夜,英国则处于维系帝国所需的沉重财政和人力负担之下。

18 世纪末英国丧失美洲殖民地,标志着帝国进入了一个新的阶段。英国获取必需品的来源由大西洋转向东方,殖民澳洲是其对亚太地区扩张的一部分。这个变化也促使英国重新考虑帝国的行事方式。在 1815 年结束之后出现了转变的势头,由进行花费巨大的保护贸易垄断的军事行动以及承受伴随而来的压在国内税收方面的沉重负担,转变为注重自给自足的经济发展和自由贸易。这种变化在印度并不明显,帝国扩张的花费由英国纳税人转嫁到当地农民身上。而在加拿人、澳洲、新西兰和南非等移民型殖民地,这种变化就比较明显。

这些移民型殖民地,就像英国在美国的殖民地和西班牙在阿根廷和乌拉圭的殖民地一样,成为欧洲扩张中别具一格的类别。殖民者无意维持已经存在的制度,不愿与当地居民发生商业联系或雇佣他们为劳工。取而代之的是,殖民者清理出土地,作为欧洲人专用的处女地。

这些地方温和的气候足以为欧洲的牲畜、牧草和庄稼提供合宜的生存环境；当地的生物区系较为单一，对欧洲人带来的野草和病虫害的抵抗力较弱；土著居民由于外来的疾病而大批死亡。19世纪之前，移民型殖民地在欧洲帝国体系中只起很小的经济作用。之后，随着大规模工业化为当地的原材料创造了广阔的市场，这些殖民地成为欧洲以外最富裕和发展最快的地方。

那种基于经济帝国主义和生态帝国主义对澳洲殖民地的记述，对太多的问题未能作出解释。那种称欧洲病菌的侵入导致澳洲土著人患病的说法，与那种称新西兰毛利人未对欧洲白人进行有效抵抗的说法一样不能自圆其说。欧洲人花了很大气力才镇压了殖民地土著人的反抗，还花了同样大的气力为其剥夺土著人进行辩护。欧洲人的天意说和使命说，以文化差异和种族低劣为基础刻画土著人的形象。英国人以西方文明继承者和基督启示的传承人自居，带着种族优越感来到太平洋地区。其优越感，因之后的科学知识、工业进步和自由的进一步推进而得到加强。所标榜的自由，似乎与流放犯开创殖民地的做法南辕北辙，但其影响不可小视。英国人的自由之基础是根据保护人民权利的宪政政府制度而形成的对君主的服从。美洲殖民地及其所宣称的共和制原则和法国的例子，都是表明侵犯这些权利所产生后果的有益提示。

因此，欧洲国家建立的移民型殖民地，既是一种原有的延伸，又是一种全新的开端。殖民者运用和调整科学技术，产生了巨大的收益。他们培育原则，也种植庄稼，并经过强化之后反哺母国。甚至在美国和在中南美洲原西属和葡属殖民地，他们打破枷锁、创立具有独特民主的民族国家，但移民—公民仍然保持住他们的根。这些新的共和国将自己确定为白人兄弟国。无论他们怎样强调与宗主国血亲们的不同，也无论他们有意识或无意识地调适于当地的实际情况，他们都与土著人格格不入。这个在澳洲草地上创立的国家，与在北美平原和阿根廷草原上创立的国家一样，都是由欧洲人后裔组成的社会，坚持其欧洲移居海外族群的地位。

英国是太平洋上的后来者。西班牙、葡萄牙和荷兰先于英国来到这个多岛海区,扩展其西部疆界。西班牙一国就占有其东端:从麦哲伦海峡到加利福尼亚的广阔地区。在太平洋盆地两端之间,成千上万的火山岛和珊瑚岛分布在这相距 15 000 公里的洋面上,几乎没有几个岛屿的财富或幅员能够引起欧洲的注意。人类早已在这些海区和岛屿航行和居住。最早在 4 万多年之前,人类就到达了莎湖陆棚;到上一个千年开始的时候,这种移居达到了高潮,人类移居到东面的复活节岛和南面的新西兰。这些航海民族从事农耕,饲养家畜,维持各种各样的社会组织。1567 年,西班牙派遣一支探险队前往所罗门群岛寻找黄金,但以屠杀和反屠杀告终。1595 年和 1605 年,西班牙又两度派探险队前往所罗门群岛和瓦努阿图,佩德罗·德基罗斯(Pedro de Quiros)将后者命名为澳洲的圣埃斯皮里图岛(La Australia del Espiritu Santo),远征的结局与第一次相同。1606 年,另一名西班牙探险家托雷斯驾船驶过澳洲与新几内亚之间的海峡。

与此同时,葡萄牙人从印度向南推进到帝汶岛,也许到过澳洲海岸。之后是荷兰,于 17 世纪在东印度群岛建立了一个贸易帝国。从荷兰到巴塔维亚的商船,先经由好望角向东,顺风穿越印度洋,再向北就到了爪哇。由于确定经度方面的困难,许多商船驶到了澳洲西海岸附近触礁沉没。对这些荷兰沉船的定位、考察和打捞,使得西澳大利亚已成为海上考古的一个中心。到 17 世纪中叶,荷兰人测绘了澳洲西半部的地图,称之为新荷兰。荷兰人还到过向东的一些海岸。1606 年,威廉·扬斯向东驶过托雷斯海峡,无意中沿着澳洲东北角航行了一段。1642 年,阿贝尔·塔斯曼(Abel Tasman)率一支探险队绘制了一个岛屿的南半部地图,现在这个岛屿以他的名字命名。此外,他还绘制了新西兰东侧的地图。

至于这些海岸是不是一个单一地块的组成部分,当时还不清楚。唯一清楚的是,这片广袤的南方大地与南极洲分开,而且横跨印度洋和太平洋。这个地理位置仍然在产生一些不确定现象。自从 1788 年以来,澳洲人口的大部分一直居住在东海岸,面临太平洋。太平洋群岛吸引着澳大利亚人到那里去从事贸易、传教、统治和探险活动。通常，澳大利亚人与新西兰人一样，将自己视为大洋洲人，而且他们乐于与大洋对岸的那些最强大的英语国家维持特殊关系。而对那些居住在西澳大利亚的人们来说，印度尼西亚是最近的邻国，与印度、南非，甚至毛里求斯的历史联系更有意义。随着区域力量的转移，虽然澳大利亚人越来越认为本国是亚洲的一部分，将他们早年在太平洋的存在视为在那些热带岛屿的一段浪漫插曲而已，但这些岛屿距离亚洲新兴国家的商业中心越来越远。

其差异并不仅仅在于经济机会。太平洋象征着太平，遥远的、散居在各个岛屿之上的居民与大自然和谐相处。殖民者对他们的印象是以友谊和好客为先导的温和原始状态与堂皇的野蛮精神。而亚洲人口稠密，民族众多，拥有各种各样比欧洲更有底蕴的政体、文化和传统。随着大西洋沿岸新近发展的民族国家实现了对更古老的欧亚大陆文明的控制，西方与东方之间的分野更加泾渭分明。地中海以东的地方是日出之地，逐渐被称为东方。在整体生活方式方面，东方的地位要逊于西方，同时又具有令人忧虑的威胁，主要是指东方的懒惰、荒谬、专制和衰败。

这种对外族人的区分，评论家爱德华·赛义德称之为东方主义，在殖民时期的澳洲具有特殊的意义，这里的地理和历史形成了矛盾现象。殖民者对于澳洲与英国之间发达地区的认识，混合了兴趣和恐惧。作为英国的附属地，澳大利亚采用了近东、中东、远东等术语。直到1940年面对日本侵略威胁时，该国总理才突然改口："英国所称的远东，就是我国的近北。"

对于早期欧洲航海家来说，澳洲就是"未知的南方大陆"。这是长期以来存在于人们想象之中的充满珍禽异兽和各种宝藏的地方，也是一个可以任意加以幻想之地。早期的地图测绘者将它说成是一块形状不明的大陆，满是葱翠的植被和原始的奇异之物。然而，正如到所罗门群岛的西班牙探险者所发现的那样："根本没有香料植物，也没有黄金白银，而所有人都是全身裸体的野蛮人。"塔斯曼就他所命名为"范迪门地"的这个岛屿(现名为塔斯马尼亚)提交报告,称该岛"并无可牟利之处,只有贫穷的裸体人在海滩上行走;没有稻谷,水果很少,这些人很穷,脾气也坏"。澳洲的商业前景一旦被否定,这里就成了随意编造杜撰之地。乔纳森·斯威夫特(Jonathan Swift)在《格列佛游记》(*Gulliver's Travels*)将他想象中的小人国放到澳洲南部一带。他在最后一章中,讥讽了到新世界殖民的传统说法:

插图 2.1:1770 年土著人制独木舟略图,作者有可能是约瑟夫·班克斯(Joseph Banks)。他将艺术作为对科学知识的一种助益,画中对独木舟建造机构和叉鱼方式的细致刻画就表明了这一点。(British Library)

一群海盗被风暴刮到了一个不知何处的地方,最后一名水手从主桅上发现了陆地,于是他们就上岸大肆抢掠。他们看到的是一些不会造成危害的人们,还受到友好招待;他们给这个国家起了一个新国名,为国王把它正式占有下来,再竖上一块烂木板或者石头当纪念碑。他们杀害二三十个当地人,再强行掳走几个做样品。这些海盗回到家里就获得赦免。一片新的领土的统治权就在"神圣权利"的名义之下得以建立。

这个描述奇特地预示了新南威尔士的创立。

18世纪中叶,带着对控制这个区域可能性的憧憬,英法两国重新对这里产生兴趣。两国派往这个海区的许多船只的名称就表明了其目的,例如:"地理号"(*Le Geographe*)、"自然号"(*Le Naturaliste*)、"努力号"(*Endeavou*)、"发现号"(*Discovery*)、"考察号"(*Investigator*)等等。这些远航的派出者都是两国政府以及法国科学院和英国皇家学会的科学家。他们测试新的航海仪器,提供新的制图水准。随行的有自然史学家、天文学家、地貌画家、生物画师,他们对植物区系和动物区系进行测量、描述、收集和分类,寻找那些可以培植和利用的植物。他们探索岛民的生活方式,并努力学习掌握。这些人都是些崇尚理性之人,急欲获取知识而不是金银财宝。

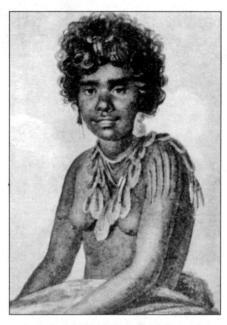

插图2.2:《一位新南威尔士女子》(*A Woman of New South Wales*),奥古斯塔斯·厄尔(Augustus Earle)作,一幅理想化的肖像画。其古典美的形式和特性,与同一作者描绘欧洲罪恶影响下的土著人的贬义漫画形成了鲜明的对照。请见下一章。(National Library of Australia,第54页)

　　其中最出名的是詹姆斯·库克,一名商船水手,他早年加入皇家海军,先后 3 次率领对太平洋的远航探险。在第一次远航(1768—1771 年)中,库克航行到塔希提,观察金星凌日的天象,然后向西环绕新西兰南北两岛航行,再沿澳洲东海岸北上,穿过托雷斯海峡。他的这次航行只有一艘"努力号",一艘可开启甲板的运煤船,仅 30 米长,但他测绘了 8 000 公里以上的海岸线,确定了澳洲岛屿和大陆的界限。在第二次航行(1772—1774 年)中,库克再向南驶入南极海,比其他人到过的海区更加偏南,他测试用新的航海钟,通过参照月球位置来确定海上的经度。在第三次航行(1777—1779 年)中,库克在夏威夷为岛民所杀。库克成为此后数代航海探险家的楷模。他是那个时代的英雄———一位注重实际、富有眼光、智慧和勇气之人。他能够抑制自己的暴躁脾气,强调精确观察,避免猜测,将好奇心和道德观相结合。一段时间之后,库克被尊称为澳大利亚的发现者和创立者。他去世后,人们为他制作了一幅版画,画面上库克升入云间,手上拿着一个六分仪。

　　在第一次远航中,库克约请一同航行考察的有约瑟夫·班克斯,他是一位绅士和科学家,后来成为皇家植物园的园长,将这座植物园建设成收集和传播植物方面的第一流机构。班克斯后来还担任英国皇家学会会长、枢密院院士和新南威尔士殖民地的出资人。同行的还有丹尼尔·索兰德,他是瑞典生物学家林奈(Linnaeus)的学生,他的生物分类法为远航中收集的数百种生物标本的描述解释提供了框架。在观察了金星凌日现象之后,库克下达的命令是从塔希提向南航行,在那里"有理由认为会发现一块幅员辽阔的大陆或土地";不然的话,将再向西航行,考察新西兰。他作了这两件事,其中第一件事毫无收获,第二件事则收获巨大。按着,库克决定继续向西航行。

　　1770 年 4 月 19 日,"努力号"航行到了澳洲大陆东南角的巴斯海峡入口。随着沿海岸向北航行,班克斯注意到澳洲大陆十分贫瘠,如同"瘦弱的母牛",其"瘦骨嶙峋的胯骨"从杂树丛中凸起。4 月 28 日,"努力号"驶入一个宽阔的海湾,岸边满是"从未见过的优良草场"(库克语),班克斯和索兰德花了一个星期时间采集那些欧洲科学界闻所未闻的植物、鸟类和动物标本。他们将这个海湾命名为"植物湾"。在此后的4个月里，他们向北行进，在大堡礁遇到事故，但幸存下来。其间多次登上海岸，在树上刻下标记。最终，在大陆北端约克角以外海上的占领岛，库克宣布拥有整个澳洲东海岸，并命名为新南威尔士。

今天的许多人认为，库克发现澳洲的说法，就像英国对其主权要求一样荒诞不经。一个人怎么能发现已知之物？在库克航行到新西兰的

插图2.3：库克作为欧洲发现太平洋的英雄和牺牲者被带上天空，一侧是旷世名人，另一侧是不列颠女神。(Alexander Turnbull Library, Wellington, New Zealand)

上千年之前,波利尼西亚水手就到过那里。早在库克登上澳洲海岸的
4 万多年之前,人类就到达了那里。库克对于土著人的描述被广为引
用,证明了欧洲启蒙主义对于这些杰出的土著人的认识:

> 我所说的新荷兰的那些土著人,他们看上去也许是地球上最
> 悲惨的人,但实际上,他们远比我们欧洲人幸福得多。这些土著人
> 并不熟悉欧洲那些超出必要的需求,他们由于不知道这些需求的
> 用途而感到快乐。他们生活在平静之中,没有受到不平等状况的
> 烦扰。大地和海洋为他们奉上了他们生活所需的一切。

库克所遇到的那些土著人肯定对欧洲的舒适条件不感兴趣。他们轻蔑
地拒绝库克赠送的小玩意,不接受他的提议,焚烧他登陆处的灌木丛,
"他们所要做的一切就是要我们走人"。库克以探险者和占有者的身份
来到太平洋,运用恩威并施的手法超越文化差异,最后以在夏威夷海滩
失去生命而告终。后殖民时代的人类学家在国际讨论中,将他作为一
种文化了解另一种文化方面存在局限性的重要验证个案。在白澳历史
中,库克是一个正在褪色的英雄,而在土著人的口述中,他是一个强大
的、起破坏作用的入侵者。库克对澳洲的发现,比之在欧洲旅行和英国
殖民地方面的作用其实并不是那么显著。

在库克和班克斯回国呈交有关新南威尔士报告的 15 年之后,英国
政府才作出了殖民澳洲的决定。到这个时候,英国已经失去了北美殖
民地,不能再向那里押解流放犯。而在 18 世纪的大部分时间内,北美
都是英国罪犯的流放地。英国政府制定了一个准备建立罪犯流放殖民
地的计划,最初选的地方是非洲,但没有找到合适的地点。于是,当时
主管殖民事务的内政大臣悉尼勋爵向内阁提交了《计划要点》,于 1786
年获得批准。

关于作出这个抉择的原因,可谓众说纷纭。一种观点认为其目的
是消除危险的社会问题,所以离得越远越好。另一种观点坚持认为植
物湾具有有利的战略位置。植物湾位于背向荷属东印度的一侧,能够

为英国向亚太地区扩张提供一个海军基地。在失去了美国的楠塔基特岛之后，这个海湾也能使英国重新开始南方的捕鲸。在持这种观点的人看来，最重要的是澳洲出产两种珍贵的商品：木材和亚麻。海军急需这两种商品，用于制造桅杆、帆布、缆绳和其他绳索。库克在第二次远航中报告：诺福克岛的这两种资源十分丰富，位于植物湾以东1700公里处。

对于殖民动机问题的争论，由于官方文件语焉不详，所以很难争辩清楚。《计划要点》为以上两种观点都提供了依据，将该项计划论证为"能有效地处理罪犯，使得流放对罪犯本人和国家都有利"。负责起草计划的英国官员考虑到了两方面的情况：其一，可获取亚麻和木材；其二，"清除本国最为可怕的匪徒"。那些认为澳洲作为罪犯处理场的学者，视这种捉摸不定的起源为一种新的开端。那些坚持地缘政治的学者认为，这是具有帝国远见的、更具有肯定意义的一种延续。

这个新殖民地是海上探险、贸易和刑罚学的产物。当帝国扩张的支出沉重地压在英国经济之上时，商业利益的分配并不均等。新的财富及其增加的新方式、商业及其贪婪地向世界各个角落的蔓延，损害了社会纽带和相互义务，犯罪现象相应增加。此时的政府只是有产的立法者、规模很小的行政部门和地方乡绅的临时结合体，所作的反应是扩大刑法的惩治范围，甚至于将最小的过错也列为死罪。在缺乏阻吓作用的当场罚款和痛苦的处决之间，存有监禁的刑罚。但满目疮痍的地方监狱系统无法关押人数膨胀的罪犯。因此，早期的解决方法是将罪犯流放到美洲殖民地，罪犯在那里向当地的东家出卖劳力。此时，那些愿意接受巡回审判者可以免于执行绞刑，为新殖民地的创建提供了基础。

依靠罪犯创建一个殖民地，是一个更富有胆略的作为。由于没有人购买罪犯的劳力，所以罪犯就要成为自给自足社会的农业业主。在759名被选中的罪犯中，男性与女性的比例为3∶1。因为罪犯需要加以看管，政府就派了4个连的水兵一同前往。既然当地没有政府，那么这就是一个军管殖民地，但法治得到实施。后来，殖民地建立了法院，并尊重习俗权利。亚瑟·菲利普总督是一名海军军官，同时也受命主掌民政事务。

首航船队由两艘军舰、6 艘运输船和 3 艘供应船组成，运来了种子和秧苗、耕犁和轭具、马和牛、绵羊和山羊、猪和禽类，以及可供食用两年的食物。对植物湾的勘察表明：这里的土地为沙质，且多沼泽，不适宜建立定居点。库克和班克斯来到这里考察的时间是在晚秋，而菲利普抵达这里的时间是在盛夏，绿色植被枯萎了，呈现出贫瘠的地貌。北面不远处就是杰克逊湾，条件优良，长长的水道通向较小的海湾，周围是长满茂密森林的坡地，形同壮观的环形剧场。悉尼湾有淡水水源，但是，即使在这里，土质也是十分贫瘠，第一次栽种的菜秧很快就枯萎了。斧子落在弯曲杂乱的树根和树脂上时，随即变钝。锹一触及薄土层下面的砂岩，就断掉了。牲畜要么走失，要么死掉，要么就被宰杀食用。水兵拒绝监管罪犯，其中大多数人放弃面积不大的份地，情愿到政府农场里工作，领取食物配给。妇女找配偶的行为受到鼓励，如果运气不错就能找到可靠的郎君。与此同时，派往诺福克岛的一队人马，发现当地的亚麻无法进行加工，松树树干则是空的。

1788 年 10 月，菲利普派出一艘船前往好望角，装运新的补给品，并削减食物配给。这艘船在 1789 年 5 月满载而归，但另一艘从英国来的运送补给品的大船，未能抵达目的地。食物配给不断地削减。到1790 年时，一个星期的食物配给只有 1 公斤不新鲜的咸肉、1 公斤有虫的大米和 1 公斤陈年面粉，流放犯只得掺上当地的野菜煮食。在这个饥馑年代里，人们争夺食物，连那些懒汉也拼死力争。分配一律平等，连官员也没有特权，引发了不满情绪。殖民地的外科医生写道：“这是令人生畏和仇视的地方，唯有诅咒之声大行其道。”

第二支船队于 1790 年中抵达，运来了新的补给品，但四分之一流放犯死于途中，其余活下来的都无法参加劳动。然后，第三支船队在下一年抵达，终于使危机得到化解。对悉尼湾内陆的帕拉玛塔肥沃土地的开垦，保证了殖民地的生存。到 1792 年底菲利普返回英国之时，种植谷物、蔬菜和水果的面积已达 600 公顷，一片郁郁葱葱。此外，海湾内可捕鱼，昆布兰平原有草场可放牧。一旦这些新来者能够受得了

1788 年 12 月达到摄氏 44 度的酷暑,那么这里的气候应当算是温和宜人的。人的身心适应了更高的纬度、严寒和潮湿的环境,绿色植物也能够与遮挡烈日的灌木丛和其他稀少的覆盖物相得益彰。1792 年到任的新南威尔士团的司令官发现:"令我十分震惊的是,我原以为随处可见的岩石不见所踪,环顾四周皆是硕果累累的果园。"

直到菲利普因患肾结石返回英国之时,他成功地将殖民地维系起来,尽管殖民地当时处于早期的孤立状态。1792 年 12 月,菲利普随船带回了袋鼠、澳洲野狗、植物、标本、绘画和两名土著人本内郎和叶迈拉万尼。他的最大败笔是在处理与当地土著人的关系方面。所接到的有关指示称:"开启与土著人的相互联系,理解他们的情感,乐见我国臣民与他们和睦、友好相处。"菲利普努力执行这些指示,向土著人赠送礼品以表达善意,对手下骚扰土著人的行为予以惩处。甚至在他本人在1790 年被长矛刺伤时,他仍然禁止采取任何报复行动。由于在与土著人建立更密切关系方面受挫,菲利普捕获了几名土著人。一个是阿拉巴诺,死于该地区土著人中的流行病——天花,这场流行病在欧洲人抵达后的一年内暴发。另一个是本内郎,曾逃脱,又在菲利普负伤后为了恢复关系而返回。只是到了菲利普的猎手约翰·麦金泰尔被长矛刺中之后,他才采取了不分青红皂白的报复手段,下令军队取回 6 名土著人的首级。

军事远征未能收到成效,于是菲利普重新维持和平,但同样徒劳无功。不过,与土著人的接触并非都是流血冲突。土著人帮助新来者捕鱼,还用工具和武器交换斧子、镜子和衣服。欧洲人也帮助那些来求医的土著人治疗天花。这样的交往跨越了语言和意识的鸿沟,而这道鸿沟是一方夺取另一方的所有物,并破坏另一方的习俗的情况下产生的。欧洲人带来的火器和疾病,给了入侵者明显的优势。大约 3 000 名土著人在悉尼湾的开发建设和掠袭队四处活动中,纷纷逃离躲避。一名海军军官写道:"我们与他们之间的交往,既不频繁,也不友好。"他起初认为,那些零散的长矛和棍棒袭击,是出于"一种毫无理由的邪恶",但后来的经历使他"得出结论,我们方面不讲道理的人物对他们的无端挑衅,造成了我们所遇到的邪恶之事"。另一名军官认为,只要土著人"持有是我们剥夺其居住地的看法,他们就必定视我们为敌"。

　　与其在其他地方的做法形成鲜明对比的是,英国政府夺占澳洲大陆东部地区(以及后来夺占澳洲大陆其余地区)是通过简单的宣示主权的方式来实现。对北美洲的殖民化所采取的是与原住民签订条约的方式,因为北美殖民地起初的定居规模很小,具有非永久性的特征,而且也是因为在一定时期内,殖民者依赖于与强大的印第安人部落的合作。条约的作用是用来确立友好关系、划定定居地边界、推动贸易和资源开采、建立针对竞争者的军事联盟。在 1763—1774 年英国、法国和揭竿而起的殖民地争夺控制权期间,北美原住民签署的条约不下 30 个。这样的情形从来没有在澳洲出现过,英国援用有关先到者有权占有无主土地的法律原则,即人所共知的"无主土地"(*Terra nullius*)的原则。这个做法将澳洲与其他移民型殖民地区分开来。

　　我们看到库克于 1768 年出航去寻找南方大陆时,得到的指示原文为:"在获得当地人同意的情况下占有……或如你发现当地无人居住,就以国王陛下的名义占有,要以原始发现者和最初占有者的身份留下合适的标记和印记。"1770 年,库克和班克斯沿澳洲东海岸考察时,认定土著人不具备就条约进行谈判的能力,因此便在北端的拥有岛(Possesion Island)升起英国国旗,宣示对这片土地的所有权。15 年之后,英国议会的一个委员会向班克斯质询在新南威尔士建立殖民地的适宜性问题,他所做的解释是:当地的沿海地区只有"为数极少的居民"从事渔猎。基于农业的缺位,班克斯推断内陆地区"完全无人定居"。

　　所以,非利普和他手下的军官对殖民地周围人数众多的土著人感到惊愕。他们很快就认识到,这些土著人拥有社会组织、定居地、习惯法和财产权。基于"无主土地"的主权和所有权,显然是建立在对澳洲情况的误读之上,但这并没有妨碍菲利普于 1788 年升起英国国旗和剥夺悉尼湾的土地所有者。只是到澳大利亚最高法院于 1992 年作出的玛波判决中,土著人曾拥有其传统土地的情况才在法律上得到承认。

但对在那之后或持续的土地所有权的承认，还有待于加以确认。

我们无法获得那些最初与欧洲新来者打交道的土著人的直接证言，也无法得知他们被剥夺的感受。但我们可以得知当时土著人的描述：阿拉巴诺、本内郎和其他人对驱赶之类的野蛮行径感到惊恐，对毛瑟枪的火力感到恐惧，同时又对欧洲的礼仪举止和等级形式感到好奇。我们只能猜测他们对欧洲人行为的反应：欧洲人侵犯圣地、摧毁居住地、带来疾病，并逐渐意识到这些入侵者将会长住下来。他们的社会特点是具有共享的、有凝聚力的传统。家庭和社会的约束力，确保了秩序、相互关系和延续性。他们遭遇到了一种新的社会秩序，个人的自治占统治地位，政治组织则建立在非人治的规则之上。其选择的自由和共同行动的能力，产生了创新和强化的能力。其自我为中心和道德混乱的思想意识，引发了社会冲突、犯罪和流放。这样的遭遇只能是具有伤害作用的遭遇。

第三章　强制时期（1793—1821 年）

一个距离审判法院 2 万公里之外的监狱,其囚犯的供给必定是花费甚多的。既然此时的情况已经表明,只是生产海军的军需品无法抵消开支,那么这个遥远的前哨阵地至少达到某种程度的自给自足是十分重要的。戴上锁链劳动的方式会降低生产效率,所以新南威尔士殖民地就成了一座开放式的监狱。假如服刑者没有最终获得自由的希望,他们的精神在绝望中就会受到挫伤,因此这个殖民地惩治罪犯必须更进一步。

除了承认这些紧迫性之外,英国政府对这个新殖民地下达的指示为数寥寥。1789 年,在法国革命的震撼之下,一个激进的共和国应运而生,宣布自由、博爱、平等原则为其民族理想和国际使命。1793 年,英国参加了一个欧洲国家联盟,以消除这场革命的威胁。在经历了1802 年短暂的和平之后,拿破仑·波拿巴(Napoleon Bonaparte),这位原共和国的将军、此时的皇帝,打败了大陆上的所有反对者,英国成为仅存的阻碍法国霸权的障碍。直到 1815 年拿破仑最终在滑铁卢被打败为止,海陆战争在最大限度上限制了英国的能力。

由于在人力上出现的紧迫需要,流放罪犯的数目出现下降:最初 4年为 4 500 人,1793—1800 年不到 2 000 人,此后的 10 年仅为 4 000人。海军上尉约翰·亨特曾在首航船队中服役,在菲利普之前返回英国,于 1795 年又来到新南威尔士担任总督,仍然由军官治理殖民地。1800 年,另一位海军军官菲利普·吉德利·金继任总督,他此前任诺福克岛副总督。1806 年,其继任者为威廉·布莱,他也曾在库克手下任职。

正如这些任命人选所表明的那样,战争对英国控制太平洋的行动赋予了更大的战略意义。马修·弗林德斯于 1802 年的环绕澳洲大陆航行中,在南海岸与一支法国远征队发生遭遇。之后,金总督从悉尼派出一支队伍去占领范迪门地(荷兰探险者给这个岛屿所起的名字)。1803 年,另一支由海军和流放犯组成的舰队从伦敦驶往澳洲大陆东南角的菲利普港海湾建立定居点。他们发现那里的条件并不合适,便到范迪门地德温特河口的霍巴特与先前到达的那支队伍汇合。不过,另一支小分队于 1804 年在岛北侧塔马河口的朗塞斯顿建立了一个新基地。同一年,金在悉尼以北 100 公里亨特河口处的纽卡斯尔重建了一个惩罚殖民地。

早年的范迪门地与大陆一样,处于饥馑之中。庄稼歉收,流放犯以偷窃为生或逃入树丛之中。大卫·科林斯副总督曾在悉尼湾目睹过这种状况。他与菲利普一样坚持不懈(科林斯曾任菲利普的秘书),尽力维持秩序。但在 1807 年,连他本人也遭到抢劫。在耕地得到耕种和收成之前,这个岛屿殖民地依靠狩猎和捕鱼生存下来,特别是靠从捕鲸和捕海豹获取收入。

在这些年里,英国流放犯聚集在海岸地带。在悉尼、霍巴特和朗塞斯顿的定居点,都是便于渔猎而被选中的。菲利普盛赞悉尼之语“千帆竞发,尽享安康”,就强调了这个因素的重要性。港口设施的迅速建成和澳洲海岸勘察的完成,都表明英国与其说要占有澳洲,倒不如说是要在西南太平洋建立一个新据点,为英国在印度以东的扩张服务。

殖民者的早期活动同样也是外向性的,只是后来才转向内向性。早在 1792 年,刚刚抵达的新南威尔士军团的军官安排了一艘船从开普敦运来商品。同年,第一艘美国商船驶抵悉尼。捕鲸已经开始,以获取油脂。注册为运送流放犯的船只同时也是捕鲸船,当放下流放犯后便到邻近海区搜寻鲸鱼。捕杀海豹集中在巴斯海峡，海豹皮则出口到中国。直到 19 世纪 30 年代，捕鲸和捕海豹对殖民地经济的贡献要大于来自土地的收成。商人们从塔希提运来猪肉，从新西兰运来土豆，从孟加拉国运来朗姆酒。他们在斐济收购檀香木，在美拉尼西亚收购珍珠贝和海参，用于再出口。焦油和食盐的气味、海鸟的啼鸣压倒了树脂的气味和喜鹊的叫声。

军官是贸易的发起者，其后从事贸易者包括有进取心的刑释人员和具有雄心大志的年轻商人，他们由于受到新机会的吸引，从英帝国的其他地区赶到这里。从 1793 年起，殖民地负责防务和行政的官员，同时也有权授予土地。这样，士兵和刑释人员可以得到多达 20 公顷的小块土地，军官获取的土地面积不受这样的限制。此外，军方和文职官员都有权征调流放犯到自己的农场干活。最后，政府的后勤部门已经成为他们的固有市场，政府收购农业产品，用于发放公共配给口粮。

政府官员和私人企业家的双重身份，使得二元经济迅速产生。公共经济部门包括政府农场及其流放犯劳动力，还包括在建筑工程中和政府服务机构工作的其他人员；私有经济部门包括商人和农场主，他们从政府的慷慨大度中收益颇丰。两大经济部门都依赖于英国政府，如从土著人所有者那里夺占和分发土地，从流放罪犯中获得劳动力，从政府在后勤补给方面的开支获取殖民地的注资。

英国政府的这种超常规的安排，呈阶段性和非持续性的特征。政府一再指示殖民地总督，要通过收购私人生产者土地的方式来扩大公共农场和经济。伦敦希望总督减少开支，而这些官员更愿意将流放犯从发放配给的名单中删除，其方法是将流放犯分派给官员们，这些官员负责向总督提出分配劳动力和土地的建议。其结果是将公共部门私有化，这通常会导致任人唯亲的现象发生，形成富有的官宦集团。1801年，新南威尔士军团的军需主管约翰·麦克阿瑟就积聚了 1 000 英亩以上的土地和 1 000 只以上的绵羊。

麦克阿瑟夫妇居住在帕拉玛塔附近的伊丽莎白农场。农场以麦克阿瑟夫人的名字命名，种植小麦和水果。1798 年 9 月，她在给一位英国朋友的信中写道："现在是春季，满目皆是五彩缤纷、美不胜收的景色，有盛开的杏花、桃花和苹果花。"1800 年时，1 500 名定居者居住在帕拉玛塔和附近分布着稀疏树林的地区，伊丽莎白·麦克阿瑟将这里比作"英国花园"。这里的大部分土地适合放养牛羊，而不太适合种植庄稼。昆布兰平原的大地主很快将经济重心由农业转向牧业。

霍克斯布里河流域肥沃的平原地区是产粮区，这条河向北流经昆布兰平原。到 1800 年时，另有 1 000 人在这里定居。其中大多数人是刑释人员，拥有小块土地，依靠人工耕种小麦和玉米，他们还会饲养一些家禽和几头猪，住在泥土地面用枝条编织抹上灰泥的棚舍里，在泥土垒成的、带有烟囱的灶上煮食晚饭。由于缺少资本，他们被束缚在小规模的农业经营中，容易受到商人控制价格和信贷的侵害。这些农民的经营失败率居高不下。

霍克斯布里河流域的定居模式将士兵和刑释人员固定在土地之上。这是一个相当成熟的帝国手段，罗马人和中国人在这之前就已使用过，以维护动荡的边疆地区的安全。对这些定居者的袭击很快就发生了，袭击者是达鲁克人（Dharuk），企图抢收种在他们先前的番薯地里重新播种的庄稼。对于稀缺资源的冲突很快上升为暴力事件。早在 1795 年，一支军事远征队从悉尼出发，杀戮土著人，将他们押上绞刑架处死。此时，早先的和睦与友善荡然无存。到 1800 年，霍克斯布里的冲突已导致 26 名白人和更多的土著人的伤亡。与此同时，曾经在 1790 年用长矛刺伤菲利普的埃奥拉人派穆尔威挺身而出抵抗殖民入侵，对帕拉玛塔地区发动了一次袭击。1802 年，他被击中身亡，他的头颅置放在一个运往英国约瑟夫银行的盛满烈酒的酒桶之中。

《澳大利亚人名辞典》（*Australia Dictionary of Biography*）中并无派穆尔威的词条。在 20 世纪 60 年代，当这部权威工具书的编者编写将列入他名字的那一卷时，土著人仅仅被视为殖民占领中的微小障碍，最多也不过是澳大利亚历史中一个悲剧性注脚而已。从那时起，派穆尔威已经被推崇为一位英雄：1987 年出版的一部小说将派穆尔威描写成彩虹勇士（Rainbow Warrior）；1991 年，悉尼城区的一所小学以

插图 3.1:早年土著勇士的略图,由一位参加库克 1770 年探险的绘图员绘制。这两位格维雅戈尔人(Gwiyagal)呈现出经典的英雄形象,正在坚决抗击入侵者。(National Library of Australia)

他的名字命名。现在,派穆尔威已经被塑造成第一个反抗英国入侵的领袖,发起了一场维持土著人生存的连绵不断的斗争。

对于入侵的反抗十分常见,但这并不是土著人唯一的一种反应。他们还分享有关土地的知识,用食品和原材料交换英国物品,接受新来者在草原边疆地区存在的现实。但要建立更为可持续的经济联系,就需要他们放弃自己的生活方式,需要入侵者承认他们对于资源的财产权,或将他们纳入生产过程之中。但双方都没有打算作这样的调整。

性关系是一再发生冲突的原因之一。从一开始,澳洲定居者的性别比例就很不平衡,直到 1820 年的男女比例大致为 4:1。新殖民地的倡导者认识到这种不平衡是一种引起动乱的因素，建议菲利普允许他手下的男性寻找太平洋群岛上的女性为性伙伴。在首航船队的航行中，菲利普和军官们费了很大气力将女性流放犯和士兵们分隔开来。而在抵达殖民地后对性伙伴关系的鼓励，就意味着鼓励对于家庭的文明影响。此外，总督尤其担心男性中的同性恋现象，认为要施以最严厉的惩处："我会将这个罪犯关押起来，等时机到来时就将他扔到新西兰土著人那里，让他们把他给处理了。"由于这些太平洋地区的姘居和惩罚计划从一开始就遭到失败，所以性欲横流和恣意乱交问题是那些负责治理刑罚殖民地的官员们面临的严峻问题。

菲利普还觉得：到一定时候，土著男子也许会"允许他们的女人"与流放犯们"结婚和生活在一起"。当殖民者把目光投向土著女子时，他们将后者视为奴隶。官员们用文雅的语言描述悉尼附近文明男性与生活在自然状态中的土著女子的最初接触：她们是"林中仙姝"和"墨色女妖"，在裸体的肉欲中显得天真无邪。这些受过良好教育的英国人精心撰写的文字，强调了土著女子对男伴的绝对服从，但在道德上不赞同土著男子向英国人提供土著女子的做法。士兵、流放犯与土著女子之间的性交换十分常见，性病的蔓延验证了这个情况。然而，这样的关系很少能够保持长久，而且对于这种交换性质的误解也是造成摩擦的一个原因。跨种族婚姻中的热望和爱情时常被羞辱和蔑视所压倒，无法形成两个民族之间的联系纽带。

到世纪之交的时候，英国在澳洲永久存在的萌芽已经出现。5 000名英国人居住在新南威尔士，悉尼和内陆地区的定居人口基本上持平，另有1 000人居住在诺福克岛，表明了商业和农业活动之间的平衡。这个殖民地正在接近于粮食上的自给自足，当地企业的迅速发展已足以支撑其与母国相当的生活水平。这种成功的移植，在时效上要远远快于北美的殖民事业，并已经削弱了构成其基础的刑罚原则。

为保持殖民地作为罪犯流放地的目标，菲利普曾严令禁止建造所有船只，只有最小的舢板除外。但到1800年的时候，悉尼湾的西侧出现了一个繁忙的造船厂。新南威尔士殖民地的建立，是作为一个阻遏犯罪的惩治之地,但其成功似乎成了对这些流放犯的奖赏。一位英国教士西德尼·史密斯不无讥讽地写道:"小偷这个古老的行当大概不会比以下这个事实更加名誉扫地了:这个行当的从业者有可能最终成为在霍克斯布里河流域拥有上千英亩土地的农场主。"

而且,流放犯的生活状况也验证了他们的确是一些冥顽不化之徒。塞缪尔·马斯登是负责监管的殖民牧师,于 1798 年向亨特总督抱怨道:"骚动、放荡、淫乱和堕落……弥漫于殖民地的各个角落。"亨特本人也在报告中说:"一种更加邪恶、自暴自弃和不信宗教之人从未在世界上任何地方像这样汇聚在一起。"杰里米·边沁是刑罚改革家,敦促英国政府在澳洲建立新型监狱。这样,囚犯就能在监管之下改过自新。他认为流放制度既不经济,也在道德感化方面存在缺陷。

所有这些根据价值观和推测作出的判断,涉及对流放犯问题研究的各个方面,甚至连最客观的历史学家也持有这样的看法。大众民谣、印刷品和当代人权人士对流放犯表达了深深的同情,将他们描述成粗暴的刑法和野蛮的政权的牺牲品。罗伯特·休斯在他全景式回忆著作《致命海岸》(*The Fatal Shore*)中,将早年的澳洲描写成一个遗弃、流放、匮乏和死亡之地,是一个古拉格。计量史学家努力从惩治档案中确定流放犯的性质,认定他们是不折不扣的罪犯。经济史学家更加看重流放犯作为劳动力的作用,在同样的档案中发现这些人具备大有用途的技能。女性史学家在 20 世纪 70 年代认为那种先入为主的认定女性流放犯道德败坏的男性视角,表明了一种压迫性的父权制观点。后来的维护女性成就的人士重建了她们的经历,将她们说成是模范的母亲。这里的所有解释都试图摆脱对流放犯的偏见,但都陷入无法理清的语言和形象混乱之中。

英格兰人占早年到达流放犯的大多数,爱尔兰人占五分之一,苏格兰人寥寥无几。其中大部分犯有非法获取财物的罪行,流放中随身携带的物品很少。亨利·凯布尔和苏珊娜·凯布尔都是二十多岁,在诺里奇监狱中相识,带着襁褓中的孩子登上首航船队的船只。他们的困境引起了人们的同情,送给他们一包衣物。但在航行中,这包衣物不见了,于是殖民地的第一件民事司法裁决就是给予他们补偿。凯布尔夫妇取得了并不常见的成功:亨利成为一名警察,后来又成为一名成功的商人。这个个案确立了重要的先例。流放犯不是 18 世纪著名的法学家所称的"根据法律确凿无疑"的恶人,而是拥有合法权利的国王陛下的臣民。

在殖民地初创时期,流放犯的待遇条件也得到确定。流放犯在公共机构劳动、领取政府配给,劳动时间是从早上到下午两三点钟,然后他们就自己去打工挣钱,支付住宿费(政府不提供住宿),购买烟酒和其他此类物品。那些被分派给主人的流放犯由主人提供食宿,通常也会有一笔收入。根据店主的记账记录,他们购买的商品甚至包括高档衣物。但对这两种流放犯的管束都靠鞭刑,而根据官员的命令,鞭打次数可以多达 500 次。对于重新犯罪的流放犯,更严厉的惩罚是押解到1804 年设立的纽卡斯尔特别惩治地服刑。作为对这些惩治措施的补充,当局还出台了"开释票"之类的奖励措施,对那些表现良好的流放犯,解除强制服刑,自由打工挣钱。这项措施是金总督的一个创造。女性流放犯,凡没有伴侣或没有分派家内服刑者,均从事较轻的劳作。她们所受到的惩治在早期也包括鞭刑,但主要是关禁闭。

流放犯在服刑期满或获得赦免而提前释放之时,就获得了自由。到 1800 年,殖民地三分之二的居民都是自由人,但大多数人都是刑释人员,这种身份很难去掉。即使是那些没有在背上打下烙印的刑释人员,在体面人的眼中依然带有不可磨灭的烙印。自由移民(Exclusives)与流放移民(Emancipists)之间的区分,对一个封闭的、关系紧密的社会中的公共生活各个方面都造成了困扰。这种情况延续到第二代及后代,直到"本地出生"的人数和概念最终占据优势才发生改变。

对于流放犯的反应,我们很难作出判断。那些将流放经历"正常化"的历史学家强调殖民地提供的相对有利的条件:新出现的机会、优越的气候和饮食、人口构成上的活力以及在一个充满新生力量的社会中的权利恢复,在这里,规则必须取代等级和习俗。以下这些说法也是屡见不鲜:一些流放犯积累了大量的财富;大多数流放犯的饮食质量改善;其子女更加成功;他们比英国的农业劳工和城市贫民具有更强烈的意识和更充分的权利。

但是,鞭刑之下的暴政在这些说法中又作何评价呢? 那些与亲人分开产生的孤独,专断的判决所剥夺的法律援助渠道和强烈的失落感造成的损失又如何计算? 从一开始,一些流放犯就逃入丛林或乘坐破船逃亡海上。乔治·巴斯是一名外科医生和航海探险家,于 1797 年首次驾船驶过分隔范迪门地与澳洲大陆的海峡(该海峡以他的名字命名),在一个岛屿上发现 5 名逃亡者,将他们送到大陆上,然后这些人步行 700 公里前往悉尼。其中一些逃亡者的遗骸被人发现,另一些人与土著人一起生活了很长时间。1791 年,21 名流放犯从帕拉玛塔启程向北行进,当一个移民问他们到何处去时,他们的回答是:"到中国去。"

讲述这个令人捧腹插曲的军官认为流放犯的回答像儿童一样无知,那些试图逃亡者也与此相去不远。狱吏与囚犯之间的交流要跨过一条相互充满敌意的鸿沟。这些犯罪之人抗拒官方命令和强制施行的权力,拥有自己的私下交流方式,运用早先囚犯惯用的"闪"语("Flash" language),加上相关的手势来隐藏真实意图,而在表面上却似乎服从监管。这种顺从加抗拒的模式,改变了英国法律中的权利条文和官方规定,影响了大众习俗中那些不够明显但更有紧迫性的权利意识。流放犯运用有关规则,对恶劣的待遇和不足的配给提出上诉。他们发动集体抗议行动,具体方式包括罢工、破坏财物、摆出沉默的傲慢姿态或举行喧嚣的抗议。一群女流放犯还在总督面前转过身去,撩起裙子,拍打自己的屁股。

殖民地在安全方面存在一些问题,但在 1804 年,刑惩制度遇到最频繁和直接的挑战,招致严厉的惩罚。因参加 1798 年叛乱被定罪的爱尔兰犯人在卡斯尔山政府农场起事,先派出 300 人去帕拉玛塔串联,然后又去争取霍克斯布里河地区农民的支持。这些暴动者被军队制服,暴动被镇压下去。有十余名暴动者被当场杀死,8 人被绞死,更多的人被施以鞭刑逼供。

第二次暴动发生在 4 年之后,被称为朗姆酒暴动。这是一场没有

插图 3.2：1808 年,新南威尔士军团的军官推翻了总督威廉·布莱。这幅画描绘了士兵在总督府发现布莱藏在床下的场面。后来这些胜利者将布莱拉到悉尼公开示众。(Mitchell Library)

流血的暴动,由新南威尔士军团的军官发动,总督威廉·布莱被推翻。布莱 1806 年到任以确立秩序,他在海军中以注重纪律而著称。25 年之前,布莱激起了一场闻名遐迩的"邦蒂号"水兵兵变,然后他率领 18 人乘坐敞篷船在太平洋上远途漂流,最终获救。布莱到悉尼不久,其高压手段和重新颁布严禁用烈性酒交换钱物的命令就激起了军团军官的抗拒。这种交易始于 1792 年,当时一批以约翰·麦克阿瑟为首的军官购买了一批朗姆酒。当时,用烈性酒作为支付手段是一种常例,常被指责为导致务农的刑释人员堕落的诱因。

　　亨特总督和金总督都曾打压这项交易。以在决斗中击伤上级军官为由,金将挑头的麦克阿瑟押回伦敦。但麦克阿瑟(金称他为"植物湾富有的捣乱者")很快就东山再起,决然辞去军职,说服有影响的英国投资人投资羊毛业（他带回了羊毛样品），然后带着一份令状回到澳洲。这份令状规定另拨2 000公顷土地给麦克阿瑟。

布莱与麦克阿瑟发生冲突，扣留他的交易帆船和将他交由法院审判之后，麦克阿瑟唆使他先前的战友起来夺权。布莱被软禁，直到他同意返回英国才获释。但他随即就收回承诺，在霍巴特住了下来。与此同时，军团司令官冠上了副总督的头衔，麦克阿瑟称自己为"殖民地大臣"。军官们占取了更多的土地和劳力。

英国政府当然不会漠视对其正统统治的挑战，宣布召回布莱，由军人出身的拉克伦·麦夸里接任总督，带领他指挥的军队取代已失去信任的新南威尔士军团。甚至在拿破仑战争于1815年结束之前，一波新的流放潮就已汹涌而至，麦夸里借此有力地巩固了殖民地。大英帝国常常出现这样的情况：帝国某地的危机导致了新的扩张。麦夸里既是一位规划者，也是一位建设者。他创立了一家银行，发行货币；重新规划悉尼，启动大规模公共工程项目，包括修建道路、桥梁和南角的灯塔；兴建士兵营房和男女流放犯住房；建造一所规模可观的医院（其建造资金来自进口酒的牌照费），其中部分建筑现在用作议会的办公大厦。麦夸里运用直线格式进行规划，按照乔治式对称格局进行建设。

在麦夸里到任3年之后，欧洲移民发现了一条跨越山脉、沿东海岸而下的道路，便纷纷踏上这条道路前行。从海岸看上去，这条山脉就像是昆布兰平原天际上的一条深蓝色的长线。而这片深奥莫测的高原就像由高耸的悬崖峭壁组成的迷宫，使人不敢越雷池一步。在1813年征服蓝山山脉之后，殖民地在昆布兰平原的局限被打破。于是，麦夸里修建了一条通往山脉另一侧的新建城镇——巴瑟斯特的公路，从那里殖民地进一步扩展到牧草丰饶的地区。霍巴特和朗塞斯顿这两个规模很小的定居点同时向南、向北扩展，这里水路交通便利，形成了一条适应从事农业和牧业的肥沃土地的走廊。1816—1820年，流放犯抵达的人数迅速增加，在新南威尔士已超过1.1万人，在范迪门地超过2 000人。1820年，澳洲大陆的殖民地人口达到2.6万，附近岛屿为6 000人。

麦夸里本是苏格兰高地的一个普通地主,后变为转业军人,在殖民地则是一个有善心的独裁者。他将新南威尔士视为"改造"和惩罚流放犯的地方。这就需要强化纪律(修建流放犯营房),同时提供改过自新的机会,因为"当一个人获得自由之后,他以前的身份应当忘却,不要对他本人产生不利的影响"。这位总督动用专断权力赦免表现良好的罪犯,继续向刑释人员提供土地。他更希望他们成为从事农业的大地主,而不是大牧主。

总督特别欣赏那些受过良好教育、事业有成的刑释人员,如外科医生威廉·雷德芬、建筑师弗朗西斯·格林韦、商人西米恩·洛德和诗人迈克尔·罗宾逊。他任命这些人担任公职,并在总督府设宴招待他们。这些做法使自由移民十分不满。1815 年之后,殖民地的繁荣对移民产生了很大吸引力,但麦夸里并不鼓励他们移居该地。1820 年,一位英国财政部官员诘问道:"除了偷偷溜进去之外,难道就再无他法进入新南威尔士了吗?"而且,尽管受到新设立的最高法院首席法官的反对,麦夸里不顾制度上的不妥,任命刑满释放的律师担任该法院的法官。他坚持认为:"这个地方应当成为每一个合格的刑释人员的家园,并且是幸福的家园。"

纪律和改造的实现,需要公众的道德和个人的克制。麦夸里禁止裸浴和在酒馆与妓院的不当举止。他拒绝批准与女犯的同居行为,而是鼓励经过改造的男犯步入正式婚姻和家庭。他强制推行安息日制度。这种主动将基督教纳入殖民地日常生活的做法标志着与过去统治方式的决裂。尽管菲利普、亨特和金等几位前任总督强迫流放犯参加宗教活动,聆听关于服从的布道,但他们这样做并非出于虔诚之心,而是因为英国国教是国家的臂膀,以至于高级军官在悉尼和霍巴特公开与流放女犯同居。

那些试图感化流放犯的教士,所取得的进展十分有限。据悉,男犯们用《圣经》和祈祷书制成扑克牌;女犯们将宗教小册子当成发夹使用。一个在殖民地早期造访的西班牙牧师对殖民地宗教祈祷活动成为一种例行公事而感到震惊。他说:"殖民者和殖民地政府最先想到的是竖立十字架和建造大型宗教建筑。"另一方面,初创时期的新南威尔士殖民地,形成了一种军事教士的风格,注重公事公办的形式,与个人信仰几乎毫无关系可言。

新型牧师出现了。1798 年,在塔希提向波利尼西亚人传教失败的 11 名传教士来到澳洲。他们是伦敦传教会(London Missionary Society)的成员,该传教会于 3 年前由非国教教派组织,向未开化的异教徒传教而成立。卫理公会和公理会传教士不重视正统和等级制度,强调个人的皈依和得救。而英国国教会首席牧师塞缪尔·马斯登此时已是富有的地主,在官方场合和宗教场合严词抨击罪犯的邪恶。但非国教牧师则试图拯救这些罪人。信奉天主教的权利也得到了承认:早在 1803 年,金总督批准一名爱尔兰流放犯行使其神父职责,但第二年由于他涉嫌利用弥撒来策划暴动,这项批准被撤回。1820 年,另外两名神父获官方批准,从爱尔兰自愿来到澳洲,为同胞承担宗教使命。

插图 3.3:1826 年奥古斯塔斯·厄尔(Augustus Earl)展出了第一幅已知的有关土著人的油画。画中人物是一个卡林盖人邦加里(Bungaree),最早的几任总督视他为调停者;麦夸里赠送护胸甲给这位"黑人之王"。画家画出来他威严的姿态,背景是悉尼湾城堡。后来的一幅石板印刷画却添加了一个在肮脏街道里吸烟酗酒的土著女人,来贬低他的形象。(National Library of Australia)

马斯登本人就是改宗者。他希望通过英国国教传教会能够使太平洋岛民改变宗教信仰，而且他自己于 1814 年率一个传教团到新西兰北岛传教。当地的毛利人是"相当出众的民族"，通过了解文明社会的优点，他们有可能抛弃野蛮习气，皈依基督教。如果向毛利人传授农业和商业知识技能，他们就能很清楚地看到这些优点。马斯登在普伦提湾建立定居点时，同时使用贸易和福音两手并不可靠，但他认为土著人接纳这种做法的机会不大，没有参与麦夸里同年设立的培训农场或由公理会传教士创立和运作的旨在教育土著人儿童的土著协会。

总督向殖民地的牧师保证："所需要做的似乎只是要把握时机，运用软的手法和妥协方式，将这些可怜的未开化的人带入较高程度的文明。"他在帕拉玛塔设立了每年举行的土著人集会——"大会"，大会从 1814 年开始定期举行，会上分发烤牛肉、浆果布丁、烟草制品、服装和毯子，这些礼物标志着基督教文明，而且向土著男子赠送护胸甲，以此确立一个清晰可见的权力架构。

随着殖民扩张的压力造成新的冲突，殖民当局试图将土著人纳入殖民体系。1816 年，麦夸里诉诸惩罚性远征手段，取了 14 个土著人的性命。他一方面仍然"坚持我最初的驯化和教化这些野人的计划"；另一方面，计划的实现只能仰仗于迁移和再造土著人。一位参加 1816 年大会的土著人妇女，见到十几名来自土著协会的土著儿童，身穿洁净的衣裙，跟随麦夸里夫人和传教士的夫人们行走，不禁放声大哭。这些泪水一直飘洒到今日。

到这个时候，麦夸里总督自身的问题出现了。他确立了殖民地行为准则和指南，始终坚持这是改造之地和惩治之地，对自由移民和刑释人员的要求一视同仁。牧业仍然获得新土地和劳动力，麦夸里将大部分流放犯发派到牧区，但牧场主不得垄断获取财富的机会，因此十分之九的人口（包括流放犯的后代）拥有约一半的社会财富。不过，1815 年后运达的流放犯大增，使得原有的发配制无法应付。随着总督手中的流放犯增多，支出也不断增加。殖民地的批评家指责麦夸里偏向于流放犯，忽视有进取心的自由移民，与伦敦的官员联手，抨击他的公共工程的造价过于奢费。1819 年,英国政府派遣特立尼达首席法官 J. T. 比格到新南威尔士进行调查。在比格于 1822 年提交第一份报告之前, 麦夸里宣布辞职。

1803 年,马修·弗林德斯在为英国海军部测绘了澳洲海岸地图后,到达悉尼。由于他的船只——“调查号”无法继续航行,所以他登上一艘纵帆船前往英国。但这艘船在横渡印度洋时也无法继续航行,他在法属毛里求斯要求救援。此时,法国正再次与英国交战,毛里求斯总督将他扣押至 1810 年。直到 1814 年,弗林德斯的《南方大陆之行》(*Voyage to Terra Australis*)才问世。3 年之后,麦夸里读到了其中的这几行文字:“如果我得到允许对其名称作更新的话,我就会将其名称改为澳大利亚(AUSTRALIA),这听上去更加顺耳。”同年年底,麦夸里建议这个大陆使用这个名称,取代通常使用的名称——新荷兰,因为新荷兰只是半个大陆的名称。下一年的 1 月 26 日,为庆祝殖民地创立 30 周年,麦夸里宣布这一天为公假日,还举行了庆祝舞会。周年庆祝日成为每年一次的节日,《澳大利亚人》(*Australian*)成为 1824 年创办的一家独立报纸的名称。

英国只占据了澳大利亚东南部的一小部分地区。在范迪门地,英国人聚居在中央平原上;在新南威尔士,英国人沿海岸向南、向北扩展,向西则跨越了山脉。捕捉海豹者和其他探险者深入到更广大的区域,但在大陆定居的范围,只不过是悉尼周围 150 公里的弧形地区。这时,范迪门地的入侵者的人数已经超过了土著人的人数,但他们在新南威尔士仍居于少数,可能不到人口的三分之一。许多土著人生活在新南威尔士中部和西部,更多的土著人则生活在大陆的北部和西部,后者还没有遇见过白人,没有看见过白人的牲畜和庄稼,也没有听到过毛瑟枪的声音。但是,入侵者在他们的生活中已经留下痕迹,比如由入侵者带来的疾病所留在幸存者身上的天花疤痕。因此,定居点构成了接踵而至的更迅速扩展的桥头堡。殖民者强占海豹捕猎地的行为、砍伐留下的树桩和过度耕种造成的土质贫瘠化,都预示着进一步的破坏即将到来。

按照一位美国地理学家的观点，移民帝国意味着"在所征服的土地上永久性地扎下欧洲的根系"，即移植技术、制度和精神，这些在"移民型殖民地的自身生活中所达到的程度，超过了所有其他帝国的附属地"。澳大利亚的移植过程清晰可见，同时殖民者也汲取了当地的新因素。新产生的生活方式是一种混合物，既有带来的因素，也有新发现的因素。托马斯·帕尔默是一个苏格兰唯一神教派教士和激进分子，因煽动骚乱罪被流放到这里。他写道："这里当然是一个新的世界和一个新的创造。每一种植物、动物、树木、贝壳、鱼类、鸟类和昆虫都与旧世界的完全两样。"帕尔默在这里的体验同样也迥然不同。他摆脱了通常的约束，能够从事贸易和造船业，甚至能向亨特总督提交批评信。一切都发生了天翻地覆的变化，甚至连严谨地复制母国的制度也导致了变种的结果。一个生气勃勃同时又怨气不散的社会应运而生。在这个社会里，束缚的含义是自由，绅士受到伤害，流放犯却得到总督的青睐。然后，钦差大臣比格到来，大英帝国开始反击。

第四章　刑释年代（1822—1850 年）

在悉尼登陆一个月之内,约翰·比格就与拉克伦·麦夸里就任命刑释外科医生威廉·雷德芬担任地方行政官员的问题发生争执。在此后的 15 个月的调查中,比格就澳洲殖民地前途得出的结论与总督截然不同。出现这样的分歧也许不可避免,因为两人的背景、教育、脾气和对帝国的期许都相去甚远。麦夸里是一个职业军人和坚强的家长制统治者,始终将新南威尔士视为"大规模的感化院或庇护所"。这个地方注定要从一个罪犯惩治地成长为一个自由社会,"总有一天必定成为大英帝国内最伟大的殖民地之一"。但这一切需要在他的监护下对罪犯进行改造才能实现。比格是一个冷静的、按部就班式的人物,年纪更轻,具有律师的判断力,习惯于用英国的标准来衡量当地的情况。

两人不是同一个辈分,代表着不同的年代。麦夸里年纪已近花甲,经历了苏格兰赫布里底群岛氏族社会的崩溃及其为大英帝国的利益进行民族的重建和其融入英国北部民族大家庭。他将 18 世纪有关理性和情感的价值观与统治方式相结合,追求一种受制于家长制和庇护制的秩序。此时,经过 40 年的军队生涯,帝国处于和平时代。英国击败拿破仑,消除了外部威胁,巨大的战争资源可以用于商业和工业之上。通过一系列政治和行政改革,负责驻守整个帝国的国家机器减轻了财政负担,提高了效率,将等级统治机构改革成为具有更广泛代表性的政府。那种以限制性管制措施和垄断性贸易积聚财富的方式,让位于渐进性的市场开放,给所有人都提供参与市场经营的机会。自由贸易和自由放任精神成为 19 世纪中期英国社会的指导原则。

随着市场规律大行其道,它进入了个人和集体生活的方方面面。那种基于等级和地位、以个人特定关系为内涵的社会秩序已经过时,取而代之的是由自治群体、自我导向的个人构成的社会理想,每个人都能最大限度地追求其满意度或实用性。以杰里米·边沁为首的专心致力于改革的功利主义者重铸了公共政策,提出来简明扼要的行为公式:只要给予适当的制度激励,给予个人追求快乐和避免痛苦的动力,人类的行为就能有利于促进普遍福祉。

比格只有三十多岁,作为一名主管法治的政府官员,在战争结束之后负责对殖民政策作相应的改革。与政治经济和社会政策的大部分方面一样,在刑罚方面起主导作用的是功利主义,认为官僚行政的目的就是重新塑造民众。犯罪者必须予以吓阻。比格以此对新南威尔士作为一所监狱和一个监狱的前景进行调查,但最重要的是殖民大臣下达指令强调流放制度应当是"一种真正的恐怖之物"。

比格于 1822 年和 1823 年提交的 3 份报告提出了具体措施。要通过进一步制度化措施、对流放犯进行更严厉的惩治才能使吓阻产生效力。殖民当局不应对流放犯给予任何宽容,不允许他们在业余时间挣钱去享乐,而应在严格的监管下派他们到农村去劳动;不应在流放犯服刑期满时拨给他们土地,而是让他们继续劳动维持生计;不应任命流放犯(刑释人员)担任公职,而应将他们置于低下的社会地位上。比格对于刑惩制度的建议也规定了殖民地未来的发展。殖民地要依靠拥有土地的自由移民,役用流放犯,发展羊毛业(比格显然听取了约翰·麦克阿瑟的意见)。殖民地需要建立适合于国王陛下的自由臣民的政府制度:设立立法会议来限制总督的专制权力,设立司法体系来确保法治的稳定。

随着这些建议的实施,澳大利亚殖民地的面貌发生了变化。牧业兴旺发达起来,吸引了大批自由移民移居该地,扩大了定居范围。探险者和测绘者开发了内地，新的殖民定居点在南部和西部海岸得到建立。土著人和殖民者在漫长的边疆地带关系恶化，演变为持续不断的暴力对抗。政府加强对人数激增的流放犯的监管措施，这大大激化了刑释人员与自由移民之间的冲突。法治约束的结果是形成了三方（刑释人员、自由移民、总督）争权的局面。澳大利亚已融合于帝国的贸易、技术、风俗和文化之中，同时其独特的个性变得更加清晰。

在 1813 年跨越蓝山山脉之后，对内陆地区的探查加速进行。1817年起，一系列的远征都以巴瑟斯特为基地。新南威尔士西部平原的水系从这里流向内陆水系，汇入墨累河。到 1830 年，远征队探查到了墨累河在南部海岸的出海口。向北方的探险活动已推进到了新英格兰高原地区，1827 年到达达令丘陵，1832 年深入到昆士兰西部。向南方的探险活动在 1824 年到达菲利普港，1836 年穿过了维多利亚的西部草地。1840 年，一条穿越雪山直抵吉普斯兰的道路被发现。到此时，澳大利亚东南部的地形和资源情况已经考察清楚。

在澳大利亚殖民版的历史中，探险家是中心人物。他们是所生活年代的名人，人们在其身后塑像立碑予以纪念，其事迹在学校课本里得到颂扬。甚至在今天，学生们循着他们留在空旷地的足迹行进。探险家还是帝国男性英雄人物的化身：他们深入漫无路径的蛮荒之地，击退野蛮险恶的土著人袭击，忍受饥饿探查大地。近来的一些作品不再那么突出他们的英雄形象。史诗版探险史略去了那些通常走在探险家之前的捕捉海豹者和牲畜贩、旅行者和流浪汉所起的作用。当范迪门地助理勘探师约翰·韦奇于 1826 年行进到西南部的山区时，发现了一名丛林逃犯的隐匿处。当新南威尔士首席勘探师托马斯·米切尔于1836 年到达维多利亚海岸时，他看到了一些捕鲸人的棚舍和附近的一个家庭农场。

探险家的显要也淡化了土著向导所起的作用。米切尔本人就雇用了 3 名土著向导，而他对陶醉于来到一个如此令人兴奋、又空无一人的地方时，他每一天的日记里都记下了遇到这片土地主人之事。一旦土著人的存在得到认可，探险家从事发现的说法便站不住脚了，实际上他们是出于自己的目的而将他们自己的说法强加于人。

这样，通过文化研究的直率考察，探险家从帝国的光环中跌落下来。近来，这方面的研究者详细研读了有关探险家的实质作用的文献资料：他们赋予自然风貌的特性和名称的含义、他们将探险化作征服的行动。后殖民批评家指出探险家是如何运用语言技巧，将这片土地描述成风景如画的所在；借助地图绘制的精确性，将澳洲大陆变为一个为人所知和可以利用的地方。批评家们还揭示了那些探险家应对外族威胁的文字游戏。

这些学者的智慧具有某种启示作用。他们使我们看到，这片土地并非无人涉足，有待人类的发现；也不是通过旅行、考察和命名才存在于世。同样的智慧在某些情况下显得多余。我们并不需要通过解读托马斯·米切尔的记述，就能看出他的探险完全是一场征服，因为他的日记对此毫不隐讳。他这样记述了 1836 年发生在墨累河的一个事件：土著人"往河里去，我的手下追击他们，尽可能多地射杀他们……这样，不久之后，原有的平静又回到了墨累河两岸，我们又毫无阻碍地继续赶路"。

米切尔少校是一名来自苏格兰的职业军人，他在拿破仑战争的西班牙战场上学会了测绘技术，并带到澳大利亚加以运用。一些英国人感觉生不逢时，错过了建立显赫军功的年头，于是在 19 世纪投入陆地探险，创造了史诗般的壮举。对于他们来说，征服未知的土地是人类在帝国事业中的一种证明。这个传统一直延续到第一次世界大战之前的 1912 年，如罗伯特·斯科特（Robert Scott）急速奔向南极。在澳洲大陆，同样追求虚荣的穿越南北海岸的探险活动于 1860 年进行。英裔爱尔兰人罗伯特·奥哈拉·伯克由墨尔本出发，1 年之后在中部地区遇难。到那时为止，当地人的探险取得了更大的成功。他们在澳洲内地的旅行更为轻松，并没有很高的期望值，携带的设备更适应当地情况。当探险者被灌输给学生们的时候，其形象都被弄成是一些长着大胡子的家伙，由于并未作文化上的反思，他们的行为动机和方式得到了更为充分的颂扬。

对牧场的侵占快速进行。在 19 世纪 20 年代,牧场主从昆布兰平原迁移出来,当时的昆布兰平原已经为新南威尔士的 19 个新设立的县所包围,所延伸的范围已距离悉尼 250 公里以外。他们越过蓝山山脉,沿着内陆河流和小溪进发。到 30 年代,他们已经走出 19 个县的地盘,很快占据了墨累河以南的草场,这里不久就被称为菲利普港地区。在范迪门地,殖民范围在 1832 年已覆盖南北河口地区,并迅速拓展。大陆上饲养羊的数目从 20 年代的 10 万只,增加到 30 年代的 100 万只。同期在范迪门地饲养羊的数目也从 18 万只增加到 100 万只。其他牲畜的饲养和谷物生产都有了很大幅度的增长,但在此后 20 年中,养羊业成为欧洲殖民经济中最重要的一种。养羊业成为占取土地的急先锋。1840 年,新南威尔士饲养羊的数目为 400 万只,10 年后达到 1 300 万只。到此时,牧场主的人数约为 2 000 人,牧场分布在从布里斯班到墨尔本和阿德莱德,延伸 2 000 多公里的新月形地区。

澳大利亚出产的羊毛为英国毛纺织业提供原料。由纺织业机械化为开端的工业革命,将英国变为世界工场。尽管兰开夏的棉纺织业更为引人注目,但约克郡生产了越来越多的羊毛制品：呢布、服装、毯子和地毯,所需要的优质羊毛也随之增加。在 1810—1850 年间,英国进口的羊毛增加了 10 倍。西班牙和德国先后打入羊毛市场,但由于澳大利亚引进美利奴优质绵羊品种,改善了羊毛品质,澳大利亚羊毛在英国的市场占有率持续增加,从 1830 年的 10％,增加到 1840 年的 25％,再增加到 1850 年的 50％。到这个时候,澳大利亚羊毛的销售额达到每年 200 万英镑,占其出口总额的 90％以上。羊毛是维持澳大利亚一个世纪繁荣和增长的主要产品。

澳洲大陆为新来者提供了迅速取得成功的条件：充足的廉价土地、温和的气候(在冬季,各种牲畜不需人工饲养)和高价值的产品(能够承担运输费用)。这样的条件和机会能够吸引移民,包括拿破仑战争之后退伍的陆海军军官和英格兰、苏格兰乡绅家庭的非长子们,他们寻求获得自己的地产。新来的移民需要一些启动资本购买羊群,雇用劳工将羊群赶到殖民地的边缘地带,取得对一片向外扩展约 10 公里的地方的占有权,安排牧羊人负责照看羊群(白天到草场放牧,夜晚将羊群赶入羊栏),进行种羊交配繁育以扩大羊群,剪取、漂洗羊毛,再打包装运销售。

在牧业的初创时期,确实有人发家致富,但这是年轻人从事的行当,对那些缺乏胆略者并不合适。干旱、大火和疾病能够使最为执着者倾家荡产。19世纪30年代末,英国羊毛需求的下降导致羊毛价格的暴跌,澳大利亚不得不宰杀上百万只羊,用于榨取油脂。由于条件的不确定性和没有土地证,牧场主只关注快速获益,而不注意羊群品种的改良或提高效率、保护资源等。羊群很快吃光自然成长的牧草,羊蹄的践踏使得土层板结,无法长出新草。草场侵入者的存在,造成羊圈周围出现暴露的地面,侵蚀了沟渠,污染了水道。

人口的损失也造成了自然环境的破坏。土著居民的栖息地被毁,聚集地被弃,遭到杀戮者的尸骨遗留在野外,一些地名与这些屠杀有关。新南威尔士北部的圭迪尔河流域的"屠杀屋溪",在那里大概有六七十个土著人在1838年"像树上的乌鸦一样被射杀";墨累河下游的"鲁弗斯河"(红河),1841年这里的河水变成红色。其他一些地名也令人震惊地记载了过去的杀戮:如"离散山""信心场""交战山""屠杀岛""头骨营地"等等。白人殖民者有时将这些令人发指的事件隐瞒起来,有时则存于当地的口头传说之中,因此170年之后,一位老者在新南威尔士乡间酒吧的一次谈话中,谈到最初的新来者是如何"把那帮黑家伙赶到峡谷的顶上,向他们开枪,逼着他们跳下去"。

土著人对于这些遭遇的描述还有另外一个侧面。他们讲述的实际情况十分具体,包括在特定的地点发生的特定事件及其更为深远的含义。鲁弗斯河冲突之后,南澳大利亚警察局长询问土著幸存者:"黑人为什么袭击白人?"他得到的回答是:"因为他们来到了黑人的地盘。"白人远远未能抹去土著人的存在,其屠杀行径在更大程度上推动了对自英国人登陆以来的征服模式的认识。20世纪70年代,北部地区的一位牧工抗议道:"你这个库克船长,你杀了我们的人。"

暴力冲突的规模相当大,以至于白人殖民者在19世纪20—30年代将它称为"黑人战争"。这个说法很快就被遗弃了，只是到了过去 25 年里，当土著人在澳大利亚历史中的存在得到更充分的恢复之时，"黑人战争"一词才旧话重提。1979 年，历史学家杰弗里·布莱尼建议澳大利亚战争纪念馆应当增加承认土著人—欧洲人战争的内容。1981 年，研究边疆关系的著名白人历史学家亨利·雷诺兹提出：阵亡的土著人的名字应当刻在我们的纪念碑上，"甚至置放在国家英雄的万神殿中"。

将土著人置入更具包容性的民族神话的愿望，受到了持续的阻挠。白人至上主义者表示坚决反对。白人传统主义者不愿接受征服是澳大利亚历史重要组成部分的令人心烦的含义，谴责"黑帮"（Black armband）历史学家坚持如此不和谐话题的做法。最近，这种阻挠更加强烈，已经变为拒绝承认。一位自由历史学家基斯·文沙特尔断言边疆地区的屠杀是由出于私利的人权分子者编造的谎言，再由那些不诚实的学者将它写入史册。他对于重要历史学家编造历史的指责，对于保守政治评论家来说是一发重磅炮弹。文沙特尔坚称：英国的殖民是在法治和基督教精神指导之下的一个和平的过程；土著人是原始和无能的人种，根本无力进行战争，他们没有政府、没有土地，能做的只是一些"毫无意义的暴力举动"。这种在殖民边疆地区的反历史的种族关系观点，已经进入大众媒体和诸如国家博物馆这样的文化机构，并成为国家历史中最有争议的一个方面。

另外一些对土著事业表示同情的历史学家，则质疑强调边疆暴力和毁灭的做法。他们认为，武力方面的历史解释无法从土著人自己的角度理解其行动。对牧场的侵占无疑是造成重大损害的行为。土著人口急剧减少（根据一项全国性的估计，其人口在 1821—1850 年间由 60 万减少到 30 万以下），不过其主要原因是疾病、营养不良和不孕不育症。土著幸存者以各种不同方式应对这场灾难，调整自身以适应新的情况是其中之一。在 19 世纪 30—40 年代，土著人加入牧业劳动大军，成为牧工、羊倌、剪毛工、家仆和性伙伴，其中既有损失，也有维持。

黑人战争的观点，无疑验证了土著人抵抗的程度。在范迪门地，

1828 年的一个月之内,欧特兰兹附近地区就进行了 28 起土著人杀死白人定居者的调查,总督宣布实行戒严。在悬赏猎人进行打击未能收到成效之后,总督下令由 3 000 人组成一条警备线,将土著人驱赶至南部海岸地区。这条黑色警戒线的宽度有 200 公里,只捕获到一个男人和一个男孩。甚至这条警戒线在 1830 年向前推进时,仍有 4 名白人定居者被杀,30 座房屋遭到抢劫。

在大陆上,凡土著人造成一定程度的人员伤亡或损失、阻止白人向前推进的地方,殖民当局也发布了戒严令。19 世纪 30 年代后期,牧场主放弃了马兰比吉河流域近 100 公里范围的土地。但是,土著人的这些成功只是稍稍耽搁了白人前进的步伐。与北美洲的易洛魁印第安人或南非的祖鲁人不同,土著勇士未能结成联盟以协调其军事行动,而是发动一些散兵游勇式的抵抗。这并不是一场统一的、联合性质的黑人战争,而是一系列分散的抵抗行动。

入侵者不止一次投入正规军进行战斗。1830 年,政府派遣 500 名士兵前往范迪门地,加入毫无用处的黑色警戒线,打击土著人。1834 年,刚刚创立的西澳大利亚殖民地总督率领当地驻军的一个分队参加平贾拉战斗(Battle of Pinjarra),击毙了约 30 名农戛人(Nyungar)。迟至 1841 年,南澳大利亚的新建定居点都设立了军事驻防营地。而且,总督部署了骑警部队,后来还征召土著人加入骑警部队。这种武装部队的机动性和火力无法抗拒,而征召土著人入伍是大英帝国的一贯做法,即用被征服民族去打击那些尚不肯就范的群体。在詹姆斯·纳恩少校的指挥下,新南威尔士骑警于 1838 年展开了一场“平定”征讨,使得北部平原地区的卡米拉罗人(Kamilaroi)遭受重大伤亡。

然而,这些零星的遭遇战再次给冲突带来了错误的印象。当受过训练的白人在开阔地遇到成群的土著人时,火器压倒了长矛,特别是当连发步枪取代了毛瑟枪后,这种优势更加明显。土著勇士没有防御工事,几乎没有引进敌方的军事技术。毛利人曾在新西兰拖住 2 万英军达 20 年之久,但澳大利亚土著人不同,无法打一场大规模的正式战争。他们很快学会避免这样的遭遇战,运用机动性和熟悉灌木丛的优越条件，进行游击战式的抵抗。土著人毁坏牲畜，对处于边缘的牧场发动突袭，在白人定居者中引起了恐惧和不安，"等待，等待，等待那些匍匐前来、悄然行事和诡计多端的黑人"。

其结果就是白人定居者进行尤为野蛮的镇压。最为臭名昭著的一个事件发生在 1838 年新南威尔士北部圭迪尔河附近的迈奥溪。当时一群牧人骑马追击用长矛袭击牛群的土著人，但他们却遇见了一群科维姆博人（Kwiamble），其中大多数是妇女儿童，曾到一个守棚人那里躲避。牧场的白人与科维姆博人之间的关系良好，科维姆博人帮助伐木，照看牛群，被允许继续狩猎；有几个科维姆博人妇女与白人男子保持正式的男女关系。当白人恶棍将这群科维姆博人赶入丛林、全部杀尽之时，当地牧场的工人曾进行劝阻或显得优柔寡断。这些杀人者返回时曾大肆吹嘘，然后又怀着罪恶感回到原地销毁遇难者的遗体。人们之所以能够知道迈奥溪屠杀，是因为牧场的看场人向总督报告了这个事件。当时恰逢英国政府提醒总督不能宽恕这样的屠杀。总督下令对这些杀人者进行审判。悉尼的陪审团宣布他们无罪，总督又下令重审。

插图 4.1：火枪对长矛：骑兵与土著勇士沿小溪交战。这幅展现牧场前线的暴力冲突，表明入侵者占了上风，而且在连发火器取代毛瑟枪之后，这种对抗上的悬殊将会更大。（Charles Mundy, *Our Antipodes*, London: Richard Bentley, 1852）

结果，7 名杀人者被定罪和处决，这使得大部分殖民者感到震惊。官方对于迈奥溪屠杀的处置方式相当出人意料：其一，决定予以起诉；其二，由白人证人作证。由于土著人无法就提供真实证言宣誓，因此他们不能对伤害自己的案件作证。范迪门地副总督亚瑟在留言板上画的一组图画表明了英国司法体系对于殖民地双方都是一视同仁：一幅画上是土著人投掷长矛；另一幅画是白人开枪射击，两者都被定罪和受

插图 4.2：范迪门地副总督乔治·亚瑟在宣布戒严的同年发布了这幅组图式公告。位置靠上的两幅画宣示了种族间的和睦，位置靠下的两幅画明示了对暴力犯罪的惩罚。亚瑟本人则身着官服，作为司法权力的象征。（Tasmania Museum and Art Gallery）

惩。这些都是基于本质上的不平等原则。两幅画中，白人都是规则的制定者，也是惩罚的执行者。当亚瑟实施黑色警戒线时，土著人对于这种偏袒的司法制度做了回答："滚开，你们这些白种混蛋！你们到这来干什么？"

土著人和殖民者的早期接触，造成了两种生活方式之间根本性的势不两立状况。土著人曾试图通过谈判和交流的方式将欧洲人纳入土著人的社会模式，但欧洲人根本不愿意融入土著社会。即使如此，直到19世纪20年代，殖民地的有限规模仍然使得双方有可能以某种形式共存。牧场边疆地区的迅速扩张扼杀了这种可能性，因为扩张导致了一系列突发的、创伤巨大的遭遇战。但双方的生存空间依然存在，欧洲人沿着开阔的草场推进，并未占取长满林木的山坡地，起初双方还能和平相处，交换物品和服务。但土著人不能容忍他们的狩猎地和水源地被占，而白人牧民在发现牲畜受损时便采取灭绝土著居民的单边行动。殖民当局是这种冤冤相报的始作俑者，无力阻止仇杀的蔓延。

有一些白人没有参与同胞的这些暴行，他们认为这样的非人道行径包含了不公正的剥夺。他们提出警告："我们的手上沾满了鲜血。"1836年，伦敦的基督教福音派教徒创立了英国与外国土著保护协会。悉尼当地的人权主义者受到激励，也于1838年成立了该协会的分会。协会还在英国议会中推进其事业，下院的一个调查委员会于1837年发现南非、澳大利亚和北美的殖民化给土著人造成了灾难性的后果：土著人"明确的、神圣的权利""对他们自己土地毫无争议的权利"受到漠视。英国政府已经对澳大利亚殖民地针对土著人的屠杀和戒严的报告表示关切。1837年，殖民大臣致函新南威尔士总督，称："将他们视为异类和对他们开战，就是否认他们根据最高主权享有的保护权，这个主权涵盖他们自古以来拥有的一切。"他坚持要对土著人进行保护。

所有的保护计划均未取得成功。在范迪门地，亚瑟副总督任命当地商人乔治·罗宾逊将所有未被控制的土著人都驱赶到一起。罗宾逊"友善的使命"就是在黑色警戒线遭到失败的地方役用土著人作为补充。在1830—1834年间，他通过怀柔之策，将最后一批不愿顺从的土

插图 4.3：1839 年，亚瑟副总督任命乔治·罗宾逊与范迪门地的土著人达成协议，说服他们到保护区内居住。本杰明·达特劳（Benjamin Duterrau）1840 年的绘画作品《和解》（*The Conciliation*）展示了一个爱好和平和富有同情心的人物形象。尽管罗宾逊对塔斯马尼亚土著人作出了承诺，但他还是安排将他们遣送到了弗林德斯岛。（Tasmania Museum and Art Gallery）

著人逮了起来，遣送到巴斯海峡中的弗林德斯岛上。岛上的土著人口出现下降，1847 年他们中的幸存者返回范迪门地，被安置在霍巴特附近的保护区内。

19 世纪 20—30 年代，基督教传教会在政府的支持下，在澳洲大陆上设立了类似的保护区和传教站。一些心地善良的人士，包括那位曾在开普殖民地任职、后担任迈奥溪屠杀案的主审法官在内，要求建立更大的保护区，供土著人定居，避免被白人带来的瘟疫传染。定居（Settlement）这个词具有多重含义。土著人被解决之后，殖民者的定居就再无障碍。事实上，迈奥溪案件的一名刑事被告就声称他和他的同伴是在"解决"（Settle）"黑人"。不过，新南威尔士总督主张纳入土著人而不是隔离他们，任命白人保护员伴随土著人漫游，帮助他们定居下来。乔治·罗宾逊担任菲利普港地区的土著人首席保护员，不时阻止最恶劣的侵犯事件，但无力阻止对土著人土地的侵占。

当时还有另外一种打交道的方式。1835年，由约翰·巴特曼率领的范迪门地企业家，越过巴斯海峡，到菲利普港地区占取土地。他们用毯子、战斧、刀具、剪刀、眼镜、手帕、衬衫和面粉作为交换物，并承诺支付年租，从库林人（Kulin）那里获得20万公顷土地。这份非官方、精心策划的协议，与英国殖民者和新西兰土著人达成的条约（在法理上）有很大的差距（与美国西部的"临时约定"更为相似），但这确实在某种程度上承认了土著人的土地所有权。殖民大臣取消了这项协议，其理由是"这样的让步将会颠覆目前新南威尔士所有财产权所依据的基础"。但在同一年，殖民部坚持拟定中的南澳大利亚殖民地，必须尊重"目前土地所有者的权利"，政府官员规定土地必须通过购买获取，购地款的一部分要支付给土著人。

南澳大利亚的殖民者没有理会这些规定。5年之内，墨尔本和阿德莱德新定居点附近的土著人就沦为赤贫者。在悉尼，土著人的人数在下降，到1840年他们临时安顿在植物湾的岬角一带。一位名叫"马鲁特"的老人向英国游客讲述了他看到的变化："噢，米特……所有的黑人都不见了！这些都是我的地方！草木猛长的地方！小时候，我就在这里四处奔跑。那个时候有好多的黑人，千真万确啊；一场大战，乘上独木舟到处跑。只有我留下来了，米特。那些可怜的人都倒下了，都不见了！"

白人城镇的居民抱怨那些土著居民四处游荡、惹是生非、酗酒闹事。白人画家用讽刺的笔调描绘了这些半裸的土著人在公共场合游荡，抽烟喝酒，身边跟着浑身污秽的狗和无人照看的小孩，对自己的劣行毫无羞耻之感，对文明的美德毫无兴趣。这些土著人的堕落形象表明他们是自己命运的牺牲品，同时还有对处于野外的、不驯服的土著人的更为触目惊心的形象描绘。当地一些被土著人捕获者的记述到处流传，他们中有落入土著人手中、重返自然生活状态的白人男子和在野外经受磨难幸存下来的白人女子。

插图 4.4：悉尼土著人酗酒沦落图,1839 年。图中的男子仍然佩戴胸甲,但他破烂的衣衫和颓废的外貌都表明,早年将土著人纳入殖民秩序的努力失败了。(Mitchell Library)

　　其中最出名的是艾丽莎·弗雷泽,她是 1836 年一次沉船事故的幸存者。在昆士兰中部近海的一个岛上,弗雷泽与恩格鲁伦巴拉人(Nglulungbara)、巴加拉人(Batjala)和杜林布拉人(Dulingbra)在一起生活了 52 天。她"从野蛮人手中逃亡"的经历,是当时许多出版物所用的标题,讲述了她的丈夫和其他男性同伴被杀害、一个没有受到保护的白人妇女的性堕落经历。弗雷泽本人成为伦敦海德公园吸引听众的人物,她在那里讲述受到野蛮对待的经过。这个事例构成了帕特里克·怀特小说、西德尼·诺兰的绘画和好几部电影的基础。

　　通过这些方式,土地被占取、居住和拥有。流放犯的劳动使得土地出产谷物和牧草,创造利润。1821—1840 年间,5.5 万名流放犯到达新南威尔士,6 万名流放犯到达范迪门地,后者的流放制度此后又延续了 10 年。大多数流放犯都发配给主人,大部分到乡村从事体力劳动。牧场急需大量的羊倌、牧工和守棚人,契约劳工能够承受牧场的孤独和不安全的环境,而自由劳工对此望而却步。流放犯的使用成本低廉,只需维持其生活即可,他们支撑了殖民地的高速发展和牧业的高产。

此时,发配用工的制度已十分严格。流放犯在劳动结束后不再有自由支配时间,也不得接受"宽容"待遇。根据比格的建议,流放犯得到的赦免更少,在刑满获释时也不再得到土地。官员对发配的流放犯实行更严格的监控,法官直接处罚违反制度者。19 世纪 20—30 年代,范迪门地副总督亚瑟走得更远,发明了一套使用"黑簿"(Black Book)的详尽监管体系,对每一个流放犯的所有行为"从他们登陆之日直到他们刑满获释或死亡之时"详细记录。他的惩罚手段不如他的前任那么残酷,但每年仍有六分之一的流放犯会受到鞭刑惩罚。不过,官僚管理制度更加令人胆战心惊。随着流放制度更加规范化,其随意性也逐渐消失,掩饰严苛作法的机会更少。这样,严苛的做法也逐渐增多。

那些违反制度的流放犯会受到进一步的惩罚,其严厉程度已严格分级:最低的一级是鞭打或关禁闭;上面的一级是派去参加公共工程的劳动或戴上锁链;最高的一级是二次流放到远离文明区域的特别刑惩地。这些特别刑惩地增加得很快:1821 年在纽卡斯尔以北海岸上的麦夸里港;1824 年在更加靠北的莫顿湾;1822 年在范迪门地西海岸的麦夸里湾;1832 年在范迪门地东南角的亚瑟港。1825 年起,诺福克岛也用于同样的目的。选址于这些地方的原因是与世隔绝的位置,其优美的自然景观更加突出了其令人恐惧的实质。麦夸里湾的入口——地狱之门是一个狭窄的和十分危险的所在。囚犯们不得不从遭到雨水冲刷的山上砍伐巨大的桉树,再拖到水边。亚瑟港的砌石工程仍然耸立在环绕塔斯曼半岛的苍翠繁茂的绿树之上,是一个主要的游览地,也一直是一个监狱、收容所、少年管教所。不久前这里还发生了枪械屠杀事件。

莫顿湾是后来布里斯班市的所在地,死亡率高达十分之一。其司令官帕特里克·洛根上尉在 1830 年被土著人杀死,据说是受到一个遭到他虐待的流放犯的指使。一首广为流传的歌谣,称颂了这个事件:

　　三年来受到野蛮的对待,

> 终日与沉重的锁链相伴。
> 我的背部屡屡遭受鞭笞，
> 总是伤痕累累难见日天。
> 就像古代埃及希伯来人，
> 受够了洛根的枷锁压迫。
> 直到那慈祥的天意降临，
> 终使得这暴君自食恶果。

1846年,诺福克岛的新任司令官约翰·普莱斯一到任就绞死了十几名哗变者。他自己的牧师指控他"残暴严酷",包括将囚犯用铁链锁在墙上,双手向后上方吊起,口中还上了铁嚼口。一些年之后,普莱斯离开诺福克岛到墨尔本任监狱总督导,遇到一伙人一拥而上,他被打身亡。

诺福克岛和其他特别刑惩地的恶名远扬,确实在英国起到了阻吓作用。更早的时候,有人指责到植物湾的流放不是一种刑惩而是一种快乐。到19世纪30年代,情况已经发生改变,新南威尔士和范迪门地已成了严酷的囚禁地和令人绝望之地。然而,这个恶名却有助于增强另外一派批评家的力量。他们就是要求取消流放制度的基督教福音派教徒。他们公布刑惩殖民地发生的丑闻,以证明流放制度既不道德也不符合人的本性。与反对帝国其他地方的奴隶制和对土著居民的压迫以及英国国内对弱势阶层的剥削相呼应,反流放制度运动诉诸人的良知,更能深刻地感受痛苦和报告中提到的道德沦丧的含义。这在英国公众中形成了蔑视澳大利亚殖民地及其殖民者的态度,同时又可能强化了长期存在的居高临下的视角:直到20世纪晚期的时候,一个不讨人喜欢的澳大利亚人还会被说成是"抖动锁链的家伙"。

在澳大利亚殖民地,人们仍然不愿承认流放制度的污点。马库斯·克拉克以普莱斯为蓝本写成的《他的真实生活》(*His Natural Life*, 1874)、威廉·阿斯特利以19世纪90年代同样的事件为基础撰写的《流放制故事》(*Tales of the Convict System*)和《死亡岛故事》(*Tales of the Isle of Death*)以及稍后罗伯特·休斯史诗般的《致命海岸》（*The Fatal Shore*），都将麦夸里湾、亚瑟港和诺福克岛的野蛮恐怖深深印在公众的印象之中。与这种黑暗压抑的印象不同，修正派历史学家指出大部分流放犯并没有受到二次流放。这些历史学家在 19 世纪国际劳工流动的比较框架内强调流放劳工的有用性和流放经历的正常性。现在，文化历史学家对此提出挑战，他们更关注流放犯的其他一些方面。这些历史学家不愿提及流放的环境问题，也不愿计算流放的成果。他们并不将我们的注意力引到流放犯背上的鞭痕或年老囚犯的精神伤害，而是引到男犯被烙上印记的臂膀和女犯被剃去头发的头颅之上。他们关注的是自我定位。

按照这个视角，许多犯人身上的烙印既是一种身份标记，也是对烙印本来目的的一种否定。鉴于看守们通过查验流放犯身上的烙印或疤痕来对这些不良臣民实施政府监控，烙印就在流放犯的皮肤上面嵌入了其作出抉择的文字。给女犯剃发的作用与之相似。剃发作为一种对抗拒改造的女犯的惩罚，自 19 世纪 20 年代开始推行，目的是要剥夺她们的女性特征，使她们看上去不男不女的样子。这种做法引起了激烈的抗议，一些女犯戴上假发遮羞。但是，剃发也是犯人与常人相异、犯有罪行和冥顽不化的标志。

妇女占流放犯总数的六分之一，反映出其自身的特点，在重述历史中具有特别的意义。早期历史学家通常从道德或经济的层面、根据女犯所起的社会作用来进行评论。这些女人都是些"应受诅咒的娼妓"、邪恶的母亲、强壮的人力资本或废弃的资源？基于女犯对国家和男子的双重依附，这样的提问很难理清她们状况的矛盾现象。这些女流放犯具备很有价值的素质。与英国一般女性相比，她们较为年轻，文化程度和技能水平较高。但她们在牧业发展中作用很小，通常从事家内劳动。女犯在人口增长方面的作用巨大，通常比英国国内的妇女的生育率高。但依照派遣制度，她们较难有结婚的机会。

玛丽·索耶是范迪门地的一个女流放犯，于 1831 年申请与一位自由人身份的男士结婚。但她的档案中有一系列的不良行为记录：粗暴无礼、越狱逃跑、酗酒买醉。直到她"在 12 个月服刑中未再犯错"，结婚申请才获得批准。两年之后，索耶又遭收押。由于殖民当局不主张将女犯押送到刑惩地服刑，因此有很多女犯在帕拉玛塔、霍巴特和其他城镇中设立的"女子工厂"服刑。这些工厂的作用是二次刑惩地，也作为安置失业和怀孕女犯的收容所，同时为这些女犯提供了标榜其粗俗文化的场所。到19世纪30年代，一些观察家将这些工厂及其无所事事、不守规矩的厂民视为社会秩序紊乱的标志。

在走向正常公民社会的过程中，流放制度投下了很长的阴影。为了贯彻比格关于澳大利亚殖民地应当是自由移民定居地的意见，英国政府用立法会议来限制总督发号施令的权力，用具有独立地位的法院来确保立法会议和总督不会抵触英国法律。第一个立法会议还相当初级，只是由7名任命成员组成。麦夸里的继任者们很长时间都没有认识到：他们不再拥有绝对权力。1826年，法院对两名犯有偷窃罪的士兵宣布释放，总督拉尔夫·达令改变法院的判决，下令这两人戴上锁链服劳役。由于其中一人死去，媒体对总督的决定予以谴责，总督随即欲动用法律进行镇压，首席法官对此不予准许。几年之后，达令根据新的立法将其中一名编辑监禁，英国殖民部亦对此不予批准。总督的其他限制措施包括禁止刑释人员出任陪审员。这项措施引起刑满释放的诗人迈克尔·罗宾逊在1825年1月26日的周年庆祝晚宴上致祝酒词时说，"哥们，为我们生活的土地干杯！"

至此，横亘在那些主张维持富裕的自由移民的政治权力和社会地位者与那些寻求更广大社会基础和更具包容性社会者之间的鸿沟，已经是泾渭分明。这种分野不再仅仅是自由移民与刑释人员之间的分野，因为在殖民地出生的新的一代已经长大成人。他们的共同诉求是以"本地的货币"（指当地铸造的钱币）对抗"英镑"或"纯种美利奴羊"（这种羊代表着纯正的血统和牧场主的财富）。这帮年轻人中最突出的是威廉·查尔斯·温特沃斯，他的母亲是一个女流放犯，父亲是一个拦路抢劫大盗，同意到殖民地来担任外科医生以抵充服刑。在麦夸里任总督期间。他的父亲发财致富，成为商人、警察督察和地主。温特沃斯本人在英国接受教育后于1824年回到殖民地。

温特沃斯借助他参与创办的报纸——《澳大利亚人报》，大力要求扩大自由，发行不受控制的报刊，建立范围更广的陪审员制度和更有代表性的立法体系。当时社会中充满了种种限制。然而，以上那些要求逐步得到了实现。由于存在着大量的陌生人，人们处处存有戒心。1830 年颁布实施的《丛林匪患法》（Bushranging Act）给予执法机关超乎寻常的逮捕权力，甚至当首席法官在蓝山山脉附近行走时都受到了盘问。1842 年，人们认识到只有在流放制度结束之后，通过部分选举的立法机构才能产生。殖民大臣清楚地阐明了其原因："当考虑在新南威尔士推行自由制度时，我十分急于结束殖民地的刑惩阶段。"

除此之外，30 年代逐渐兴盛起来的大众运动，提出殖民地人民不分出身或贫富，一律平等。该运动还寻求破除由占主导地位的牧业连同流放制所造成的差异和偏见，以更为开放和包容的社会取代由富裕阶层控制土地和劳动力为内容的等级社会，这样所有人都能够分享土地的富足。运动的参与者称自己是澳大利亚人或本土人，这个称呼表明了与所在地的纽带关系。他们为殖民者、而不是为被殖民者寻求自由，但这场运动吸引了越来越多的新移民。从 1831 年起，英国政府动用土地收入金，资助运送新的"自由"移民阶层去追寻新的开端。抵达澳大利亚的自由移民人数持续增加：19 世纪 20 年代为 8 000 人、30 年代为 3 万人，他们对所遇到的种种限制感到不满。

新的土地法取消了土地无偿授予，取而代之的是土地拍卖，政府获得充足的资金用于移民资助。这改变了各殖民地社会人口迁徙的原有状态：1831 年，英国 98％的对外移民跨越大西洋前往美国和加拿大；1839 年，四分之一的英国对外移民选择前往澳大利亚。在 19 世纪 40 年代，另有 8 万名自由移民在新南威尔士登陆。土地销售制度也削弱了殖民统治的专制性质，因为这废止了以恩宠制为基础的土地授予制度，代之以不讲人情关系的开放市场运作。

但是，圈占土地现象继续存在。牧场主到殖民地当局控制区域之外的地方圈占土地。圈占这个带有贬义的用语起初是指那些刑释人员为生存下去占取一块"荒地"的行为，但很快就改为指一个拥有特权的大地主阶层——"圈地主"。总督用收取土地证费的方法来控制圈地，1844 年又作出了强制购买土地的规定。但是，这种对圈地主特权的威胁在 1847 年被消除。英国政府决定授予他们为期 14 年的租用权。这样，他们将土地的非法侵占合法化，将占有的土地变为私有财产。制定 1844 年规定的总督感到失望，哀叹道："要想将牧场主限制在新南威尔士的边界之内……就如同要将阿拉伯人限制在沙漠里一样。"

插图 4.5：对外移民是医治贫困的一剂良药。以上绘画表达了英国人对殖民地的赞扬："饥馑的 40 年代"贫民的压抑和不满，与海洋以外殖民地家庭的富足形成了对照。左图中有宪章运动、社会主义和法院镇压的启事和公告，强调了殖民地生活的满足和和谐。（Punch，1848）

而且，得到资助的移民运动也没有能够像预期的那样，与殖民地的过去作一个了结。根据政府资助制度，英国的移民经纪人每输送一名移民到澳大利亚，就能得到一笔资助收入。移民资源的来源之一就是济贫工场，其中收容的是接受济贫救济者。这个"清除贫民"的过程制造了一支移民大军，他们的背景和状况与流放犯几乎没有什么差别。

如果说这些贫民是准流放犯,绝不存在任何的夸张。但是,两者之间在法律地位上的差异至关重要,而且这些自愿移民的人数超过了这些贫民移民。到19世纪30年代末,要求废止刑惩流放制度的压力已经难以承受。伦敦的一个议会委员会收集调查流放制度的证据,英国政府于1840年决定暂停向新南威尔士流放罪犯。1849年,英国政府一度打算重新恢复流放罪犯,引起殖民地的愤怒抗议,不得不最终废止流放制度。

这项决定使得范迪门地仍然作为流放罪犯的输送地。无论如何,这个岛屿殖民地(1825年与新南威尔士分开而治)拥有很高的流放犯人口比例,自由移民的比例不高。1840年,殖民地四分之三的人口是流放犯、刑释人员和他们的子女。自由移民与罪犯之间的隔阂更大,其影响也更为有害。亚瑟总督的目光锐利,比他在大陆上的同僚更加重视严控问题,1835年的一部法律规定对流放犯、假释犯甚至刑释人员实施严惩。丛林匪患的问题比新南威尔士严重得多,因为当造反者对抗压迫成性的政权时,他们能够从刑满释放的牧工和守棚人那里获得情报和帮助。

草原上的乡绅建造豪华气派的乡村宅邸,培植英国地主阶级的礼仪和制度。这样,他们仿佛逃避了一个遥远的岛屿上的蛮荒生活,那里令人感到忧伤的山林压得他们自己喘不过气来。最著名的殖民艺术家约翰·格洛弗在东北平原上那块3 000公顷的地产上建造了他的宅邸。1835年,他创作了宅邸的绘画,前景是一行行排列有序的进口花卉和灌木,背景是奇异的当地植物。他用那宁静的农庄田园风光,在塔斯马尼亚重建了为人所熟悉的英格兰世界。但是,文明的表象还很脆弱。19世纪40年代,流放犯增加的速度很快,达2.5万人,而当地的人口尚不到6万。当地民众越来越强烈地要求结束罪犯流放,另觅新路。流放制度于1853年宣告结束,范迪门地也变为塔斯马尼亚。

塔斯马尼亚于19世纪40年代陷入停滞的原因之一,是大批富有事业心的居民渡过巴斯海峡,前往大陆上的菲利普港地区。尽管英国政府拒绝了1835年约翰·巴特曼和他的合伙人与土著人就土地转让

插图 4.6：约翰·格洛弗是一位颇有成就的英国艺术家，1831 年在澳大利亚定居。他的绘画作品《范迪门地米尔平原的艺术家宅邸和园林景色》(*A View of the Artist's House and Garden in Mill Plains , Van Dieman's Land*)，用欧洲植物美化自然风光。(Art Gallery of South Australia)

进行的谈判，但它无力阻止牧场主迁居到那里。一年之内，那里的非法居住者已达 200 人，其大门已向殖民者打开。一批跨越陆地的殖民者循着托马斯·米切尔的路线从新南威尔士来到这里，与跨越海峡的殖民者在这片肥沃的草原上汇合，分散到各处定居下来。到 1841 年，该地区已有 2 万名居民和 100 万只绵羊；到 1851 年，人口达到 7.5 万。位于菲利普湾港口处的主要定居地——墨尔本，已经吸引了来自英国的投机性投资。

呈长方形的烤架式布局设计的新城镇，已于 1837 年投入建设，标志着与更早的悉尼和霍巴特的旧城镇设计的分野。旧城镇中占主导地位的是要塞和军营，即兴设计的杂乱无章的主要街道，将城镇分为行政区、商业区和住宅区；精心建造的制高建筑巍然挺立，一排排低矮的房舍拥挤在靠近水边的地方。相比之下，墨尔本是唯一神教派整齐划一的杰作，街道均以一系列的直线分布，投资者可以购买其中的规整地块。

另外两个殖民地以商业作为殖民的基础。第一个是斯旺河殖民地。1826 年，新南威尔士总督预感到法国占领澳洲大陆西南部的威胁，派了一批人到达那里的乔治国王海湾，考察法国进占该地的可能性；并专门指派海军上尉詹姆斯·斯特林探查西海岸的主要河流。1829 年，英国政府决定兼并澳洲大陆西部的三分之一地区，在斯旺河流域创立一个殖民地，给一批联系紧密的殖民地创建者分配土地，以换取其资本和劳动力。他们在斯旺河口创立了港口殖民地——弗里曼特尔(Fremantle)，并在河流变宽的地方建造了一个城镇——珀斯。不过，殖民者兴办农业的努力没有成功。到 1832 年，在拨下的 40 万公顷土地中，只有 40 公顷用于耕种。

最初期望落空的部分原因是土地贫瘠和气候干燥，但最主要的是劳动力的缺乏。殖民地创建时的人口为 2 000，10 年之后几乎没有增长。1842 年，英国国教会牧师探访了一位殖民地创立者。这位创立者的堂兄弟是罗伯特·皮尔(Robert Peel)，在当初批准殖民地创建时任政府大臣，此时任英国首相。而托马斯·皮尔这位拥有 10 万公顷土地的地主，与他的儿子、岳母和一个黑人仆人住在一个"简陋的棚舍"里，"他周围的一切都表明了这是一位潦倒的绅士：泥土地面和精美的盘碟、门上的吊帘和高超的钢琴弹奏、没有玻璃的窗户和昂贵的瓷器"。

早在提议创建斯旺河殖民地的时候，一位具有洞察力和怪异的批评家爱德华·吉本·威克菲尔德就预见了这一点。1829 年，他在新门监狱(因与一女继承人私奔而监禁于此)完成了一篇《悉尼来信》(*Letter from Sydney*)。威克菲尔德发现：由于工薪阶层很容易成为地主阶层，所以廉价土地造成劳动力价格高昂。他的"系统殖民化"计划，主张提供土地的定价，以资助移民并使他们安心挣工资为生。如同比格一样，他寻求复制英国的阶级结构，只是他主张用劳动力转移来取代罪犯流放。土地、劳动力和资本以合适的比例融合在一起，就能造就一个内聚型的殖民地。内聚将能产生前所未有的、非己莫属的文明。

威克菲尔德在催眠术方面卓有成就，向唯一神教派和政治经济学家提出自己的主张：提倡由非政府方面创建的模范社区中重视自我利益和社会改善的做法，实行自我调控劳动分工；广建公园、教会和学校；实现最大程度的自由。系统殖民化在新南威尔士的 6 个不同定居点实施，并首次在南澳大利亚殖民地试行。

　　南澳大利亚省（Province of South Australia）于 1836 年创立。其统治权力由国王和一个行政委员会分享，负责土地的勘查和销售、挑选和运送劳动力。其主要定居地阿德莱德及周围地区的规划，由总测绘师威廉·莱特精心完成。但不久因土地投机盛行，南澳大利亚的地位于 1842 年重新调整为普通的国王直辖殖民地。作为曲折的海岸地区阿德莱德发现了肥沃的适应种植小麦的田地，其他地方还发现了丰富的铜矿资源。到 1850 年，白人人口已经超过了 6 万。殖民地实现了创立者的期望：建设一个未打上流放地烙印的自由殖民地，并实现一定程度的自治；确立以家庭为基础的殖民地，男女之间的性别平衡要高于其他澳洲殖民地；实现宗教自由，非国教教派参与提高公共生活的受尊重度。

　　随着英国在澳洲中部殖民地的建立，英国最终正式占有了整个澳洲大陆。这种迅速扩张的势头反映在人口的增长和地域的扩大上。1820 年，澳洲殖民地人口为 3 万，1830 年为 6 万，1840 年为 16 万，1850 年为 40 万。其地域也在 1820 年后超出了东南部最初的狭长地带。即使如此，南部和西部的垦殖仍然局限于雨量丰沛的、靠近海岸的地区。直到莫顿湾刑惩殖民地结束、向殖民者敞开大门之后，昆士兰定居点的建设才有起色，但白人人口在 1850 年只有 8 000 而已。在更靠北的地方建立新殖民地的计划均未成功，南回归线以北的白人人口几乎可以忽略不计。经过 60 年的经营之后，三分之二的白人人口仍然集中在澳洲大陆的东南角，所开发的范围离太平洋海岸不超过 200 公里。无论是出于深谋远虑还是为了实现自我的预见，这种状况至今一直未变。

　　城镇人口的比例已经达到 40％。定居的突出特点是彼此之间相隔不远，早年的流放殖民地如此，新的自愿移民殖民地更是如此。新南威尔士的牧民也许会像沙漠中的阿拉伯人那样漫游,但那些缺乏冒险精神的人不愿离开生活舒适的绿洲地区。自比格报告提交之后的历任总督,都将流放犯派遣到内陆地区,但他们都溜回悉尼内圈的岩石区,这里定居点稠密,粗俗享乐场所和生活供应网络齐备。从林地区的孤独生活具有某种程度的自由,产生其独到的友爱情谊,但也减少了选择机会和增加了风险概率。岩石区的生活充满喧闹和暴力,大多数儿童都是非婚生子,人们的住处时常变动,但正是这种流动性使得居民摆脱了监视和控制。在自由殖民地,一种不同的逻辑却产生了类似的结果:在这里,人们并不是想要逃避监控,而是十分渴望社交生活以缓解因分居造成的情感问题和孤独问题。阿德莱德、墨尔本、珀斯很快创办了一系列自愿组成的民间的、宗教的和休闲的组织网络,将居民们纳入社区生活的轨道。

在刑惩殖民地,这样的组织主要通过自上而下的方式建立。因为只要流放制度仍然存在,这些殖民地就必须实行监管,不能实行自治,而那些被监管者也对自治不太感兴趣。代议制机构的缺失,导致人们通过法院而不是通过过于严苛的官僚机构寻求保护,因此政治辩论就转入对法律权利的争论。殖民地管理者一直努力使殖民地进入文明社会,建立恢复居民自尊的组织机构,但他们推行的每一项这类措施,都因其强制性的目的而遭到扭曲。

建立家庭就是这类措施之一。1841 年,一位军官夫人卡罗琳·奇泽姆在悉尼建立了一个女移民之家,以拯救那些面临陷入罪恶深渊危险的单身女性。她陪伴这些妇女前往乡村地区,将她们分派到合适的主人家中从事家务工作,并希望能够步入婚姻殿堂。奇泽姆的目标是结束殖民地性别的“巨人不平衡”,将殖民地从“令人心情低落的单身汉状态”中拯救出来。这样,“文明和宗教能够得到推进,直到教会精神能够指引村庄里的陌生者,使牧羊人的棚舍成为幸福的男人和有道德女人的家”。在这个“家庭殖民化”中,妇女将变为男子的妻子和母亲,以使她们恢复基督教的美德;后者如奇泽姆本人所言:她们将被迫承担“上帝的警察”的工作。

1836 年，新南威尔士政府制定了《教会法》(Church Act)，促进宗教信仰。政府资助教堂的修建，向牧师发放津贴。一年之后，该法的适用范围扩大到范迪门地。这部法律的重要意义在于承认所有教派的合法地位(英国允许天主教参与公共生活还不到 10 年时间)，确认宗教自由。教会活动迅速增多，卫理公会、公理会和浸礼会也都不再使用曾经用来表明其与国教不同的"礼拜堂"(Chapel)一词。

1848 年，新南威尔士的一名牧师报告说："山脉那边没有礼拜日。"他称这是引述蓝山山脉下西部平原的人们所说的话。然而，自从政府实施对宗教活动的资助以来，资助津贴额已增加了 5 倍。通常，宗教活动只不过是新定居点主要街道的一个小木箱，或者是刚刚清理出来的满是树桩的小牧场里一座用木板钉成的简陋教堂。教会用共同的目标将人们联系在一起，鼓励人们参与各种各样的自愿活动。

政府资助也加剧了教派之间的竞争。由于英国国教会能够争取到有影响力的富裕阶层的支持，而且当地的教士集团不愿失去特权地位，因此获得了大部分资助。国教徒仍然认为自己属于国家教会，具备其自身的长处和短处。天主教继续对任何歧视行为保持警惕，其在宗教和国民比例上居少数地位，同时在信徒中受欢迎程度很高，这更加剧了其警惕性。1832 年，英国本笃会派出传教团长，得到了爱尔兰宗教界的支持，但未能征募到英格兰牧师。由于没有牧师，本笃会就无法举行圣礼仪式和保持信徒的信仰，这引起了不满。长老会的首席牧师约翰·邓莫尔·朗是国教会和天主教的死敌，尤其对天主教怀有敌意。其他支持他关于虔诚民族观点的教派，也努力将具有国民性的新教植于公共生活之中。

在这个宗教开始立足时期，其治理和支持模式也实行地方化。国教会的信徒最多，约占宗教信徒总数的近一半。天主教徒的人数次之，约为四分之一。余者为长老会教徒、卫礼公会教徒和其他非国教会教徒。尽管澳洲各殖民地情况差别很大，但以上这个教徒比例保持了至少一个世纪。基督教信仰的增长从社会底层开始。国教会、天主教会和长老会都发现人们不遵守安息日的规定、亵渎神灵和道德败坏。一些非国教会的福音派也认为人们已陷入罪恶深渊。一些歌谣和招贴也散布了与传统道德相悖的观念：

> 流放犯与袋鼠之地，
> 与负鼠和鸸鹋为伴；
> 罪人的地狱，
> 农夫的天堂；
> 这片罪恶之地，
> 与你天各一方。

还有一些流放犯表示忏悔的作品是以叙事的形式写成的道德短文。作者记述了刑惩生活的挣扎和堕落，坦陈了罪人获得上帝的恩泽而得到保佑的时刻。在皈依者放弃了罪恶的习惯和放荡的行为之后，专注于善举和圣行，从而成为节制、勤劳和幸福之人。这样的说教，只能够使这些罪犯的罪恶本性显得十分突出。

殖民者还诉诸文学艺术。在散文、韵文、艺术和建筑方面，他们展示了进步、秩序和繁荣的轨迹。风景画作品将蛮荒的背景与勤奋的年轻人，将优美的大自然与分垄的田地和漂亮的乡村房屋放在一起，形成鲜明的对照。带有说教性的诗歌赞颂了荒地变为商业和谐之地的壮举：

> 看吧，在熙熙攘攘的平原那边，
> 到处是辛勤劳作、体魄健壮的人群；
> 在仁慈的上天与和煦的劲风佑扰之下，
> 满目是五谷丰登、硕果满园的景象。

这是一幅新古典主义的画面，回到了古代文明中对帝国道路的肯定，表明殖民者通过成功的模仿，正在融入普世性的人类历史规律，去完成其历史使命。因此，1823 年温特沃斯在剑桥大学读书时，提交给一个诗歌竞赛的题为《澳大利亚》的诗作,他写道：

> 祝愿这最新诞生的婴儿苗壮成长,
> 愉悦你的心田、满足父母的愿望；
> 随澳大利亚在大洋深处飘然而至,
> 新不列颠的旗帜在新的世界飘扬。

　　新古典主义寻求确定和更新一个有机的、等级森严的社会秩序模式。通过节制和规范,新古典主义努力给严酷的强迫性流放和野蛮的征服加上尊严的光环,用文明的艺术和科学提升殖民者的生活和对他们进行教育。随着强制性的刑惩时期为刑释和自由移民时代所取代,新古典主义模式也让位于功利主义的道德启蒙模式。所强调的重点是现世的和精神的改善、节制,理性重建和身心的陶冶。灌木之间的浪漫环境与之形成共鸣,心情愉快的圈地者们在这里获得了一种全新的自由和成就,不再只是对旧大陆的模仿。

　　殖民者在当地所起的地名,就反映了这种新旧交替。主要定居地都是按照英国政府官员的名字命名(悉尼、霍巴特、墨尔本、布里斯班、巴瑟斯特、古尔本),或是其出生地(珀斯)、皇家出生地(朗斯顿)或其配偶名字(阿德莱德)。海湾和港口的命名,多为了彰显当地的重要人物(麦夸里港、达令港、菲利普港、弗里曼特尔)。一些原来熟悉的用语也用于当地地名之中(领地,Domain；土地,Glebe),一些是描述语(岩石,Rocks；牧牛草原,Cowpastures；瀑布,Cascade；斯旺河,Swan River——天鹅河的意思,译者注),一些是记述语(遇见湾,Encounter Bay),还有一些是与英国地名相关(纽卡斯尔)。在殖民早期,有几个土著名称用于地名(帕拉玛塔、乌鲁木鲁 Woolloomooloo),菲利普还根据一个土著人的名字命名了一个地方叫曼利(Manly)。到19世纪30年代时,这种地名命名法已经十分常见(迈奥溪)。殖民者不再需要来自伦敦的官方恩宠,而是通过地名命名表明其祖居来源地。因此,从19世纪40年代起,英格兰、苏格兰、爱尔兰、威尔士,甚至德意志的地名已集中地出现在地域性的地名上。

这些民族认同的标志也出现在社会生活和宗教活动之中。维持本民族的网络、找寻同胞和再现习俗是对殖民过程中民族身份空白的一种自然反应。除了少数位于边陲地方的殖民点（如德意志路德教派在南澳大利亚的巴罗萨谷地的社区）之外，所有民族团体都未能形成真正的民族聚居地。它们都是民族多元性的社会组织，允许与其他民族进行流动、交往和通婚。比如，对康沃尔文化的展示，更多的是为南澳大利亚铜矿的特质打广告，而不是源自复辟故土文化的冲动。那种由彭斯晚餐和高原游乐项目构成的人造苏格兰民族风情，只不过是那些参加者的居次要地位的民族身份认同。从 1840 年起在悉尼举行的圣帕特里克节大游行，并不是抗议活动，而且"展示那些富裕的爱尔兰裔刑释人员的尊严、真诚和社区精神"。

同样的做法在新建殖民地的商业中心也十分常见，那里的土地买卖频繁，土地的主人可以随意建造各种建筑物。讲究对称性的乔治和乔治式建筑风格，在悉尼和霍巴特作了具有当地特色的调整，而在墨尔本和阿德莱德，建筑风格则丰富多样，有中世纪哥特式、文艺复兴式和带有圆拱的意大利式。这些都表明了公民自由和自治地位已经达到了新的高度。

1822—1850 年间，澳大利亚各殖民地政府放缓了高压统治，依靠市场及其相关的自愿行为。这场过渡伴随着暴力剥夺，流放犯的经历留下其带有苦涩记忆的遗产。但是，殖民地演进的结果是产生了定居的移民社会。其特点是具有较高的文化水平，精通商业活动和生产创新，能够调适自身以应对彻底重新开始的挑战。以罪犯流放地为开端的所在，已经成为充满选择机会之地。

第五章　进步时代（1851—1888 年）

1850 年末,爱德华·哈格里夫斯在太平洋彼岸度过一年时光之后返回悉尼。他是在加利福尼亚汇合,寻找黄金的"49 人"之一。尽管未能找到黄金,但哈格里夫斯发现了那里金矿区的山坡与澳洲故乡的山坡有惊人相似之处。1851 年夏季,他翻越蓝山山脉到达巴瑟斯特,在一个水塘的沙砾沉积物中,用锡盆淘洗出一粒黄金。哈格里夫斯对同伴说:"这是新南威尔士历史上具有纪念意义的一天。我会成为男爵,你会成为爵士。我的老马会制成标本,放入玻璃柜中,运往大英博物馆。"他将发现黄金的地方命名为俄斐(《圣经》中的产金之地——译者注),返回悉尼到总督那里去领奖。

在自行勘探以获取公众承认和领取奖赏的澳大利亚矿工中,哈格里夫斯并不是最后一人。他甚至也不是发现黄金的第一人。有一个牧羊人捡拾到露出岩石地表的金块,还有一个身为神职人员的地质学家采集到了许多这样的天然金块。1844 年,这位科学家向吉普斯总督出示了一块金块,得到的回答是:"克拉克先生,把它放到一边去,否则的话,我们的喉管都会被割断。"当然,这是由黄金引出的荒诞故事之一。不过,殖民当局确实担心这些埋在地底下的财富会煽起流放犯的欲望和引诱诚实的工人擅离职守。但就在哈格里夫斯宣布其成功之后的 4 个月内,上千名淘金者就在俄斐安营扎寨,当地形成了淘金潮。面对这一事实,政府只有接受,并提出适当的应对措施:派出政府专员主管采掘,征收执照费。持有执照者可在小块矿区中进行采掘和淘金。当淘金潮在 3 个月后蔓延到菲利普港地区之时,相同的符合实际的政策也在那里实施(1851 年 7 月,该地区从新南威尔士中划分出来,重新命名为维多利亚)。

在澳大利亚大分水岭发源的河流和溪流将较重的金矿矿砂冲刷下来,在水流平缓处沉淀堆积,形成东南部的金矿矿脉。大量金矿矿脉靠近地表,可以用铁镐铁锹之类的工具采掘,用平底盆或简陋的摇动洗矿槽淘洗选矿。政府实行开矿许可证制度,金矿矿脉呈堆积型,可供众多的淘金者同时开采,分享财富。到 1851 年底,维多利亚的金矿有 2 万名淘金者;1858 年其人数达到最高点,为 15 万人。淘金者分成小组采掘,因为每一份采矿份额的面积通常只有拳击台那么大。在采完地下的矿脉之后,他们会立即转移到新的采矿点。

19 世纪 50 年代,维多利亚的产金量超过了世界黄金总产量的三分之一。与加利福尼亚的金矿一起,两地的金矿业创造了巨额财富,使得美国和英国能够采用其货币的金本位制,因而取得了世界金融支配地位。淘金潮也使澳大利亚各殖民地发生了重大变化。仅仅在两年之内,新移民的人数就超过了过去 70 年流放犯人数的总和。非土著人口增加了 2 倍多,由 1851 年的 43 万增加到 1861 年的 115 万。其中维多利亚增加了 6 倍多,由 7.7 万增加到 54 万。这样,其人口就超过了新南威尔士,并一直保持到这个世纪末。每年有数百万磅的金锭运往伦敦,换回来大量的进口品(19 世纪 50 年代初,澳大利亚的进口占英国出口总值的 15%),增强了消费的趋向。金矿城镇也为澳大利亚本地产品和制造品提供了现成的市场。在这个丨年里,澳人利亚修建了第一条铁路,开通了第一条电报线路和定期往返欧洲的轮船航线。

凯瑟琳·斯宾塞是一个热忱的苏格兰移民,定居在阿德莱德,在淘金潮的高潮期游览了墨尔本。“狂潮冲乱了一切,”她这样记述道,“宗教被扔到一边,教育没人理睬,图书馆几乎空空如也……每个人都痴迷于一件事——一夜暴富。"许多人都怀有同样的关切。黄金是吸引全世界冒险家的磁铁,这些人带着男性的激昂,单枪匹马地驰骋金矿区。其中大多数人是英国人,但"外国人"也占相当的比例:有擅长于水流淘金法和喜欢使用火器的美国人,还有来自法国、意大利、德意志、波兰和匈牙利的流亡者,他们在震撼整个欧洲王室的1848年共和暴动中逃了出来。在外国淘金者大军中,中国人最多,达4万人之多,成为可憎的种族暴力的攻击对象。

插图5.1:19世纪50年代早期,作家兼摄影师安东尼·福彻在维多利亚金矿工作了两年。他认真地展现了沉积金矿采集者的生动场面,他们拿铲和平底锅,传达出了早期淘金潮的兴奋。

大部分淘金者在菲利普湾的顶端登陆,在桅杆如林的港湾边上遗留下大堆的行李物品。这验证了交通和住宿费用确实过于昂贵。水手跳下船只,牧羊人离开羊群,雇工辞别老板,丈夫扔下妻子,用手中的镐铲去寻找财富。难怪批评家将淘金潮视为社会腐败剂,抨击这股狂热将定居者变为流浪汉,将公众变为暴民。

当巴勒拉特的地表层黄金采完,淘金者不得不在潮湿的泥土中苦挖数月,采掘地层深处的矿脉时,令人恐惧的事情到来了:淘金者开始对每月征收执照费中遭受的欺侮和出现的腐败感到愤愤不平。鼓动家诸如普鲁士共和主义者弗雷德里克·维恩、意大利激进的左派分子拉斐尔·卡邦尼和苏格兰宪章派成员汤姆·肯尼迪发表这样的讲话:

> 道德说教全是一派胡言,
> 统统都不过是对牛弹琴。

他们走到一起组成改革同盟,以爱尔兰工程师皮特·莱勒为同盟领导人。1854 年底,约 1 000 人聚集在巴勒拉特外围的尤里卡,打出一面蓝底白色十字星的旗帜,发出他们的誓言:"我们在南十字星下宣誓:我们相互之间要肝胆相照,英勇奋斗来维护我们的权利和自由。"从墨尔本派来的军队冲破了尤里卡金矿区山坡上的临时搭成的木栅栏,击毙了 22 名守卫者。但尤里卡的暴动者得到了法律保护。墨尔本的陪审团拒绝将受审的暴动领导人定为叛国罪;皇家调查团对金矿区的行政管理提出谴责;矿工的不满得到了补救,甚至连他们对于政治代表权的要求也很快得到了满足。这样,仅仅在一年之内,暴动者莱勒就变为议会议员,最终担任了国王陛下的大臣。

尤里卡暴动成为民族神话形成中的一个重大事件,南十字星成为自由独立的象征。激进民族主义者赞扬它为反抗帝国政府的民主起义和工人运动产生的第一个伟大事件。澳大利亚共产党属下的尤里卡青年团在 20 世纪 40 年代提出要继承这个遗产,而建筑工人联合会的工人暴动者在 20 世纪 70 年代采用了尤里卡旗帜。右翼的民族阵线也接过了这面旗帜,尽管修正派历史学家坚称这场暴动应当视为小企业的一场税务暴动。巴勒拉特的露天博物馆将"南十字星上的鲜血"(Blood on the Southern Cross),弄成一个声光结合的旅游娱乐项目。对于一个地方性的抗拒事件而言,暴动一词也许用得有点过。正如官员的反应过度一样,其参加者将它视为 8 年前北美殖民地人民的《独立宣言》,只是时间上发生的太晚了一些,而缺少这个环节,向民族的过渡就不完整。在澳大利亚联邦成立不久,一名持保守立场的历史学家甚至也称它为"我们自己的一场小小的暴动"。而在那之前很久,南十字星就成为抗议的象征,尤里卡事件就已融入激进活动之中。

在维多利亚淘金潮掀起之后,其他地方也发现了金矿并掀起了淘金潮。19世纪60年代,4万人前往新西兰的南岛,更多的人则到新南威尔士新发现的金矿区。接着发现黄金资源的是昆士兰,包括1871年的恰特兹堡、1873年的帕尔默河、1883年的摩根山,以及珊瑚海那边的太平洋岛屿。接着,淘金大军前往澳洲大陆西北部干燥的皮尔巴拉地区和偏南的努勒伯平原,结果,1892年在库尔加迪、1893年在卡尔古利都有重大发现,这样就完成了澳洲大陆呈逆时针方向移动的淘金潮。同时期的1883年,新南威尔士西部边远地区牧场的一个病弱的德意志骑师查尔斯·拉斯帕,在淘金线路以内地方发现了丰富的银矿和铅矿矿层。这个地方后来成为采矿重镇——布罗肯山,他去世时已是腰缠万贯之人。

在开矿的地方,地表的树木均被清除,以便于开采作业和为水泵等机械提供燃料。所产生的影响包括:受到污染的河流、经过选矿的渣土和化学残留物,同时也出现了教堂、学校、图书馆、画廊、住宅和花园。在淘金潮开始时,那种令斯宾塞感到沮丧的强烈执拗的贪婪冲动,很快就在集体努力和文明进步的综合作用下得到了缓解。反复进行的经济活动使得人们注意知识和技能的积累,当然在这个过程中知识和技能也发生了可观的变化。后来发现的最有价值的矿藏都在地层深处,需要昂贵的机械和更复杂的冶金技术才能开采生产。因此,个体的探矿者让位于矿业工程师、单干的开矿者让位于股份公司和挣工资的矿工。

矿业依赖于不可再生的资源,矿区居民的意识中始终萦绕着一种不稳定感。由金矿区向工业区的转变,产生了对过去辉煌年代的怀旧之情。一位年轻的诗人亨利·劳森在金矿区长大,他在1889年写的一首诗中捕捉到了这种情感:

> 日夜转瞬即逝,
> 吾等已届暮年。

　　诸位斟满酒杯,

　　黄金岁月礼赞。

　　财富宝库打开,

　　红遍南方天际。

　　在那激荡岁月,

　　你我诚如兄弟。

激荡岁月中形成的兄弟情谊,仍然存在于人们情感的行动之中。金矿区是 19 世纪移民接纳的中心,民族主义和排外主义的锤炼之地,艺术家、歌唱家和作家以及矿业工程师和企业大亨的培育之地。澳大利亚普通工人的大联合发源于维多利亚金矿区。其发起者是威廉·格思里·斯宾塞。他与其他同道者一样,认真勤奋,对逝去的淘金热潮感叹不已。

　　淘金潮的到来,恰好与自治制度的建立同时发生。1842 年,英国政府批准新南威尔士成立通过部分选举产生的立法会议。到 1851 年为止,南澳大利亚、塔斯马尼亚和维多利亚殖民地均从新南威尔士殖民地中分出,也都获得了成立立法会议的权利。1852 年,英国港口每天都有满载旅客和货物的班轮驶往澳大利亚,殖民大臣表示:"比以往越来越紧迫和必要的是,将完全的自治权交到人民的手中,以促进繁荣昌盛。"一个实行自由贸易的帝国,需要实行自由的制度。因此,他要求殖民地立法会议起草代议制政府宪法。一年之后,新任殖民大臣批准殖民地可以按照威斯敏斯特式的责任制政府制度,由议会对行政系统实施控制。

　　殖民地采取了相应的行动。1855 年,英国议会为新南威尔士、塔斯马尼亚、维多利亚制定颁布了宪法。1856 年,南澳大利亚殖民地宪法生效。1859 年,昆士兰从新南威尔士中分出,也获授了相似的宪法。这样,殖民地按照英国宪政制度享有自治权:总督成为当地的宪政统治者、形式上的元首,按照政府部长的意见实施统治。政府部长为代议制议会议员,并对议会负责。不过,帝国中枢依然保留了相当大的权力：如外交权、任命和支配总督权。英国政府有权拒绝批准任何殖民地的法律。殖民地总督需就任何触及帝国利益的事务向殖民部汇报，如贸易和海运；也需就任何威胁到帝国划一性的规定向殖民部报备，如结婚和离婚方面的规定。

对于殖民地人士而言，这些限制还不如议会的构成那样引起他们的直接关注。按照英国议会上院和下院的两院制模式，殖民地议会将由两院构成：立法会议（Assembly）和立法院（Council）。立法会议是平民院，由具有广泛选举权的男性选民选举产生。南澳大利亚最早实行所有成年男子选举立法会议的选举制度，其他殖民地在此后的几年中也实行了这一选举制度。立法院是一个复审院，其作用是防止过度民主的发生。

那么如何做到这一点呢？对不受约束的统治感到恐惧的多数人，主张确立一个殖民地贵族阶层。这个做法较早的时候曾在加拿大进行过讨论，此时则由年岁已高的威廉·温特沃斯在新南威尔士提出。他得到了约翰·麦克阿瑟一个儿子的支持，但受到年轻的激进分子丹尼尔·德涅希的嘲笑。由于澳大利亚无法追求"欧洲大陆没落贵族凄惨没落的派头"，这个"年轻的演说家"建议应当"反其道而行之"，追寻那"贵族的鬼魂"。至于麦克阿瑟的儿子，德涅希建议他一定要成为一个伯爵，把他的盾徽当作朗姆酒桶游戏道具放在草地上。

德涅希的嘲讽有助于温特沃斯的提议遭到否决。新南威尔士和昆士兰决定设立上院，其议员由总督任命，任期为终身制。由于总督按照部长的意见行事，这样的上院是一种保守的、不可靠的制约工具。而南澳大利亚、塔斯马尼亚和维多利亚的上院，均由符合高财产资格的选民选出，其资格高于选举下院的选民资格。因为立法院不得不批准改变其缺乏代表性的构成，因此它成了抗拒公众意愿的堡垒。而且，既然宪法在立法程序方面授予立法院与立法会议几乎相等的权力，这样有产者就能够否决任何威胁其利益的大众诉求。这与威斯敏斯特制度不同，下院在英国议会两院的关系中占有优势。

立法方面屡屡受阻，引发了一些严重的宪政危机。尤其是在维多利亚,当地的开明自由派人士争取到了广泛的支持,在 19 世纪 60—70 年代进行了改革。在最初的冲突中,殖民部坚持要求总督严格保持中立,使得自治制度难以承受。殖民地自由派的坚强斗士——乔治·希金博特姆大声疾呼:"150 万英国人居住在殖民地,在过去 15 年中他们相信自己拥有自治权,但实际上他们一直受到一个名叫罗杰斯的人的统治。"罗杰斯是殖民部的常务次官,坚持要"尽快、彻底停止那种非法干预帝国政府对于殖民地内政事务统治权",但他的下属官员并不愿执行他的僵硬政策,所以他的政策未能取得成功。

由于民主的迅速推进,这些缺陷在殖民地自治初期并不明显。19 世纪 40 年代,英国大众运动形成的民主原则体现在《人民宪章》(People's Chater)之中。宪章运动令英国统治者胆战心惊,政府将许多宪章派成员流放到澳大利亚。然而,宪章运动 6 项要求中的 4 项获得了澳大利亚东南部人口最多的 3 个殖民地的采纳。其立法会议由所有成年男子投票选举,采用秘密投票方式,选区选民人数大致相当,对议员的财产资格不作要求。宪章运动的第五项要求,即每年举行选举,未能得到支持。但大多数殖民地每 3 年选举 1 次。1870 年,维多利亚采纳了宪章运动的第六项要求:议员领取薪金。

民众行使统治权,但他们对结果并不满意。因为他们的胜利成果中也新添了一个令人厌烦的集团——民众政治人物。作为民众的代表,这些政治人物应当为民众服务。选区选民迫使本选区议员从政府那里满足自己的需要:修筑公路铁路,为子女提供工作机会。议员转而向政府部长提出这些要求,施加压力。如果要求不能得到满足,他们就会寻求换上更好打交道的部长。在这样的压力下,民主政治沦为以权谋私、假公济私的场所。选举的性质也与拍卖无异,候选人竞相向选民夸下海口。派别忠诚的变换,引起政府不停地组成和解散。相互抨击和机会主义当道令议会程序饱受针砭。腐败和讥讽使得公共生活荡不安。

这样,殖民地政治成为政治人物为民仗言大秀口才的舞台。那些以此为业之人都必须满头脑艺术细胞、有戏剧表演天赋,最重要的是要能够随机应变、张弛有道。在这方面，无人能出亨利·帕克斯之右。他在 1872—1891 年间 5 次出任新南威尔士殖民地政府总理。帕克斯刚来时还是个激进的年轻人，最终变为一个奉行机会主义的亨利爵士，曾数次陷入破产境地，在 77 岁高龄时还再一次成为父亲。如果政府制度在原则上属民主性质、议会是人民的仆人，那么代议制度的运作就在国家和公民之间留下了一个空白。政治人物为这个不得人心的两难境地受到指责，民众则很快对无法逃避的政治感到怨愤。澳大利亚人建造了宏伟的议会大厦，表达他们对公民政治的宏愿和对当选的阿谀奉承的伪君子的蔑视。

殖民地国家机器迅速发展。19 世纪 50 年代，其所承袭的规模有限的政府机构、法院和地方警察机构已无法应付淘金潮带来的新需求，并急需立即承担新的重要职能。除了维护法律和秩序之外，殖民地政府开始对铁路、电报、邮政、学校、城市服务和其他基础设施进行重大投资，继续大笔资助移民。而且，政府雇员占所有劳动力的十分之一，政府支出占国民支出的比例由 1850 年的 10％增加到 1890 年的 17％。

与美国基础设施的私有模式不同，澳大利亚政府负责基础设施的建设和供给，这反映了国家之间模式的区别。澳大利亚殖民地面临的环境使其别无选择，努力在自然环境更恶劣的、人口更稀少的地方提供必要的基础设施，以满足生产主要出口产品的需要。殖民地政府能够通过在伦敦货币市场的政府借贷来独自筹集资金，能够独自承担这些大型项目的建设和运作。同时，由于这是一个坚信推动进步是政府使命和责任的年代，政府还要以公众认可的形式促进经济、社会、文化和道德的发展。

殖民地政府职能的强化产生了其他后果。当各殖民地政府掌管各自的事务后，它们竞相争取移民和投资。1859 年昆士兰与新南威尔士的分离和 1861 年的边界调整以及 1863 年北方区和南澳大利亚行政权力的落实，完成了对澳洲大陆的划分。除了将北方区移交给新的联邦政府管辖和 1911 年划出首都区之外，以上的那些界划一直延续至今。

尽管各殖民地一直共享宪政、法律和行政方面的遗产，但分治造成了公共政策的巨大不同(铁路轨距的不同就是标志之一)和经济、人口上的地区差异。

　　然而,自治也造就了高度中央集权的政治。在早期,殖民地均仿照英国旧制,任命地方行政官员负责管理当地的法院、警察以及执照颁发事务和公共工程的建设,这些地方官员均是政府的耳目。地方教育委员会负责当地的教育。此时,这些事务都转交给殖民地政府机构管理,由殖民地的收入承担其支出(不再通过收费解决支出问题)。地方的管理作用消失了。虽然通过地方选举成立了市政和乡村权力当局,但它们只不过是根据殖民地法律建立的机构,所以地方政府只是承担一些边角职能的惰性权力机构。殖民地政府通过法规和监管来控制官僚等级体系,其中包括警察局、法院、邮局和学校等,并确保邮政和电报系统的一体化。

　　取消土地圈占运动是最初的殖民地议会的中心议题,激活了殖民地政治。原宪章派成员云集金矿矿区,带来了对于小农场主的自由和独立的追求,爱尔兰佃农的诉求与之相同。而且,美国人秉承杰斐逊民主原则,其他欧洲国家则由商业化经营的地主取代了乡村社区。来到澳大利亚的移民发现数千名牧场主圈占了东南部肥沃的土地,并在非选举产生的上院中享有特权。获取土地的运动因而同时成为将宪政民主化的运动。

　　在维多利亚,土地大会(Land Convention)于 1857 年在墨尔本召开。大会打出的旗帜图案是南十字星和一句口号"民众之声"(*vox populi*),其目的是抗议一项重新延长圈地者占据土地年限的议案。1858 年,立法院拒绝进行选举改革,大会召集了 2 万人到议会大厦举行抗议活动,将一块标牌钉到议会大厦的墙上,上书"本建筑上半部分招租"几个大字。在新南威尔士,立法院拒绝批准土地改革提案。于是持自由立场的总理以此为把柄,清除了由任命产生的立法院议员中的死硬保守派分子。

　　如果说土地运动是引起冲突的原因和对抗财富和权力不平等的手段,那么它是受到了农业和谐之梦的鼓舞。

打破圈地者们的专权，

让穷人拥有自己的家。

激励我们伟大的民众，

不再颠沛流离受惊吓。

将仁慈赋予自由劳工，

弘扬那诚实辛劳精神。

邻里之间再无人嫉妒，

人人欢欣更庆喜盈门。

土地改革者所憧憬的是这样的一个社会：自给自足的生产者将人们的经历转化至生产的满足之上。在这里，广袤的庄稼地和果园取代了一片片巨大的草场，温馨的家宅取代了牧羊人简陋的棚舍，家庭生活的满足取代了单身生活的躁动，文明的欢愉取代了丛林小棚中难得的快乐。自耕农的理想是一种富有阳刚之气的理想，对这个时期产生了强大的影响，并将影响力一直保持到下一个世纪。1856年，一份持自由立场的报纸将它称之为一种"农民的、家长制式的家庭生活范式"，家长负责"耕种园地、饲养家禽、给奶牛挤奶、教育子女"。妻子在其中起的作用被忽略不计。既然获得了治理国家的权利，男子当然也获得了治理家庭的权利。

从1860年的维多利亚到1861年的新南威尔士，所有殖民地都先后通过了《选地法》(Selection Act)。该法规定选地农可用低价购买最多不超过250公顷的闲置国王属地或牧场租地者占用的部分牧场。其直接后果与土地改革者的意愿恰恰相反。圈地者通过购买或利用傀儡代理人为自己选地的方式，占有牧场中最好的土地。但早期土地立法中的缺陷（由腐败或不负责任造成）被弥补之时，圈地者已经成为土地的永久性主人。与此同时，真正的选地农在自己的土地上辛勤耕作养家糊口，但拿到的土地往往不适于农耕。其中许多选地农因缺乏农耕技能、资本、设备和运输工具，而宣告破产。

幸存下来的选地农发现所谓的自耕农理想，只不过是把妇女儿童变为不领薪酬的苦工。他们在艰苦的条件下终日劳作,依然难得温饱。男人们为了打工挣钱补贴家用,而不得不离开家园与家人分开,耽误了农场的发展。灌木丛中长大的诗人亨利·劳森的父亲就是一名选地农,他母亲在土地上终日劳作。他写道:

> 憔悴的妇人像男人一样在土地上苦干,
>
> 直到丈夫在外打拼一番之后重返故里。

19 世纪 60 年代,丛林盗抢死灰复燃。这些参加盗抢的人来自心怀不满的乡村穷人和苦苦挣扎或遭遇破产的选地农的后代。其中最有名的丛林大盗是内德·凯利。

凯利帮在维多利亚东北部地形崎岖的乡间显赫一时。这帮盗贼肆无忌惮地盗窃马匹,就像后来的盗车贼一样。1878 年,他们袭击了一支警察巡逻队,打死 3 名警察。凯利帮后来的行径就像是一部传奇:进行一连串胆大妄为的银行打劫;发布一篇自我辩解的长篇檄文(将凯利身为爱尔兰流放犯的父亲从祖先那里流传下来的记忆与乡村受压迫的下层民众的苦难结合在一起);用犁铧打制成护甲用于最后一场枪战,当时凯利帮企图颠覆一列从墨尔本开出的运送警察的火车;凯利在受审中坚忍不屈和从容走上绞刑架。据称他说的最后一句话"这就是生活",已是经久不朽之言。

就像凯利帮歌颂的那些早年行侠仗义的丛林大盗一样,他们自己也成了民间英雄。凯利帮在拥护者的帮助接济下,隐藏在大山里不通铁路的地方。当地的线人用一种口头传递的"丛林电报"来抗衡政府的通信工具。将农具改制成盔甲成为一种象征,吸引文字和摄影记者前来进行报道,其事迹变得家喻户晓,而且作家、艺术家、编剧和制片人也反复从中汲取素材,用于创作之中。内德·凯利这个狰狞的杀人犯或社会反叛者是现代性下的极端产物。

那些发家致富的选地农都从事大规模的商业性生产,将农业和牧业相结合,雇用更多的劳动力。19 世纪 70 年代,南澳大利亚和西澳大利亚的小麦种植农最早取得了农业上的成功,铁路的通车和农业机械的运用提高了农业生产效率。其中较为突出的是德意志移民,他们遵纪守法、虔诚勤劳。东部沿海的农民清除茂密的雨林,开辟农场。东南部的农民使用奶油分离机和制冷机,开创了奶业生产。东北部地区则靠甘蔗种植业获得丰厚的回报。土地种植面积从 1850 年的 20 万公顷扩大到 80 年代末的 200 余万公顷。

同时,羊毛生产也在较大规模的基础之上增长了 10 倍。到 19 世纪 70 年代初,羊毛出口超过黄金出口,成为出口额最大的商品。80 年代时,澳大利亚对英国的羊毛出口额占国民生产总值的十分之一。羊毛产量的提高来自对改善牧羊业的大量投资。此时的牧场已围上栅栏,修筑水坝和地下沟渠进行灌溉,草场的品质得到改良,羊的个头增大,产毛量提高。1850 年之前,一个旅行者可以毫无阻碍地穿行东部草场地区。而随处可见打上木桩的栅栏,标志着牧场主已由圈地者变为土地的拥有人。那些围起来的牧场中间的树木的树皮被扒掉,林地成了扩大草场的牺牲品。当地的动植物竞争不过外来的动植物,蓟属植物和兔子的泛滥成灾,就是这样的例证。

在一段时间内,农牧场主对这种生活环境的移植感到满意。原先简陋的房舍被英格兰乡村豪宅的复制品所取代,也许他们还在主要的城镇中拥有房产。他们的大部分时间在城里度过,子女也在城里接受教育。办公处通常设在农牧场主宅邸的后面,再往后是由工场、庭院、水坝、花园和雇工的住处等组成的村庄。此外还有剪毛场,这是一座很大的建筑,通常有 50 名以上的剪毛工在那里工作,为场主们创造了王室般的舒适生活。

直到 19 世纪 70 年代中期,羊毛的价格一直保持高位,然后出现拐点。受到成本—价格因素的挤压,牧场主被迫扩大生产,将牧场扩大到内陆牧草稀疏的草原地带或耐盐的滨藜属植物生长区。那些被遗弃的农牧场上的建筑验证了过于乐观的危险性。新来的移民在 19 世纪 60 年代深入到昆士兰的内陆地区,70 年代深入到南澳大利亚的内陆地区,80 年代再深入到新南威尔士更加偏西的内陆地区。这些推进均以撤退告终。牛群可以在低降雨量的地区生存,因为牛能够走更远的距离去饮水,不那么容易受到野狗的袭击,也能够走很远的路到市场出售。但是,养牛的利润并不高。在罐头业和制冷加工业取得成功之前,养牛的牧场主仍然依赖于当地的市场。

向内陆地区的推进引发了探险热的再度兴起,造就了一批更加炫目的、维多利亚时代的悲剧性新英雄人物。1848 年,曾在之前对北部地区的探险中名声大噪的德意志人路德维希·莱希哈特,与 6 名同伴从昆士兰出发前往西海岸,一同消失得了无踪迹。对他们在蛮荒中的命运,人们有种种猜测,其中包括帕特里克·怀特的小说《探险家沃斯》(Voss)。同年在北部偏远的约克半岛,土著人用长矛刺死了另一个探险家埃德蒙·肯尼迪。

1860 年,维多利亚金矿区官员罗伯特·伯克和测绘师威廉·威尔斯在墨尔本举行了宏大的出发仪式,计划从南向北穿行澳洲大陆。他们将设备遗弃,抵达了泥泞的卡彭塔里亚湾平原,在回程中到达靠近昆士兰和南澳大利亚分界处的库珀溪,因饥饿过度倒毙途中。殖民者用诗歌和艺术将他们塑造为英雄人物,从那时起还有许多历史著作、小说、戏剧和电影记述和展示他们的事迹。伯克和威尔斯在他们最后的日子里用铅笔写下的日记,成为维多利亚州图书馆的镇馆之宝。1865年,他们的塑像在墨尔本建成,这是这座城市第一座重要的纪念性雕塑。此后塑像多次改变安放位置,见证了这次未能成功的探险。

一年之后,南澳大利亚人约翰·斯图亚特成功地完成了纵贯南北的探险,回来时的境况十分凄惨,身体的一部分已经瘫痪,眼睛也暂时失明。在离开澳大利亚时,他的成功也没有得到应有的社会承认。这与伯克和威尔斯所受到的对待迥然不同,他们的遗体得到隆重收殓,之后还进行了国葬。斯图亚特的探险为跨越大陆的电报线测出了路线,这条陆路电报线于 1872 年架设完成,与欧洲的直接电报联系得以建立。电报中继站为澳洲大陆中央地带的探勘者和牧业先驱者提供了基地。此后的探险活动穿过了西部的吉布森沙漠和横亘于阿德莱德与珀斯中间的努拉伯平原。亚历山大·福雷斯特的探险路线从西澳大利亚北海岸直抵大陆中央的陆路电报线,在金伯利地区发现了草原地带。19世纪80年代,陆路移民(如从昆士兰来的杜拉克家族)就已将这片草原瓜分完毕。

1873年,另一名南澳大利亚人在距离陆路电报线300公里处生长三齿稃的沙漠地区,发现了一座长约2公里、高约300米的山岩。这名探险家按殖民地总理的名字将它命名为"艾尔斯岩"。1988年,这座山岩归还给了其传统的主人,恢复了原先的名字——乌卢鲁。山岩呈红色,在日出和日落时折射出壮观的色彩。对于山岩的主人来说,这里是一块圣地;对于云集于乌卢鲁的旅游者和新时代的探访者(到此的目的是精神上的朝圣)来说,这里是这个国家心脏的中心。这也是一个充满神秘和诡秘的地方。据称这里有婴儿在丛林中失踪,用于鬼灵崇拜和献祭仪式。1980年,一个名叫阿扎里亚·张伯伦的婴儿在这里失踪,印证了这种邪恶的神秘之说。

这些都是19世纪晚期发生的一些变化。早年的欧裔澳大利亚人并不是将这里称为红色中心(Red Centre),而是死亡中心(Dead Centre)。内陆殖民的边疆地带被称为"荒僻之地"(Outback)"万劫不复之地",当地的自然环境十分恶劣。1891年,牧民诗人巴克罗夫特·博克在用鞭子上吊自杀之前,用笔描写了荒僻内地的牧民为那些不在牧区生活的牧场主提供了城里的舒适生活。

> 在这万劫不复之地的荒野之中,
> 就是亡灵的葬身之地!
> 在这热浪永无休止地乱舞之处,
> 就是亡灵的葬身之地!

与北美的西进运动不同,欧洲人对澳洲大陆的征占从未完成过,内陆地区的边疆也始终存在。

当欧洲人向北推进时,他们遇到了新的挑战。在地理条件上,澳洲大陆南回归线以北三分之一地区的地形地貌、降雨量和生活环境差异甚大：如从贫瘠的西北海岸起,成片的红色沙丘和黏土湖、焦土状的泛滥平原、断断续续的岩石地带,到茂密的雨林,长满红树林的海滩、沿东海岸排列的珊瑚礁等。在生理上,殖民者对这个地区的适应能力令人感到怀疑。他们习惯于温带的气候条件,很不愿意脱下他们的法兰绒内衣、克里米亚衬衫和粗绒棉斜纹布长裤,也不愿意放弃以肉类、面粉类和酒类为主的饮食习惯。在心理上,他们要应对一个有大量异族存在的异国环境。在托雷斯海峡和珊瑚海的两侧,欧洲人的澳洲与亚洲和太平洋地区交汇在一起,白人的人数要少于其他种族的人数。

中国人遭遇了最为恶劣的对待。在一个多世纪里,中国人是澳大利亚最大的非欧裔族群,在外貌、语言、地区和习俗上别具一格。在19世纪50年代,他们与其他国家的淘金者同时来到这里,但被单独拎出来遭受讨伐。其中绝大部分是契约劳工,由中国南方口岸的经纪人将他们从广东省招募而来。众多的华工在一起劳作,将所得薪酬寄送回家。大多数人是单身男子,因此被指责为一种经济上和社会上的威胁。1855年,墨尔本的一份报纸坚称:"我们绝不要奴隶阶层的存在。"维多利亚殖民地政府征收特别入境费,任命保护官到金矿区将华工分开居住,但这并未能够阻止1857年金矿区一场严重的种族暴乱的发生。在1861年发生了另一场袭击华工住地的暴乱之后,新南威尔士殖民地政府也采用了相类似的限制华工措施。从这时起,公众激进主义就打上了种族主义的烙印。

中国人到来的时机,正值淘金潮已经在60年代向北转移到昆士兰和在70年代转移到北部地区。但他们在金矿区是不受欢迎的竞争者,不久就转而从事园艺业、商业和服务业。黄金又将欧裔澳大利亚人吸引到新几内亚。1883年,英国政府吃惊地发现昆士兰竟然兼并了新几内亚。于是,英国政府一方面宣布不允许进行这样的兼并,一方面又准许在新几内亚的东半部设立保护地,条件是由澳大利亚殖民地提供所涉经费。在更早的1872年,昆士兰就将北面的边界推进到托雷斯海峡,将那些盛产珍珠、贝壳、龟壳、海参和檀香木的岛屿置于其统治之下。有关这些自然资源的贸易向东、向西同时扩展,涵盖范围从布鲁姆直到珊瑚海，在南方则由不同的工厂进行生产加工。承担生产加工工作的是当地劳工和外国劳工，雇佣方法与太平洋地区航运和沿岸社区的方法相同。

牧业将劳工稀疏地分布到广阔的草原之上，而农业选地制则产生了大量的家庭农场，同时北方劳动密集程度更高的企业需要更多的劳动力。至于白种人是否像当代科学研究所表明的那样：他们无法在热带地区保持持续的体力，或者他们干脆就不愿意成为农场的劳工，尚难作出判断，但有一点是明确的，即需要从其他方面获取人力资源。19世纪 60 年代，昆士兰北部开始建立甘蔗种植园，将太平洋各岛屿作为其劳动力的来源地。起初，甘蔗种植园从新赫布里底群岛（瓦努阿图）获得劳动力，因此就有了南太平洋诸岛土人这个通用词汇。后来，种植园主又从新几内亚东面海上的所罗门群岛和其他岛屿获取男女劳工，用于清除林地、种植甘蔗、收割甘蔗和榨糖。在 40 年时间里，超过 6 万名太平洋岛屿的劳工成为昆士兰的劳工，其中部分人是出于自愿，部分人是受到武力胁迫。起初，他们的身份是契约劳工，在固定的劳动期限内受到严格的监控，然后带着报酬返回岛上。到 19 世纪 80 年代，相当比例的太平洋岛屿劳工在昆士兰定居下来，成为当地工人阶级的一部分，享有很大程度的自由。

广为报道的虐待太平洋岛屿劳工案件，使得南方的人权主义者对这种劳动力交易提出越来越强烈的批评。招募运送岛屿劳工的运奴船上的暴行、种植园主严苛的纪律规定、劳工的高死亡率和低工资标准都表明这是一种近似于奴隶制的奴役劳工制度。我们可以将这种劳工制度与罪犯流放制相提并论，因为流放制也遭到了东部殖民地民众的憎恶，而西澳大利亚殖民地在 1850—1868 年之间继续实行流放制。西澳大利亚殖民地已经向英国政府要求运送流放犯，以解决劳动力短缺问题，但这个做法并不能消除其污点。不过，西澳大利亚可以被视作发展道路上的落后者，流放犯从事建造公共工程和加强农牧业。北方的种植园经济则体现了更为两极分化和具有压迫性的社会秩序。除此之外，它也威胁到了澳大利亚的种族公正性。

北方的土著人在种植经济方面几乎没有参与,但海上资源采集和其他资源采集,如伐木方面发挥了很大的作用。通过与托雷斯海峡和美拉尼西亚群岛岛民的联系,他们比南方的土著人更广泛地卷入殖民地经济。殖民者对北方的入侵招致了比这之前更为强烈的反抗,造成了白人妇女儿童的死亡,令入侵者感到震惊。之后,土著人也成了牧工。1857 年,在弗雷泽的黄蜂岸站,有 9 个人被杀。1861 年,在库林拉林戈(罗金汉的内陆地区)有 19 人被杀。在这里和其他地方,白人也没有饶恕土著妇女儿童。到 19 世纪 60 年代,牧牛取代了牧羊,但交战继续进行。1884 年在昆士兰西部偏远地区的交战山,多达 600 名土著人勇士与移民和当地骑警交战。在 19 世纪 80 年代,北部地区的艾里斯斯普林斯草原约有 1 000 名土著人被杀。

欧洲人对北部的征占是如此的困难,牧业的需求是如此的强大,占领者别无选择,只能雇用土著人劳工。土著人社区在枪口的威逼下被开放式养牛业吞并,但发挥了重要的作用。土著人是牧场主的劳动力来源,担负放牛人、家仆和伙伴的角色,不仅供养了牧场主,而且保证了牧场的运作。他们的处境引起了广泛的讨论和争论。牧业先驱者的后代们回想起土著人时,称他们为任性的孩童。后来的种族不平等现象批评家们认为土著人受到了压迫和剥削。随着北方养牛业的衰落,历史学家运用土著人的回忆,说明土著男女"终日辛劳",种地养牲口,还供养了牧场主。

在南方,农业的兴盛杜绝了这些弊端,土著人成为政府的受保护者。1859 年设立的维多利亚保护局(Victorian Board of Protection)将土著人界定为受害者,应当受到保护和隔离:"他们确实是无助的孩童,他们的处境十分悲惨。这块地方曾经属于他们,但他们现在还不如从前。"爱德华·柯尔是牧场主,也是同情土著人的学者,在 1886—1887 年撰写了《澳大利亚种族:起源、语言和习俗》(*The Australian Race: Its Origin, Languages, Customs*),共分为 4 卷。他在此后进行的一项调查中这样答复道:"在必要的情况下,黑人应当受到强制管束,就像我们强制管束那些无法照料自己的儿童和疯子一样。"在亚拉河上游的科兰德克，2 000 公顷土地在 1863 年被保留起来，用作建立一个自给自足的乡村定居地，由白人担任管理者。定居地的土著居民放养牲畜、种植庄稼，开办了锯木厂、奶制品厂和烘房。他们还在专门的日子里狩猎和为白人买主制作工艺品，引领文化旅游的潮流。

对土著遗产的收藏是基于其将迅速消失的假设。在 1869 年，塔斯马尼亚的一个土著人去世。据称他是所属部族中的最后一个男人，甚至连他本人也这样认为。于是，当地的皇家学会与英国皇家外科学院（Royal College of Surgeons）的一位医生拼命争夺这个土著人的头骨。他的遗孀特罗喀尼尼对这种毁损行为十分不安，并急于保护好自己的遗体，以免遭科学家的毁损。但当她在 7 年之后去世时，她的遗体不久就被掘出，骨架在 1904 年由塔斯马尼亚博物馆展出。在小说、话剧、电影和邮票上，特罗喀尼尼以"最后的塔斯马尼亚人"的身份出现，象征着一种悲惨的、但又无法避免的结局。70 年之后，她的骨架归还给了塔斯马尼亚土著人社团。骨架被火化，骨灰撒在了她的族人曾经生活的河道两岸。1997 年，英国的一个博物馆归还了属于她的一条贝壳项链。2002 年，伦敦的皇家外科医师学会归还了她的头发和皮肤，以在当地安葬。

巴拉克是生活在科兰德克的土著人之一，属于乌尔-沃润（Woi-worung）部族的乌兰德杰瑞（Wurundjeri）氏族。他在孩童时代曾经目睹了贝特曼"条约"的签订。现在，那些土著族群方面的联系被视为一种离奇的古董，因为政府当局已经抹去了土著部族之间的地域分界线，将不同的部族身份、语言和社会结构统统纳入统一的土著人类别。巴拉克本人也获得了一个教名——威廉，并被称为亚拉—亚拉（Yarra Yarra）部族的最后一位首领。他创作了反映传统生活的绘画：歌舞狂欢会——人物均身着负鼠皮斗篷；狩猎——男人在捕猎鸸鹋、针鼹鼠、蛇类和琴鸟；仪式上的角斗——勇士用回飞镖和盾牌进行角斗。画面上紧密排列的图案反映了一种有序的、与大自然融为一体的社会结构。

科兰德克并不允许举行歌舞狂欢会。1887 年，总督本人想看一场歌舞狂欢会，但也未能如愿，只得请巴拉克画了一幅狂欢会的画作。但

插图 5.2：巴拉克创作了许多样式的歌舞狂欢会绘画作品。这幅画的上方是两行手持回飞镖的舞者。下面是两堆篝火,再往下是坐在地上的公众,用击掌的方式计时。有两个男子站立在人群之中,身披负鼠皮斗篷。图案的设计与仪式的韵律形成共鸣。(National Gallery of Victoria)

这并不是土著人自我展示的唯一形式。1868 年,托马斯·威尔斯率领一支维多利亚西部的土著人板球队前往英国。威尔斯是澳式足球的发明者,也是库林拉林戈屠杀的幸存者。他们同时展示了板球和抛掷回飞镖及舞蹈的高超技艺和能力。无论是通过对白人文化的模仿或是通过对自身传统的保持,土著人的这种综合能力都起到了抵御被吞并和灭绝的作用。

直到 1850 年,澳大利亚欧洲人口的增加幅度与土著人口的下降幅度不相上下。1850 年之后,澳大利亚的居民人数迅速增加,1888 年超过了 300 万人。淘金潮之后引发的移民潮并不稳定,于 19 世纪 80 年代再掀高潮。人口的自然增长率居高不下：19 世纪 50 年代结婚的妇女大约生育 7 个子女,80 年代结婚的妇女大约生育 6 个子女。300 万人口超过了这个大陆有史以来所供养过的人口数目,需要对资源进行比以往任何时候更为充分的开发。

通过提高面向海外市场的商品生产水平,这个目标得以实现。提高生产水平的方法包括资本、劳动力和技术的转移。英国金融家大量投资澳大利亚牧业,澳洲殖民地筹集由英国私人存款构成的政府贷款,用于修筑铁路和其他基础设施,这些都使得资本积累迅速增加。那些具有创业雄心的个人和家庭愿意来澳大利亚碰碰运气,带来了他们的积蓄和新技术。新技术在牧业、农业、矿业和冶炼业的运用,刺激了新一轮的调整和提高。

这个强劲的势头保持了三十多年时间,持续的改善和提高造就了巨大的物质繁荣。这三十多年来,经济年增长率保持在 4.8%。在 19世纪的下半叶,澳大利亚人比英国人、美国人或其他任何国家的国民都挣得更多,也花得更多。日常用品的价格更低,机会更多,贫富差距也更小。但并非所有人都从中获益。没有资本或技能者只能领取低工资,收入和生活也不稳定。但是,8 小时工作制的确立标志着经济的运作已经远远超出了维持温饱的水平。墨尔本建筑工人首先争取到了 8小时工作制,但从未在各行业普遍实施。它的作用是作为殖民成就的试金石。

在欧洲扩张创立的世界经济体系中,各帝国列强为了自己的利益在亚非拉控制资源和剥削民众。在那些暂居殖民地,欧洲殖民者只管为自己的工厂获取原材料;殖民地人民在技术和产品的变化之下任其宰割,贫富差距不断扩大。相比之下,像澳大利亚这样的移民型殖民地就能够缩小贫富差距,提高当地的生产能力,享受繁荣的好处。

乡村工业效率的提高,使得大部分劳动力能够自由从事其他行业。一些人从事食品加工业,或从事成衣制造业和建筑业,另一些人则从事各种各样的服务业。越来越多的人到车间工作,生产原先从英国进口的各种产品,种类也日渐繁多。城镇的发展也是这些幅员辽阔的移民型殖民地的一大特征。甚至在淘金潮和紧接其后的农业移民潮时期,五分之二的殖民者生活在居民人口超过 2 500 的城镇里。到 19 世纪80 年代,城镇人口超过了人口总数的一半,其比例要比英国高得多,同时也高于美国和加拿大的城镇人口比例。甚至是人口只有 1 000 的小镇,也同样拥有此时的种种舒适便利设施:旅馆、银行、教堂、报纸、面

插图 5.3：阿德莱德附近的剪毛工工作图。这些剪毛工使用刀片剪羊毛,19世纪末刀片被机械化刀剪取代。在剪羊毛季节里,所需要的剪毛工约为 5 万人。(State Library of South Australia)

粉厂、铁匠铺和商店。在国际贸易方面同样也毫不逊色,澳大利亚城镇造就了一批深谙市场经济的专业生产商。

　　每个殖民地首府的支配地位都得到了巩固。它们都是铁路和港口枢纽,是新移民的登陆处,而在淘金潮之后通常也是他们的居住地。首府城市是商业、金融和行政中心,运用政治杠杆强化对内陆地区的控制。布里斯班、悉尼、墨尔本、霍巴特、阿德莱德和珀斯都是沿海城市,其在内陆地区开发之前就已建城。相互之间的距离至少在 800 公里以上,交通联系要靠海路。珀斯的位置最为偏僻,到1888年时也只不过是人口约9 000的市镇;霍巴特的人口下降到3.4万。布里斯班和阿德莱德均发展成为所在地区的重镇,人口分别为8.6万和11.5万。墨尔本的人口为42万,悉尼为36万,都是当时的大城市。北美的城市中,只有纽约、芝加哥和费城的人口超过墨尔本。1888年,墨尔本高达46米的商业中心大厦开始兴建,当地人喜欢称这座建筑是世界上最高的建筑,但实际上当时应当是世界第三高的建筑。

这些殖民地首府城市都为访客展现了独特的面貌和氛围:无精打采的珀斯坐落在阳光充沛的斯旺河口;整洁有序的霍巴特位于云雾缭绕的山脚下;充满活力的布里斯班满是亚热带情调的单层洋房;整齐划一的阿德莱德处于宽阔的公园绿地之中;崎岖砂岩之上的悉尼拥有壮观的海湾;墨尔本的市区则是一模一样的烤架状排列。虽然这些城市风格各异,但访客们却有共同的印象,所有城市都占据了巨大的空间,人口密度很低;市中心周围都有面积很大的郊区,通过公共交通系统与市中心相连;而且基础设施齐备,只有阿德莱德缺少下水道系统,其原始的卫生条件在夏季尤其令人厌恶。

当时的住房比更早建立的城市中的住房更加宽敞,通常每座住房都有4个或更多的房间,而且拥有产权的比例也更高,约占一半或稍高。优越的住房消耗了很高比例的私人资本,在居民的收入中占有很大的比例。但食品价格很低,一家人在住宅和花园里享受天伦之乐。澳大利亚城市里大部分企业的规模不大,大工厂很少。这里没有那种19世纪常见的十分拥挤的廉价公寓,也没有住在这些公寓里的成群结队的农民出身的无产者。这些都表明澳大利亚商业城市都具有适度的舒适环境。

这一切都不能满足殖民地自我肯定的要求。新世界的殖民者的自我意识逐渐增强,希望能够赶上和超过旧世界的模式。城市是殖民地的展示橱窗,而且殖民地也希望更多的名人、旅行作家和评论家到澳大利亚,赞扬这里取得的成就。因此,墨尔本的议会大厦必须是帝国之内除了威斯敏斯特议会大厦之外最宏伟的建筑,政府大楼的舞厅必须大于白金汉宫的舞厅。在 19 世纪 80 年代墨尔本的鼎盛时期,一位来访的英国记者赞美道:"非凡无比的墨尔本。"牧场主已经沿默累河流域扩展到新南威尔士南部,其先头部队已经进入昆士兰的甘蔗种植业和养牛业。墨尔本制造商利用保护性关税带来的益处,在澳大利亚最大的国内市场建立起最大的经济体,将产品销售到其他殖民地。墨尔本商人在斐济创办种植园,在新西兰清除贝壳杉林。墨尔本金融家控制了布罗肯山的富矿,其证券交易所发行其他矿山的股票。外来的投资在地产公司和建筑业制造了投机性的泡沫。

在墨尔本商界,苏格兰因素的影响很大。按照一个苏格兰移民的说法:"在这个世界上,很少有人能看到像苏格兰人这样雄心勃勃。"这些苏格兰人足智多谋,他们的最大目标就是追求财富,所取得的成功可以在城里装饰华丽的办公处和城郊富丽堂皇的宫殿那里得到印证。他们保持道德上的执着态度,在用坚固的青石建成的教堂中做祈祷,修建风格朴实的酒店。他们十分自信,相信自己有能力引导社会进步,在体育和展示活动中得到乐趣。一位刻薄的观察家指出:

> 一百年之后,一般的澳大利亚人将会身材高大、举止粗鲁、下颚宽大、生性贪婪和才华四溢。……他们将信奉长老会教义,其国家政策是一种根据汇率确定的民主政策。所娶的妻子身材瘦小、心胸狭窄,陶醉于衣饰和休闲时光,不会照看孩子,但因智力低下而不会犯什么大错。

这位观察家名叫马库斯·克拉克,一个文学上的波希米亚人。他在成就显赫的所谓非凡无比的墨尔本之外,又添上了被遗弃的墨尔本下层社会生活的奇特形象。城内贫民窟的破败和犯罪现象、唐人街的赌窝、街巷里的小客栈和妓院,都离时髦的俱乐部和戏院不远。这为波希米亚人和道德改革家提供了城市生活的全景,与证券交易所和椭圆形体育场一样给人留下了深刻的印象。弗格斯·休谟描写犯罪现象的小说《两轮马车的秘密》(*The Mystery of a Hansom Cab*)是一本国际

插图 5.4：别墅的主人正在悠闲地阅读杂志，他的夫人正在看圣诞贺卡。他们都市别墅的阳台有茂盛的植物环绕，身着的薄衣反映了与北半球相反的夏季的温暖。（*Illustrated Sydney News*，23 December 1882）

上的畅销书，交替揭示了白天在非凡无比的墨尔本值得尊敬之处以及夜晚在被遗弃的墨尔本发生的朦胧夜生活。人们在这里都以自己的方式抛弃过去，获得新的身份："一片布般的云彩，笼罩在所有的伟大城市之上。"

重新定位的过程在移民社会那些更为隐秘的文字，如日记和信札中暴露无遗。1851—1888 年之间,超过 100 万人登上移民澳洲之旅,大多数人在轮船上要度过 100 天的时光。船上日记填补了离开故国和抵达新世界之间的空白。大多数日记的作者表现出来对未知未来的恐惧和焦虑,他们记下了平淡无奇的旅途生活,以及与不可能成为伴侣的异性短暂的亲密接触过程。一旦登岸,精神活力重新恢复,于是日记就被扔到一边。

这样,信札成为与分开的亲友之间的主要联系渠道,移民向有影响的人物提交介绍信,急于找到哪怕是最为疏远的关系。距离强化了族裔纽带,因此苏格兰社团、威尔士同乡会和德意志宗亲会都门庭若市。寄一封信的邮资是 6 便士,信通常要花几个月的时间才能寄达目的地。但在 19 世纪 60 年代,每个月都有 10 万封信寄回英国和爱尔兰,当然也有同样数目的信件由英国和爱尔兰寄到澳大利亚。随着邮件的到来,大洋两端的家人、朋友和邻居形成了社交圈子,分享来自世界另一边的信息。

殖民地邮局里无人领取的信件,表明这样的联系相当脆弱。死亡、耻辱或失望都是造成断绝与家乡亲友联系的原因。同样,在几十年不通音讯之后,人们会突然收到来自偏远内地的信件,甚至会重新相聚。新移民在殖民地社会自由迁徙,很快就建立起新的社会关系。因此,19 世纪 70 年代在维多利亚成婚的爱尔兰新娘都嫁给了非爱尔兰裔的男子。居住的模式同样如此。1871 年的人口普查表明,只有一个选区的天主教徒(这个教派教徒几乎是爱尔兰裔的同义词)超过人口的一半。在澳大利亚,英格兰人、苏格兰人、威尔士人和爱尔兰人混居在一起。

对于在 19 世纪中叶的作家查尔斯·狄更斯而言,澳大利亚是接纳多余人口之地,其中就包括他自己的两个儿子。对丁 19 世纪末的作家亚瑟·柯南道尔而言,澳大利亚是送返那些回流移民之地。这些回流移民面目不清,好像要么是受害者、要么就是罪犯。他笔下的福尔摩斯,就是通过他们的求助或像澳洲土著人那样的尖叫声及其他澳洲的标志性言行来查清案情。在地球另一面的殖民地亲戚失去了遗产,但又发了一笔横财,这样的情节成了虚构浪漫文学作品的老套。在澳大利亚，人们永无休止的到达和离开，对那些依附人口造成了特殊的问题，所以有必要为被遗弃的母亲和儿童制定特别的法律，作出特别的安排。

殖民地民众对这些问题的对策，就是重建为他们所熟知的公民社会。在这里，他们极力推崇公民自愿精神，反倒不太赞成对政府进行制约，以作为一种补充手段。他们一方面在追求经济发展和物资享受方面依赖于政府的支持，更重要的是通过市场来开创经济和满足需求。市场会回报那些自立的人，并鼓励基于自我利益的交换。当扩展到一个实行民主制度的移民社会的其他领域时，市场的回报作用为个人选择开辟了更广阔的天地。

但是，个人自由的前提是责任感。殖民者带来了修改供求关系法则的期望，而殖民化过程及其必要性都需要对市场力量的运作作出限制。因此，有关实行 8 小时工作制的诉求，就是要反对过度劳作和保护劳工。殖民地流传的富有表意功能的口号"公平真诚"（Fair dinkum）源自英格兰中部地区。在英格兰，"Dinkum"的含义是适度的劳动。"公平真诚"在澳大利亚具有更广的含义，指广泛适用于社会关系其他方面的规范准则。

自愿行为对于社会规范的表达更为充分，因为个人之间平等相待，为了共同的目标走到一起。自愿的主观能动性将对个人自主的期望与对相互依存需要相结合，后者在一个满是陌生者的地方尤为重要。于是，俱乐部和联谊会保护个人利益，提供娱乐服务；体育社团举办比赛；寄宿处提供建立同伴关系的场所；学习会增进知识的传播；文学会提供阅读机会；技校帮助个人提高技能；友谊会和互助会提供应急帮助。

家庭是最为紧密和亲密的联系类型。男女之间性别不平衡的缩小、在法律地位及经济上不平等现象的持续存在，使得组织家庭的比率保持在高水平。圣洁的婚姻在此时只是一种社会规范行为，而这种规范得到了法律的支撑。法律规定丈夫有权支配妻子的财产和子女，妻子即使受到虐待也无权逃婚。家庭的状况取决于丈夫的经济供给能力和妻子的家务打理能力。即使是在这样的不平等婚姻关系中，自愿原则仍然在起作用。新娘新郎相互之间经过自由选择成婚,迅速在自己家中拥有自主权,不再依靠父母兄弟姐妹。而且在殖民地家庭中,妻子的作用更为突出,往往参与作出重大决定。同样,子女在家庭中担负更大的责任,也具有更大的作用。

甚至在宗教活动中,同样的潮流也是显而易见。殖民地已经形成惯例:澳大利亚没有国教,个人自由决定宗教信仰。这是对族裔多样性的一种认同:大多数爱尔兰人是天主教徒,大部分苏格兰人是长老会教徒,他们要求与英国国教徒享有平等的地位。殖民地政府曾经通过财政资助的方式鼓励基督教各主要教派的宗教活动,但此时在主张自愿精神的人们的要求下,政府资助已经撤销。

这是一个宗教得到发展的时期。从 19 世纪 60 年代起,宗教信徒的人数和到教堂参加宗教活动的人数都有明显的增加。来访的英国小说家安东尼·特罗洛普对澳大利亚宗教信仰的普及程度感到吃惊,认为这表明了殖民地民众的富足和相应地希望得到尊敬的愿望。他写道:"身着体面的服装与参加宗教活动的行为密切相关。"同样的趋势也反映在教堂的建造方面,各大教派都建造了带有尖顶和华丽装饰的大教堂,日常采用砖石结构。宗教热潮勃然兴起,人们到处吟唱赞美诗,布道的频率更高。宗教热情转而推动了传教和慈善活动,并且促进了自律、勤奋、节俭和节制的道德观。

澳大利亚成为新的信仰复兴运动的良好场所,运动的先驱者是穆迪和桑基。海外福音主义者到各殖民地巡游,在弥撒仪式上布道。主要教派并不需要这些外来宗教专家的帮助,因为它们与上级教会之间保持着密切的联系。圣公会(英国国教会)继续在英格兰招募主教,称主教为"阁下大人";建造宏伟的哥特式教堂,采用唱诗班、白色法衣、管风琴和教堂装饰。天主教由爱尔兰主教领导,热忱地响应教皇庇护九世有关教皇绝对正确的宣示。其教会事务得到了众多来自法国、西班牙和爱尔兰男女修士的帮助。澳大利亚的天主教是一种在教士指导下强调戒律和服从的宗教。同时,作为厌恶英国统治的居少数地位的教派,天主教还是澳大利亚民族主义强大的力量来源。

在 19 世纪下半叶,新教的非国教派占基督教信徒的多数。非国教派更加地方化,治理形式较为平等,更多地介入世俗事务,因此信奉者的比例更高。在维多利亚和南澳大利亚,当地的长老会、卫理公会、公理会和浸礼会最为强大,对整个社会都有巨大影响力:在星期日,酒吧和商店不营业,火车班次减少,公共娱乐活动一律禁止。但是,这些清教戒律受到了挑战。早在 1847 年,诗人查尔斯·哈珀发现了殖民地宗教生活中的"个人化过程",而且无法阻止。科学和理性的挑战越来越强,削弱了教义原则。一些人仍然笃信宗教,另一些人则抛弃宗教,还有一些人感到宗教信仰的丧失令人痛心,但却也不可避免。到 1883 年,甚至连虔诚的乔治·希金博特姆也觉得别无选择,只能"孤独无助地踏上探寻之路"。

直到 19 世纪中叶,教会一直是教育的主要提供者。自那之后,政府承担起提供教育的责任。政府插手教育的原因是教会学校的失败。1861 年,只有半数学龄儿童能够读书识字,而强烈的教派排他主义迫使政府迅速停止对教会学校的资助。创立另一种基础教育,即世俗、强制和免费的教育,是出于造就大量有文化、守秩序、勤劳奋发的公民的愿望。1872 年,乔治·希金博特姆宣称:"日益增加的需要和社会所面临的危险",要求"在初等教育方面形成单一的中心和担负责任的当局",所以国家有必要承担起这个责任。澳大利亚各殖民地在每一个郊区和丛林定居点都建立公办学校,为此动用大笔公共开支。教师和行政人员构成了公务员的主要部分。教育系统实行中央管理,分为不同的等级,受到规则的约束。而且,教育系统是官僚系统的翻版,澳大利亚人在这方面显示出了特殊的才能。

在悉尼(1850 年)、墨尔本(1853 年)和阿德莱德(1874 年)建立的大学都是非教会教育机构,根据议会法案建立,由政府拨款解决办学经费,并由政府任命的理事会管理。墨尔本甚至禁止讲授神学课程。大学的创办者希望:在修道院式的环境中进行的普通教育将会磨去殖民地的粗糙棱角,提升公共生活质量。在实践中,大学不久就一致强调专业培训。高等教育招生数有限,学费昂贵,开办大学的主要理由是要培

插图 5.5：1880—1881 年墨尔本国际博览会是英国殖民地举办的博览会中最大的一个，吸引了 200 万名参观者。临时性建筑都在会后拆除，但圆顶主建筑保留了下来，作为纪念"非凡无比的墨尔本"的永久性纪念建筑。(National Library of Australia)

养律师、医生和工程师。

那种以为"普通""公办"或"国立"学校(这些不同的名称表明了其含义的丰富)将会培育正在成长的殖民地儿童,提高他们的能力和树立起共同目标的期望,实际上是一种幻想。有些教师会使用统一确定的课程表,有些学生也会从中得到灵感。但大部分公办学校的作用就是禁锢学生。打铃和点名培养了遵守规则的习惯。教师往往没有受到很好的培训,喜欢使用高压手段。他们训练学生的读写能力,向学生进行道德说教,然后在学生十几岁时就让他们加入劳动大军。

这种世俗、强制和免费的大众教育,从来也没有达到目标。天主教徒拒绝接受悉尼大主教所说的"异端教育系统",竭尽全力打造了自己的教育系统。女修道院院长玛丽·麦基洛普曾于 1866 年创办了约瑟夫修道会(Order of Josephites),献身于贫穷天主教教徒的教育事业,尤其是对偏远内地的教育事业呕心沥血,给从事天主教教育者以巨大的鼓舞。她拒绝服从权威的行为招致被一度开除教籍,终身与主教处于对抗状态,但她因此而被提升到民族英雄的高度。1995 年,教皇约翰·保罗二世(John Paul Ⅱ)访问悉尼时为她行宣福礼。新教学校面向社会阶梯的另一端,为富人填补了初等教育与高等教育之间的空白。

不过,国家始终不渝地弘扬共同文化,建造了促进健康休闲和自我修养的设施,如博物馆、美术馆、图书馆、公园、植物园和动物园等等。榜样的作用得到重视,墨尔本公共图书馆开始征订所有引用了吉本(Gibbon)的《罗马帝国衰亡史》(*Decline and Fall of the Roman Empire*)的著作,走廊则摆放了古典名人的石膏塑像。其效果是赋予这类公共机构以高尚、教化和普及的特性。这些公共功能也塑造了文化形式。殖民地早年风行的个人艺术创作(雕塑、绘画),已让位于康拉德·马腾斯和尤金·冯·盖拉尔的浪漫风景画,以及威廉·施特鲁特的表现重大历史题材的油画。商业性剧院、体育和其他休闲活动的剧增,证明了人们手头阔绰和休闲时间空间的充裕。

19 世纪 50 年代末,一个来墨尔本的英国访客在清晨散步时吃惊地发现,每家门口台阶上都有一份报纸。报纸将人们的联系范围远远扩大到公众集会和言语表达之外。为广大读者提供的信息,包括技术进步,如跨海电报、机械印刷、廉价的纸浆纸和快速交通等等。报纸本身也是一种商品,能够通过市场实现跨地区的买卖交易。报纸既报道事件,也对事件进行评述,动员公众成为政治力量,培养读者成为自主的个人。

报刊的影响力毋庸置疑:不止一位维多利亚政府总理将组阁名单交由墨尔本《时代报》(*Age*)的老板大卫·赛姆批准。有人认为新闻界构成了政府的第四等级,而且尽管殖民地没有封授僧俗贵族,但报纸的地位也许更高。如果用以上这些来描述赛姆本人,可能还远远不够。他是一个离经叛道的加尔文教徒,曾接受牧师方面的培训,从道德的角度严密监视殖民地生活的方方面面。《时代报》夸下海口:"编辑每天登上布道台,他的声音能够传达到 5 万名会众。"作为一名非宗教人士、土地改革家和个人权益保护者,赛姆在自由主义方面走得最远。报纸的其他合股人具有非国教派背景,提倡要使物资和道德的进步适合于以财产权为基础的民主制度。《悉尼先驱晨报》(*Sydney Morning Herald*)的老板约翰·费尔法克斯是公理会执事。该报最有名的编辑约翰·韦斯特是同一座教堂的牧师。阿德莱德《南澳时报》(*Advertiser*)创办人也具有相似的背景。

殖民地的进步可以见之于建筑,也可以见之于舒适的条件,取得的成就和举行的周年庆典。1888 年,悉尼为纪念首航船队抵达 100 周年,进行了长达一个星期的庆祝活动。其间举行了公众大游行和庆祝宴会。宴会的主桌上放着温特沃斯和麦克阿瑟的塑像,俯视着到场的人们。维多利亚女王塑像在悉尼建成,南面湿地上修建的百年纪念公园向公众开放。一袋袋面包、奶酪、肉类、蔬菜和烟草分发给穷人,但没有分发给土著人。亨利·帕克斯以挪揄的口吻回诘这个提议:"难道要提醒他们是我们抢了他们吗?"帕克斯本人希望在新公园里建造一座先哲祠,安放民族英雄的遗体和白人与土著人的纪念物。但他的这个主张遇到了与早年温特沃斯提议的殖民地贵族制相同的命运。一位持激进立场的批评家指出:"我们的民族生活还没有达到那样的高度,我们还没有任何伟大的英雄可供瞻仰。"

　　帕克斯还提议将新南威尔士重新命名为澳大利亚,但这也遭到了嘲讽。一个维多利亚人说"康维多利亚"(Convictoria,意为罪犯流放地)也许更为合适。作为回应,维多利亚在同年晚些时候举办了百年纪念博览会(Centennial Exhibition),这是殖民地举办的仿照1851年伦敦大博览会类似的博览会中最为宏大和靡费的一个。200万参观者到场参观,那里展示了任何可以想象的产品,同时还展示装饰艺术和实用艺术作品。一部清唱剧以戏剧手法表现了由蛮荒之地到都市辉煌的殖民地历程:

> 一片动物鸣噪之地,
> 土著猎者在此歇息,
> 举世财富收入眼际。
> 斑点蛇虫沿溪蜿蜒,
> 一瞥宏伟都市之巅,
> 难道一切均在桃源?

这类对过去和现在的对比是殖民时期作品常用的手法。在百年纪念之年和殖民地自豪感达到登峰造极之时,应当指出其未来的不确定性,这样才能具有卓越的前瞻性。

第六章　民族重建(1889—1913 年)

在 19 世纪 80 年代,昆士兰南部达令丘陵地区的琼达扬牧场,占地 6 万公顷,雇用 70 名牧工。一年有两次,分别在晚春和早秋时节,约 50 名合同剪毛工到这里工作,剪去 10 万只以上绵羊的羊毛。他们住在剪毛棚附近的简易房舍内,每星期 6 天从日出到日落都在弯腰剪羊毛,把羊毛堆积起来。伙食开销和对剪毛不当或其他过错的罚款,则从他们应得报酬中扣除。80 年代末,昆士兰剪毛工为提高收入和改善劳动条件而组织工会,工会会员到 1889 年时已有 3 000 人。工会要求牧场主只能雇用工会会员。达令丘陵地区的牧场主对此予以拒绝。

1889 年 9 月,剪毛工聚集到琼达扬,决定在这里安营扎寨,直到牧场经理接受他们的要求为止。经理试图用非工会会员来打破罢工。据一个剪毛工所述:牧场"从布里斯班弄来一大群乌合之众,这帮家伙胡乱折腾,总算把羊毛弄了下来"。但是,当羊毛包用火车运抵布里斯班,准备装船运往英国时,码头工人拒绝装货,宣布如果琼达扬的牧场上不接受工会的条件,那么羊毛"就会搁在那里,直到作出裁决之日或之后的一两天为止"。牧场经理于 1890 年 5 月会见达令丘陵牧场主协会的其他会员,派出代表出席在布里斯班举行的牧场主和船主会议。会议代表同意只雇用加入工会的剪毛工,这样 190 包来自琼达扬牧场的羊毛才装船启运。

昆士兰剪毛工工会的胜利极大鼓舞了澳大利亚剪毛工工会（Australian Shearers Union），其会员来自南部各殖民地。该工会也对牧场主的专制提出挑战，要求将非工会劳工赶出剪毛棚。但牧场主和船主都铁下心来抗拒工会的要求，以他们自己的雇主同盟来对付城乡劳工联盟。1890 年 7 月，悉尼商会会长宣布："通行的说法是一场战斗不可避免，大多数雇主都认为开战的时间越早越好。"战斗在一个月后爆发，当时船主们通知新成立的海员协会：协会在维多利亚的会员必须先终止与墨尔本贸易会所委员会的隶属关系，然后才能举行工资谈判。海员们离开轮船举行罢工，码头工人拒绝装船，煤矿工人拒绝为轮船供煤。船主封锁港区，牧场主中断与剪毛工的谈判。

这场海员大罢工引起了更大的反响。布罗肯山的矿主封锁矿区。工人捍卫委员会要求运输工（负责连接码头车站与工厂车间）、煤气工（为城市提供能源和照明）离开工作岗位，拒绝与采煤业的破坏罢工者协同工作。一座没有照明的城市！这会造成多大的混乱啊？对于维多利亚秘书长阿尔弗雷德·迪金来说，"问题在于这座城市是要按照暴民的规则治理，祈求流氓恶棍的怜悯，还是要安宁秩序的法律，以惯常的方式治理"。他从地方防卫部队调来非现役士兵，去抗击在墨尔本港设立纠察线的工会会员。士兵们得到指令：在必要的情况下应当"放低枪口开枪，把他们干掉"。在悉尼，亨利·帕克斯政府派出携带武器的特种部队前往环形码头（Circular Quay），在危险的人群中开出通道，护送运送羊毛的马车通过。在昆士兰，牧场主在 1891 年初抓住时机撕毁了先前与剪毛工达成的协议。塞缪尔·格里菲斯总理同样调出军队，颁布《暴乱法》（Riot Act）。

1890 年底之前，雇主、警察、军队和法院打破了海员大罢工。1891年和此后的 1894 年，牧场主两度击败了剪毛工。1892 年，布罗肯山的矿主再次取得了胜利。1896 年，那里的矿主再次取得了胜利。其他组织程度较差的工人组织则轻易地被雇主击垮。1890 年，约五分之一的领工资者是工会会员，到 1896 年，这个比例还不到二十分之一。工会要求"禁止雇用其他工人"，雇主坚持"合同自由"，结果是后者在这场对

插图 6.1：在这幅描写海员大罢工的绘画中，资本家与工人在危险的势不两立的情况下进行对垒。资本家是一个傲慢专横的胖先生(Mr. Fat)，工人是一个身材较瘦、态度坚决的劳工。(*Bulletin*, 16 August 1890)

抗中大获全胜。殖民政府对于"法律和秩序"的解释，确保了所有禁止使用罢工破坏者的努力都遭到挫败。

　　然而，19 世纪 90 年代初的事件产生了持久的影响。城市里的骚乱令迪金和格里菲斯这样的自由派政治家感到恐慌，动手实施镇压。乡村中的冲突招致了更为严厉的惩罚。举行罢工的剪毛工升起了南十字星旗，为自己受到的不平待遇进行报复，焚烧草场、栅栏、房舍、运输船。军队实施占领，逮捕罢工领导人，以煽动暴乱罪和其他罪名将他们投入监狱。自由主义的共识时代结束了,这个时代曾经协调了各方面在物质和道德进步中的利益关系。

造成恐慌的一个原因是雇主与雇员之间的对立突然激化。过去几十年里,在相互承担责任和持有共同价值观的共同框架下,地方上特定行业的师傅和工匠协会处理相互之间的事务。然后,在19世纪80年代末,新的工会出现,征召同行业的所有个人入会,与其他行业的工人保持团结,而且不仅限于澳大利亚,甚至包括整个世界。1889年,澳大利亚的工会向举行罢工的伦敦码头工人提供了3.6万英镑罢工资金。雇主们组成自己的组织,放弃了道德劝诫的说辞,转而使用对抗的言辞。当双方在阶级斗争中隔着路障面对面时,和谐的幻想让位于公开的对抗。

失去幻想的不仅仅是自由派人士。亨利·劳森是最近从乡村来到悉尼与他母亲会合的年轻人,目睹了激进的狂热行动和对工人的攻击,他作出的反应充满了反叛精神:

> 此时我们使这片土地,
> 成为充满约定的花园。
> 旧有的贪婪伸出脏手,
> 要前来逼迫我们就范。
> 但自由业已降临澳洲,
> 将会敲击愚蠢的暴君。
> 她将点燃另一场大火,
> 必将带来又一场雷霆。
> 我们要让他们感觉到,
> 被镇压者所受的痛楚。
> 不要将过错推给我们,
> 鲜血会在鞭子上凝固。

劳森的母亲路易莎·劳森是不幸婚姻的逃婚者,最先在她主办的杂志——《共和者》(*Republican*)发表了她儿子的第一首诗歌。该杂志的使命是"要观察、反映，然后要发言，在需要时还要谴责"。对于这对母子来说，这种需要已是迫在眉睫。

威廉·莱恩是一个英国移民，编辑出版昆士兰工人运动的报纸。在他看来，失败已经无法改变。他来到澳大利亚，将它视为自己的救赎之地，以与"过去、摇摇欲坠的帝国，崩溃的王朝和衰老的民族"决裂。而此时，资本主义魔鬼已经入侵了亚当的新世界，《工人乐园》(*The Workingman's Paradise*，莱恩创作的描写罢工的小说)中展示的种族和两性关系的纯洁性已经受到玷污。1893 年，莱恩率领 200 名追随者乘船前往巴拉圭，要在那里重新开始创造新世界。他在那里创建了社会主义乌托邦定居点，取名为新澳大利亚，但他的弥赛亚式清教主义很快产生了不谐之音。

玛丽·卡梅伦是年轻的教师，莱恩的追随者之一。在乘船横渡太平洋之前，她曾与亨利·劳森保持一种罗曼关系，她写道：

> 哦，新澳大利亚的妇女，
> 今天我们的双手合在一起。
> 我们知道上帝与我们同在，
> 指引我们永不放弃。

1902 年，她回到澳大利亚时，已是玛丽·吉尔摩，与她的丈夫一道前往他家的乡村宅邸。写作使她避免"坠入深渊"。1909 年，她成为主要的工会报纸——《澳大利亚工人报》(*Australian Worker*)妇女版的撰稿人。作为一名诗人、评论家和记者，玛丽·吉尔摩使自己享有全澳著名诗人的盛誉。

对于 W. G. 斯彭斯而言，1890 年的行动揭示了不同的教训。斯彭斯是澳大利亚剪毛工工会创始人，他将对这次事件的记忆写入他的回忆录——《澳大利亚的觉醒》(*Australia's Awakening*)。首先，工人行动将澳大利亚人的人性转化为工会主义的兄弟情谊，从而使得工友关

插图 6.2：丛林诗人亨利·劳森正背着行囊,带着水袋和金属罐。虽然劳森在 1892—1893 年的夏季曾到北部待过一段时间,但他成年后的大部分时间都在悉尼居住。(National Library of Australia)

系上升为一种宗教，"摆脱多年的暴政，获得救赎"。接着，工业战争随之爆发，"人们看到政府站到资本家一边"，揭示了两者的本质。然后，这又"使工人了解了这样的事实：自己手中握有武器"，可以用它打败政府和资本家，而这个武器就是选票。在海员大罢工失败后的一年之内，新南威尔士的工会就组建了工人选举同盟，在立法会议的 141 个议席中赢得 35 个议席。类似的组织也在其他殖民地建立，并在 90 年代末合并为澳大利亚工党。到 1914 年，工党在所有的州都成为执政党。斯彭斯则在联邦议会撰写他的《澳大利亚的觉醒》。

这是命运的重大改变。早在很久英国工党获得象征性的代表权之前，甚至当法国和德国的社会主义政党还在争取完全的合法地位之时，澳大利亚工党已经在全国大选中赢得多数。1914 年，新的法律使工会会员迅速恢复到所有领取工资者的三分之一，这个比例达到了任何其他国家都没有达到的高度。过早到来的成功令澳大利亚工人运动感到震惊。赢得执政权后，仍处于婴儿期的工党变为一部讲求实际的选举机器。该党的社会主义创建者要么柔化自己的原则，要么干脆把原则丢在一边。工党党章原本用来确保民主控制，但却用于巩固政治人物的支配地位。1891 年，昆士兰剪毛工托马斯·瑞安被指控犯有阴谋罪，次年却当选议员。他早在 1893 年就公开宣布："对于汤米①·瑞安来说，朋友们过于热情，威士忌的酒劲过强，议席过于柔软。他的位置应当是在水塘边的剪毛工之中。"

瑞安曾被工人们推选为工党候选人，地点是在昆士兰中部巴卡尔丁铁路枢纽入口外一棵枝叶伸展的橡胶树下。仅仅在一年之前，举行罢工的剪毛工和帮工们还聚集在树下阅读威廉·莱恩令人悲哀的故事。这棵树被称为知识树，其禁果就是议会主义。今天，树还在原地挺立，已经成为工党神话的神圣象征，但仍存的几个树干上的树叶稀少，老朽的主干也用混凝土加固。当瑞安回到他的工友们中间之后，自愿承担议员重责者仍然不乏其人。

---

①　汤米（Tommy）是托马斯的昵称。——译者注

在工业行动的大失败中创建新的政党的事实，昭示着新的政治力量的出现。这同样会促使政治组合的提前发生，于是自由派和保守派联合起来，组建单一的反对工党的政党。此时，政治按照阶级界限分野，对阶级忠诚的动员影响到公共生活的所有方面。两者之间的差异在海员大罢工中表现得淋漓尽致，由此产生了如同部落紧密关系般的团结。工人们决心要取得支配权，资本家则坚决表示反对。有先见之明的迪金于 1891 年精确地作出预测："工党在政坛的崛起，比十字军的意义更大、更具有世界影响。"

罢工和封锁的风潮发生在经济繁荣和增长期告一段落之时。羊毛价格从 19 世纪 70 年代就开始下滑（牧场主提高产量的努力推迟了该行业冲突的发生），出口在国内生产的比重在 19 世纪 80 年代从近 30％下降到 15％以下。无论是在政府公共工程开支方面，还是在私有企业城市建设方面，对英国投资的依赖都在增加。过度乐观、任人唯亲和不正常的企业运作随处可见，因为在内阁会议室和董事会会议室里积极活动的是同一批游说者。轻易就可得到的贷款造成了地产泡沫，推动墨尔本的地价达到高点。

到 1890 年，支付外债本息的负担已经占出口收入的 40％。同年，由于南美洲几个国家的政府未能按时还款，引起伦敦货币市场的恐慌，拒绝向澳大利亚提供新的贷款。接着，一些高风险的地产公司倒闭，银行存款迅速耗尽。1893 年秋，殖民地大部分银行暂停业务，使工商业陷入一片混乱。此外，墨尔本的许多地产经营者利用新法律逃避还贷，更是造成雪上加霜。对于"金钱权力"的极大不信任是 90 年代萧条的持久性遗产。

1891—1895 年间，经济萎缩了 30％。1893 年，技术工人的失业率高达 30％，非技术工人的失业率更高，但缺乏这方面的数据。其原因是政府没有对他们提供系统的帮助，因而无法收集数据。同时，妇女儿童获得了慈善救助，男子得到了就业项目的帮助，但都不能满足需要。有些人逃到西澳大利亚，那里新发现的黄金矿藏吸引英国资本前来投资，还吸引 10 万名东部居民来到这里。有人脚踏灌木丛去寻找工作或向人乞讨。那些"骑着小袋鼠的人"①，用毯子将他们的家当捆在行囊之中。在那些艰难岁月里，人们可以分为两种：为了糊口愿意工作者是流浪者；到晚上来混一顿免费晚餐者是无业游民。

结婚率和新生儿出生率的急剧下降，表明了贫困和缺乏安全的程度。1891 年之后，移民潮出现停顿。在此后的 9 年里，移民净增人数只有区区 7 000 人。在下一个十年到来之前，澳大利亚人的收入一直没有恢复到萧条前的水平。萧条的另一个长期存在的影响是人们在建立信任方面极为小心和排斥。

紧接着萧条之后到来的是旱灾。从 1895—1903 年，大陆东半部人口稠密地区发生了持续干旱。在大量放牧和重复耕种的压力之下，土地本来已经不堪重负。在供养人类数万年之后，这片大陆在不到一个世纪的时间里又被征服和重建。土地的用途由维持温饱到获取盈利，由国际信贷、供给和市场流动带动新物种和新方法的引进，都造成了剧烈的环境单一化、失衡和枯竭现象。

外来动植物对生存环境的破坏，已使这一点暴露无遗。到 19 世纪 80 年代，已经对维多利亚、南澳大利亚和新南威尔士的草场造成巨大破坏的兔灾，向北蔓延到了昆士兰，并在 90 年代越过努拉伯平原蔓延到了西澳大利亚。当干旱消灭了地面上最后一块植被时，土地就变成了沙尘。沙尘暴吞没了水坝，掩埋了栅栏。最大的沙尘暴发生在 1902 年末，红色的沙尘遮天蔽日，覆盖了东部各州，甚至横扫塔斯马尼亚，直抵东面 3 000 公里之外的新西兰。在 1891—1902 年间，羊的数量下降了一半。

动乱、萧条、旱灾先后接踵而至。大灾难时期的牧民骑马走遍大陆各处，有关殖民进步的幻想也在心中破灭。然而，正是在这些灾难之中，新的现代民族神话诞生了，并得到了后来数代人的强烈认同。神话的创造者是新一代作家和艺术家，他们将所学到的新技术融入地方特色之中。在探寻澳大利亚之根本特色的过程中，这些作家、艺术家将目

---

① 亨利·劳森语，指流浪者。——译者注

光向内,从城市转向经过人为加工的理想化的乡村。乡村不再是宁静的阿卡迪亚式的隐居地。在汤姆·罗伯茨和弗雷德·麦卡宾的画作中,乡村成了光彩夺目的风景胜地。而在亨利·劳森的诗歌和小说中,乡村却是粗陋的蛮荒之地。

绿色的草原让位于棕色的灌木,圈地者及其房舍让位于剪毛工。1893年,一位来自英国的访客将边远地区的骑手和其他在澳洲内陆灌木丛中的劳工描绘成"澳大利亚创造的雄浑有力、独一无二的民族典型"。与灌木丛中的游牧人相关联的是独立、坚忍、藐视权威、平等和重视兄弟情谊的特质。这些特质在针对丛林中工会的战争结束之后,立即就赋予了整个民族的色彩。

每星期出版的《公报》是塑造这一民族自我形象的主要媒体。这份杂志于1880年创办,以极为辛辣不敬的笔调嘲讽趾高气扬的资本家、戴单眼镜的贵族和清教徒色彩的煞风景之人,同时大力提倡共和主义、世俗主义、民主主义和阳刚之气。自1886年,《公报》的一些版面向读者开放,成千上万的大众教育的受益者参与撰写这个普及版的大众文学作品。在这里,劳森与A. B.帕特森用诗歌一比高下,前者是逃避偏远内地恐怖的难民;后者是牧场主的儿子、后成为城里的律师,热情讴歌乡村的丰裕。但帕特森也写了诗歌——"跳华尔兹的玛蒂尔达"①,描写了一个流浪汉的悲剧。这个流浪汉是剪毛工罢工的组织者,也许为了躲避军队而陷入烂泥潭。此外还有斯蒂尔·拉德,他以牧歌般的笔调嘲讽了选地中的倒霉蛋"父亲和戴维";巴巴拉·贝恩顿是一个选地农的妻子,记述了从林地带的男性暴力和凶残;约翰·肖·尼尔森是一个败落的选地农的儿子,他的诗歌从自己严酷的命运中提炼出仅存的美感。

偏远内地对妇女儿童从来都不仁慈宽容。劳森直率的嘲讽保留了有关男性兄弟情谊的理性主义和丰富情感,但他感染力最强的文学作品,讲述了那些丈夫不在家的妇女如何独自与丛林地带的恐怖搏斗的

---

① "Waltzing Matilda",Matilda在澳大利亚又指流浪汉的行囊。——译者注

故事。澳洲的大自然有其黑暗的一面，无法按普通的逻辑去理解，并最终驱使其牺牲者失去理智。作为一名离经叛道者，迈尔斯·富兰克林在19岁时就创作了《我的辉煌生涯》(*My Brilliant Career*, 1901)，她描写了一个奶牛场主的女儿与命运作斗争的故事："这个故事没有情节，"她解释道，"因为我的生活中没有任何故事情节。"约瑟夫·弗菲是一个失败的选地农、赶牛人，最后在他兄弟开的铸造厂里当工人。他推出了这个时期情节最复杂的游牧小说——《这就是生活》(*Such Is Life*)，他在书中高兴地感叹道："终于失业啦!"1897年，他将书稿寄给《公报》的编辑，自述了性格特征："温和的民主派，带有偏见的、咄咄逼人的澳大利亚人。"但是，即使是在激进民族主义作家中最有天赋的劳森，不久也遁入1901年写的《剪毛工》(*The Shearers*)那样的陈词滥调之中：

> 再没有教堂钟声将他们从路途中召回，
> 再没有布道坛驱走他们心中的黑暗。
> 艰苦、干旱和无家可归，
> 教会这些丛林中的汉子与人为善。
>
> 不管是新教徒还是天主教徒，
> 在兄弟情谊中并肩跋涉迈进。
> 不再称呼他人为主人或"先生"，
> 不再向任何人脱帽致敬!

丛林中的神话，只不过是将失去的可能性奉为传奇的产物，但人们可以从中不断地汲取新的意义。甚至在20世纪80年代，好莱坞的一部电影还展现了一个天真无邪的捕鳄鱼的猎人，击败一个老于世故的纽约人的故事。

鳄鱼邓迪这个人物形象的创造者，是一位生活在城市环境中的前悉尼湾大桥养护工。19世纪90年代丛林神话的创造者，则是那些恪守乡民尊严,不满城市生活,却又赖在城里不走的人。劳森在灌木丛中长大,他对偏远内地的了解来自 1892—1893 年夏对昆士兰西南部的一次探险活动。他在写给姑母的信中说:"你无法想象这个乡村地区的恐怖。人们到处流浪乞讨,像狗一样度日。"海德堡露天派艺术家只敢深入到离开墨尔本郊区不过几公里远的地方安营扎寨,描绘丛林地带的景色。汤姆·罗伯茨有关牧区的代表性作品《剪羊毛》是在他到乡间短暂巡游之后,在他城里的画室里创作的。查尔斯·康德的印象派画作的素材,是悉尼湾及其附近的水道。《公报》以"丛林圣经"而著称,但由远离乡村的知识分子在悉尼编辑发行,他们从构想中的内地乡村汲取他们的期望,希望城市读者能够以间接的方式,陶醉于无拘无束的充满男性雄风的梦境之中。

所有移民社会都拥有自身的边疆神话。无论是弗雷德里克·杰克逊·特纳(Frederick Jackson Turner)在美国西部发现的坚忍不拔的独立精神,还是布尔人在大迁徙中刻骨铭心的逃脱桎梏之旅,欧洲白人在民族构建之中将自己与大地连接在一起。在对这样的民族神话提出挑战时,修正派历史学家并没有否定民族起源,而是将其重新解释以发现不同的基础。因此,澳大利亚女权主义史学家对 19 世纪 90 年代丛林神话中的厌女症提出批驳时,仍然认为那些游牧丛林人具有象征意义,但将他们的自由精神解释为对家庭责任的否定。《公报》歌颂的男性雄风只不过是浪迹天涯的通行证。这份报纸的撰稿人和卡通画家恣意嘲笑那些拖后腿的人:絮絮叨叨的家庭主妇、严肃刻板的教区牧师和那帮搞在一起的禁欲主义者(禁欲主义者是指那些地方上要求禁绝吸烟喝酒和其他享乐的人)。女权主义批评家指出:世纪之交的主要斗争,并不是资本家与工人的斗争,而是男人与女人之间的基本冲突。

世纪末的工人运动和同时兴起的妇女运动,在许多方面具有共同的看法。与早期社会主义者一样,像路易莎·劳森这样的早期女权主义者,执着于澳大利亚社会的进步性特征。她们称赞澳大利亚男子的平等主义和妇女相对优越的地位。她们还认为澳大利亚摆脱了旧世界阶级、财产或暴力方面的罪恶,因而能够自由地探索新的机会。就像当地的共和主义者援引美国的先例，农业激进派汲取亨利·乔治的思想，社会主义者膜拜爱德华·贝拉米的著作一样，女权运动深受妇女基督教禁酒联盟的影响，该联盟于 19 世纪 80 年代越过太平洋传到澳大利亚。该运动通过净化家庭和公共生活、改变男性漫无节制的生活方式来提高妇女地位和改良社会。为此，女权运动提倡采取一系列的措施：禁酒、制定禁赌法、限制卖淫、提高合法同意年龄、防止家庭暴力、保护妇女免遭猎色成性的男子的侵犯。她们意识到妇女在政治上的无权地位，发起了妇女选举权的运动。在 1894—1908 年之间，她们赢得了在全国和各地的选举权。

选举权运动的领导人都是些有文化的和具有独立精神的妇女。悉尼的罗斯·斯科特和墨尔本的维达·戈尔茨坦从公共慈善活动中历练出组织能力，将它用于性别解放的事业中去。对她们来说，这是杜绝婚姻和生育的全日制活动。玛丽·吉尔摩解释了她的家庭生活妨碍了自己参加这个运动：

> 不再去演讲大厅，
> 不再听斯科特演讲。
> 只煮二人晚餐，
> 只坐婴儿身旁。

工人运动中的女权主义者也承受着压力，她们寻求建立更加平等的夫妻关系，以使工人阶级家庭摆脱痛苦；培养更加自信的现代精神，消除自主的障碍。"新女性"的标志包括良好的教育、专业性职业、开放的服饰以及骑自行车的自由等。

"新女性"的出现表明一场斗争的到来，其激烈程度和深远影响与工人和资本家之间的斗争十分相似。斗争未能导致新政党的诞生，妇女竞选议会议员的尝试也未能成功，因为性别之间的战争在不同的层面展开。1891 年，工党领袖宣布：本党同志已经当选新南威尔士立法会议，"对社会环境实行破立并举"；妇女运动应置身于议会之外，重构家庭和性别关系。在家庭和性别关系方面，激烈的攻击带来了常见的具有幻想色彩的期望。对利益的清晰意识，催生了寻求公正权利和提出全新要求的运动。工人运动为工人权利而战，妇女运动为女性身体的支配权而战。

1886年，在悉尼伦尼山的荒地发生了一件恶性强奸案，离百年纪念公园不远。其作用相当于琼达扬事件在性别战争中的再现。一名出来找工作的16岁孤女被出租车司机劫持，带到那片荒地上遭到18个人轮奸。80年代，侵犯女性的犯罪案件急剧上升，显示出性别关系的高度紧张。但这个案件非同寻常，所有罪犯都受到起诉，4人处以绞刑，7人处以无期徒刑，终身服苦役。一位卫理公会牧师将这个暴行视为澳大利亚年轻人"道德败坏"的证据。《公报》不服此项判决，坚称"如果罪犯的行为应当受到如此可怕的刑罚，那么'在世界上的任何男人'之中难道还有不应受到鞭笞的男人吗？"伦尼山案件与50年之前的迈奥溪案件一样非同寻常和具有争议。

那些要求遏制男性动物本能的人并没有就此罢手，而是将他们的运动扩展到打击家庭内部侵犯妇女的罪行。他们从谴责家庭暴力着手，继而质疑婚姻的基础其实就是一种性交易，要求妇女有权决定自己的生育。在这里，他们借助了人口变化的大潮：在发生萧条的10年里，结婚数目大幅度下降，生育的数目下降幅度更大。1903年，一个调查出生率的皇家委员会主席指责妇女忽视她们作为哺育者和家庭主妇的民族责任。

妇女对这个指责进行了强有力地回击。只有当儿童是自愿生育的结果，在消除了男人不负责任和漫无节制的生活方式的家庭中长大，民族的利益才能得到最好的维护。正是出于这样的原因，女权主义者主张对部分男人实行限制，因为这些男人将收入花在赌博、吸烟和酗酒之上，从酒吧回家后又对家里人使用暴力。男性雄风要加以驯化，去除其自私和粗野的习性，以使这些男人们承担起作为可靠的养家者和伴侣的责任。女性特质也要符合高尚的道德水准，净化家庭环境，提升民族素质。并不是所有澳大利亚女权主义者都赞同这个推向极致的家庭关系模式。她们注重不同的领域,主张妇女要享有教育、工作和公共参与的权利,建立她们自己的自愿协会,将公民生活与母性价值观结合起来,而后者正是妇女基督教禁酒联盟所珍视的价值观:

> 家庭中的女王、挚友和帮手,
> 人类的向导和母亲;
> 扩展她的天地,提升她的使命,
> 她的影响将与世长存。

世纪之交的性别战争并没有能够结束男性在政治、宗教和工商业方面的统治地位,但他们的特权已发生了质的变化。

工人运动和妇女运动都是抗议性质的运动。在连续增长的时代告终之时,对于进步的信念也出现了动摇。由于现存制度未能维持住和谐的局面,有关自由的共识受到重创。基于共同利益和价值观的乐观主义让位于幻灭和冲突。社会主义者和女权主义者号召受压迫者行动起来,反抗雇主、剥削者和虐待者。目标是重建社会,弥合阶级和性别的鸿沟。其结果是动员起持有不同信仰的群体,社会主义与女权主义关注的领域相同,他们的行动都具有国际性。

为了回应这些挑战,另一种群体——民族国家挺身而出。通过19世纪90年代的制度化建设,一个联邦制国家终于形成。尽管国家权力受到限制,但在限制性约定的背后却蕴含着更加强大的基于传统和使命的推动力。从殖民地联合的危机之中,一个统一的澳大利亚民族诞生于世。

澳大利亚人成立联邦的行为并不草率。其过程可以回溯到19世纪80年代,当时法国和德国在西南太平洋的计划令各殖民地感到震惊,但新南威尔士怀疑维多利亚只是打算成立一个弱小的、不完备的联邦委员会。1889年,年事已高而且一直阻挠联邦制的新南威尔士总理亨利·帕克斯,发出各殖民地建立更紧密关系的号召,意在成为不朽的联邦之父。于是,各殖民地的代表于1891年到悉尼出席联邦大会。大会代表起草了宪法，但未获殖民地立法机关的批准。此后，各殖民地又批准直接选举出席新的联邦大会的代表，并预先同意将有关提议付诸公决，联邦的建立过程重新启动。

插图 6.3：埃德蒙·巴顿和阿尔弗雷德·迪金是新南威尔士和维多利亚联邦运动的领导人，也是新成立的澳大利亚联邦最早的两位总理。巴顿像大理石雕像似的端坐在左侧，而迪金很随意的姿势表现出更加机智灵活的秉性。（National Library of Australia）

第二次联邦大会于 1897—1898 年召开，但只有东南部的 4 个殖民地举行了公民投票，其中有 3 个获得通过。有关各方作了进一步的妥协，这样，新南威尔士得以举行了第二次公决，畏缩不前的昆士兰和西澳大利亚也终于同意加入联邦。1901 年 1 月 1 日，在帕克斯诉诸"维系亲密关系的红线"十余年之后，澳大利亚联邦在悉尼的百年纪念公园宣布成立。

阿尔弗雷德·迪金是维多利亚拥护联邦的领导人，他将推进联邦的成立作为一项神圣的事业，时常为联邦的前途祈祷。他说："这确实是一项出神入化的成就。"埃德蒙·巴顿是新南威尔士的联邦斗士，澳大利亚联邦的首任总理，称建立"一个国家大陆和大陆国家"是一项出乎寻常的成就。平易近人的巴顿将联邦视为自己唯一要为之奋斗的事业，当在第一次公决中发起"赞成"运动时，他公开宣布："上帝的意旨就是赋予我们以联邦。"

由于联邦是一项神圣的事业，因此组织和动员基督徒就成为顺理成章之事。红衣主教帕特里克·莫兰担任天主教悉尼大主教，他不顾新教方面激烈的反对，支持联邦大会。大会的确在宪法序言中接纳了教会方面的请求，宣布人民在建立联邦时，"诚惶诚恐地仰仗于全能上帝的保佑"，但宪法第116条宣布不立任何宗教为国教。莫兰退出了联邦成立典礼，因为新教大主教所处的位置居他之前。

宪法将英式责任政府制与美式联邦制糅合在一起：殖民地（即此后的州）将某些特定权力让渡于两院制的联邦议会，众议院代表人民，参议院代表各州，政府对选举产生的众议院负责。有关成立联邦的辩论花费很长时间，主要用于确定各项权力，在人口稀少州的担心和人口稠密州的野心之间寻找平衡。每一个州都在精心计算联邦对自己前途的影响。商人、制造业主和农场主仔细评估澳大利亚成为共同市场后能够得到的好处。正如迪金所看到的那样："各殖民地中几乎没有人在作出真诚的牺牲之时不考虑或希望能够获得益处。"

同时，殖民地人民也不是通过强硬手段才从大英帝国的控制之下赢得独立。在这个时期，英国政府鼓励加拿大、新西兰、澳大利亚、南非等移民型殖民地合并成为更有凝聚力和更强大的自治领，并在帝国事务方面与英国保持一致。在1907年的伦敦殖民大会上，自治领这个新的帝国组织单位得到采纳，殖民大会也更名为帝国大会。所以，英国政府促成了澳大利亚联邦的形成，殖民部完成了最后的定型工作，英国议会通过一项法令使澳大利亚宪法具有法律效力。

这个过程本身使得各地的共和主义者无法接受，而联邦启动的时间对于工人运动和妇女运动的参加者来说又为时过早，所以无法参与或出谋划策。与更早建立的美国和德国的联邦国家相比，澳大利亚没有进行独立战争或兼并行动。与意大利不同，澳大利亚也没有经历意大利式的复兴运动。有关建立联邦公决的投票率，低于议会大选投票率。只有一个殖民地——维多利业投票支持联邦的票数,略多于合法选民的半数。

然而,在联邦的创建者和今天主张恢复公民记忆的爱国者看来,这些全民公决十分重要。他们将人民置于联邦创造者的位置上,将人民主权作为联邦的基本原则。现在,这项原则在法院解释宪法时,已经得到了承认。按照这一见解,那些政治人物被赋予了这项民族重任,却把事情弄僵了。1891年第一次联邦大会的工作受到了各殖民地立法机关的冷遇。然后,1893年在新南威尔士和维多利亚交界处默里河畔的小镇科罗瓦,来自澳大利亚本土协会(该协会是一个自愿性协会,只允许在澳出生者参加)的地方联邦联盟和支部的代表,举行非正式的集会。这次集会设计出另一种将会取得成功的建国程序:由人民自己选举产生新的联邦宪法的起草者,由人民批准宪法,而且宪法的序言要写明人民的作用,修正条款要吸纳人民的意见。这是一个了不起的成就。按照一位参加庆祝的人士之言,这是"澳大利亚政治史上最伟大的奇迹"。

事实也许如此,但也表达了一种民族成见。科罗瓦的非正式集会得到了政治人物的配合。那位提出新程序和宣称"这是人民的事业,而不仅仅是政治人物的事业"人士本身就是政治人物。除了一人之外,所有当选第二次联邦大会的代表都有当选议员的经历,三分之二有在政府担任部长的经历,四分之一担任过殖民地总理。建立联邦当然是政治行为,但蔑视政治的澳大利亚人却愿意将它视为政治以外的行为,当选的代表也乐意施展一下障眼法。那些自我否定的政治人物,使用了能够恢复其合法性的手法:一再声称人民作为一种在政治中的非实体存在,达到了他们自己所无法企及的无私境界。

这就是澳大利亚人,但澳大利亚人的民族认同正在进行重建。这个新民族是国外威胁和国内焦虑之下的产物,国外国内的双重因素一同造就了与众不同的民族特质和民族国家的基本要素。外来威胁最初来自欧洲的竞争对手。在帝国扩张年代,西班牙和荷兰比英国更早染指太平洋地区。此时,法国、德国和美国这些主要大国提出要瓜分地球上最后的尚待瓜分的疆土。澳大利亚殖民地在本地区具有自身的亚帝国野心，敦促英国阻止其他国家插手太平洋地区，但英国已经感受到了帝国负担的重压。

在维持大英帝国方面，英国耗费了越来越多的精力。由于英国面临着正在上升的工业经济体在制造、贸易和金融方面日益激烈的竞争，它将注意力转向殖民地和自治领更容易应对的领域。但廉价的殖民地产品、现成的自治领市场和收入丰厚的帝国行政职业，都需要投入其自身的成本。一个实行自由贸易的帝国需要保持巨额军事开支。皇家海军的成本构成了对廉价进口品的实际关税，而这些廉价进口品是维持英国世界工场的基础。随着欧洲列强加速军备竞赛，成本也在不断增加，英国不得不将海军力量集中部署在靠近本土的海域。

因此，这就需要移民自治领达到更高程度的自立。1870年，英国从澳大利亚撤走了最后一批驻军，由殖民地自行征募军队。1889年英国的一份报告，对这些武装力量作了很差的评价，成为促使建立联邦的因素之一。皇家海军是澳大利亚安全的最后保障，主要港口处修筑的堡垒表明要抵挡住进攻，直到援军到来为止。1887年，澳大利亚殖民地同意承担驻守在澳海域的一支英国海军分舰队的部分开支。英国海军实在看不起殖民地那些陈旧过时的军舰，禁止它们悬挂皇家海军旗。

如果大英帝国无法向地球的这一边分派武装力量，排遣殖民地居民的担心，那么殖民地就必须承担海外的作战任务。19世纪60年代起，殖民地居民开始以志愿兵的方式协同英国军队执行任务，新西兰的白人参加了针对土著毛利人的战事。1885年，殖民地军队采取了又一个协同作战行动，前往苏丹与英军并肩战斗，但所起作用有限，同时也不是值得夸耀之举。1899—1902年派往南非的澳大利亚武装力量的规模可观，共有1.6万人，协助英军扑灭了那里的荷兰裔移民的反抗，但未能取得军事上的荣耀。1900年，殖民地派出一支部队到中国协助国际联军镇压针对在华欧洲人势力的暴动。值得注意的是，所有这四次海外战争都是源自当地反抗外国控制的暴动，澳大利亚军队都是站在帝国一方作战，镇压民族独立。

上面提到的最后一场战争很少有人提及，但最能体现澳大利亚人的恐惧。到 20 世纪初，亚洲已经取代欧洲成为澳大利亚人心目中的军事威胁之源。这个时候大量出现的有关入侵的小说，情节不再是澳大利亚受到法国或俄国军舰的围攻，而是受到东方游牧部落的蹂躏。这种恐惧来自日本力量的增强：日本通过模仿西方的经济和军事技术，于 1895 年打败了中国，侵占了朝鲜。1902 年的英日条约，规定英国削减在太平洋的海军力量，加深了澳大利亚的担忧。

1905 年日本海军歼灭了一支俄国舰队，使得澳大利亚更加恐惧。因要求英国增强在太平洋势力的努力受挫，阿尔弗雷德·迪金总理邀请美国舰队访问澳大利亚，开始投入巨资建设澳大利亚皇家海军。到 1914 年，海军建设完成，还实施了义务军训制。

除此之外，澳大利亚对入侵的担心表现在针对在本国的亚洲人的做法上。这里已经发生过种族暴力事件，最重要的是针对金矿区的华人。这种种族敌意在 1888 年再掀高潮，当时一艘运载中国移民的船只从香港驶来，但由于墨尔本和悉尼暴民的威胁而被驱离。这场冲突触及了民族情感，其原因在于香港是英国殖民地，英国殖民部反对公开基于种族歧视的移民限制政策。在民族主义者看来，外来的危险提醒了澳大利亚所受的帝国控制。因此，《公报》在同年打出了口号："澳大利亚属于澳大利亚人。"对于工会会员来说，中国人是廉价劳工，对工资标准造成威胁。对于像威廉·莱恩这样的空想家来说，中国人是些做苦工的人，引诱白人女性走向堕落。即使对品格高尚的迪金来说，成立联邦最强烈的动机就是："这个愿望，即我们应当是一个民族，始终是一个民族，不能与其他种族混在一起。"

然而，种族排斥并不需要与英国决裂，而且也不需要依靠联邦立法。种族主义拥有帝国和民族范围的思想基础，因为帝国卫士们号召白种人要在黄种人和黑种人之上团结起来。因此，查尔斯·皮尔逊宣称："我们在捍卫世界上最后一块地方，在这里高等民族能够为了高级文明自由生活和繁衍。"皮尔逊是一个沉默寡言的英国知识分子，因为健康原因移民澳大利亚，以一种病态的率直从事教育和政治，通过全球性的考察研究发出了警报，为此他准备将根据这项研究写成的著作冠名为《整体衰老》（*Orbis Senescens*）。他确信欧洲文明正在耗尽欧洲各民族的活力。

但这本书的伦敦出版者认为这个书名过于晦涩，因此出版时的书名为：《民族生活与性格：一种预测》（*National Life and Character: A Forcast*），书中的告急和警告给后来的美国总统西奥多·罗斯福（Theodore Roosevelt）留下了深刻的印象。阿尔弗雷德·迪金是皮尔逊的学生，他也宣称美国舰队的来访，表明"英美澳将联合起来抵御黄祸"。不过，澳大利亚人并不是这个粗陋的仇外词汇的发明者，其发明权属于一个拥护帝国的吟游诗人，他发出了"低等种族无法无天"的警告。但是，以上这些人对于大英帝国多种族构成的漠视，实际上是一种发生在国内的癔症，而只有恪守其职的自治领才会有这种癔症。

1897 年，殖民部在伦敦举行的会议上对澳大利亚各殖民地总理进行规劝，要他们放弃明目张胆的歧视其他种族的做法，改为推行面对所有移民的非歧视性听写考试。其他英国自治领均采用了此法，收到了同样的效果。由于可以用任何一种欧洲语言考外国人，移民官员只要挑选一种此人不熟悉的语言，就能确保他考不过。这就是 1901 年新的联邦议会通过的《移民限制法》（Immigration Restriction Act）的基础所在。但到那个时候，亚洲移民的人数已经寥寥无几。联邦的目标并不是建立白人的澳大利亚，但这是联邦想要彰显的理想化民族存在的基本条件。

迪金在就《移民限制法》进行辩论时作了这样的辩解：

> 如果澳大利亚不是一个统一的种族，那么其国家统一就毫无意义。统一的种族不仅是指种族成员内部可以混合、通婚和交往，而不会给双方造成种族退化，而且也指受到同样理想的鼓舞，具有追求同样理想的志向，具有这个理想的民族也具有同样的特性、思想情调……

联邦一级的工党成立大会将白澳作为其主要目标。1905年，工党为此举提供了理论依据："培育澳大利亚人情感的工作，要基于维护种族纯净性和将澳大利亚发展成为一个文明的和自立的社会。"

理想、特性、思想情调、情感、文明、自立、社会等，在20世纪末听上去像20世纪初一样悦耳动听。但其杂音与种族排斥相关联，如果将这些因素从种族方面转到文化方面，我们就能很好地抓住其似是而非之处。我们对于各族裔集团的语言、信仰、习俗和内聚力的尊重，本身就是多元论的做法，也是对有关生物学方面的遗传基因决定论的遗弃。但同时又认为这些生物学标志构成了集体身份，并为共享这种身份者赋予了意义和目的。

因此，白澳政策既是理想也是空想。《移民限制法》的作用是将非欧洲移民挡在大门之外，但澳大利亚国内已经有相当数量的中国人、日本人、印度人和阿富汗人。1901年通过的联邦立法规定将昆士兰甘蔗种植业中的太平洋群岛移民驱逐出境，但受到抗议之后又允许其中的长期居民留下来。来自爪哇和帝汶岛的移民获准进入珍珠业就业。非欧洲商人、学生和家庭成员继续在澳大利亚港口登陆入境。既然单一种族是一个幻想，那么平等诺言就是一个谎言。歧视性法律禁止非欧洲人归化入籍、享受社会福利和占有土地，一些州还禁止他们使用土地。

这些政策的影响在北澳大利亚尤为明显。世纪之交时生活在南回归线以北的人口约20万。其中一半是欧洲人，主要集中在汤斯维尔、麦凯、凯恩斯等昆士兰港口城市和恰特兹堡等矿业市镇，在其他地方几乎没有增加。土著人约有8万人，大多数住在广阔的内陆地区。剩余的2万人是亚洲人和太平洋岛民。在布鲁姆、达尔文和约克角以外近海的星期四岛等迅速发展的多种族社区，白人在种族上只占少数。中国和日本店主以及美拉尼西亚群岛的劳工在昆士兰北部的居民中占有很大的比例，所受的种族歧视也比南方更少。

来自南方的游客对北方"单足着地"状况感到十分震惊。悉尼《工人报》(Worker)的撰稿人抱怨道：他被迫与"两名中国佬、一名日本佬和 6 名南太平洋诸岛土人"一同前往凯恩斯。《公报》的一名记者用佚名方式报道了汤斯维尔的状况："南太平洋诸岛土人在甘蔗种植园……黑人和中国佬在牧场,中国佬成为园丁、店主、洗衣店主和契约工人。"报道的结尾用了报纸的口号："澳大利亚属于澳大利亚人！"昆士兰州和西澳大利亚州的州议会对联邦立法作了修订,将许多行业保留给欧洲人,剥夺非欧洲人的选举权。一度兴盛的中国城败落下来,澳大利亚北部的发展陷入停顿,成了单一文化程度越来越高的一潭死水。

总之,白澳政策是对这个国家土著居民的一种否认。他们不能出席庆祝联邦诞生的庆典,无法现身于为新的民族情感服务的艺术和文学作品之中。早年的风景画家的画作经常出现一群群的土著人,逼真地描绘出了自然荒野的景色。海德堡画派将土著人排除在画作之外,而将白人作为原始荒野的一部分。澳大利亚本土协会会员甚至被剥夺了土著人的土著身份,将本土的概念只用于那些在本土出生的欧洲人。然而,土著人问题一直是令白人的良心感到不安的问题。怜悯之心更多的是来自那些侵占者,而宿命论减轻了慈善机构的负担。早年的人道主义者致力于减轻那些受害者消逝时的痛苦。在悲观的预期中,他们宣布有责任为行将就木的种族抚平枕头。

此时,正如达尔文学说取代基督教福音主义和自然法成为权威之源一样,科学家为这种预测提供了新的证据。按照进化生物学的观点,澳洲被隔断在由生存竞争带来的持续演进过程之外,构成了远古残遗物种的活体博物馆。由于与人类进步的进程相隔如此之远,澳洲土著人缺乏适应能力,因此不可避免地走向灭亡。

人口普查数据似乎也验证了这个理论。土著人口呈减少趋势,1901 年时只有 6.7 万人。但有几个州未能逐一清点土著居民人数,联邦宪法将他们排除在全国人口普查的范围之外(这样土著居民的人数就不会用于选举事务)。此外,州政府也没有将很大比例的已融入现代社会的土著人口统计在内。事实上,州政府认定这些土著人已经不复存在,从而证明了土著人正在消亡的说法。

而且,州政府还援引科学来验证强制手段的合法性。在

1890—1912 年间,所有州政府都承担了为土著人设立定居地的任务,将土著居住区变为州政府管辖下的地区。新的政府机构——保护局有权指定居住地点、确定工作条件、主管婚姻和同居、掌管儿童监护权。各地在实际使用这些权力方面并不一致:昆士兰和西澳大利亚拥有的土著人口最多,指定的土著保护区和居住区的面积最大,有关政府机构的权限也最大,以至于众多的土著人尽量避免与政府机构打交道。而将儿童与其父母强制分离的措施,强化了这个态势。

在采取这种令人恐惧的措施时,政府援引了有关种族遗传类别的学说。如果土著人被认定无法依靠自己繁衍下去,那么双亲分别为土著人和欧洲人的儿童就具有更强的繁衍和生存能力。一旦土著人失去了救助、从保护区迁出,他们有可能会养活自己,甚至能在几代人之内就生出不再具有土著生理特征的后代。这样,随着保护区内居民人口的减少,保护区的范围可以缩减甚至完全关闭。在作出这些判断时,保护区官员使用了诸如"完全土著血统""二分之一血统""四分之一血统""八分之一血统"这样的术语。更常见的是通过"白"的程度来作出评估,所使用的方法是同时评估其能力和可接受度。政府并不鼓励种族混合,一些保护区官员也规定区内工作人员必须是已婚者。但一旦出现种族混合情况,他们认为这会"在繁衍中消除"土著血统。

这样的政府计划充斥着种种矛盾。表面上是实行保护,但建立保护区的前提却是区内居民的消亡。另一方面,其他土著人被强迫驱离,并预期他们会与非土著人交往和通婚。与之形成鲜明对照的是,在其他奉行白人至上主义的移民社会中,黑人与白人之间并没有不可逾越的障碍。所有这一切的前提就是土著的消亡,土著语言、习俗、礼仪的遗弃,以及血族关系的割断,这样对土著人的吸纳就能够完成。

这是一个不可能完成的任务,对于今天的许多土著人来说,这无异于是种族灭绝政策。同时,其字面含义也不符合事实,除非像纳粹大屠杀那样实现种族灭绝,否则基因只能被稀释。更常见的指责是文化上的种族灭绝,即根除土著独特的生活方式。无疑,这是政府的企图所在。但具有讽刺意味的是,那些为政府土著政策目标进行论证的科学家,恰恰也是土著文化的收集者和记录者。这使得土著幸存者得以要求收回本属于他们自己的文化。

在新世纪的第一天,澳大利亚联邦宣布成立。全国和帝国范围内均举行了大量的庆祝活动。在国旗设计大赛中,有 3.2 万件设计入选参赛。5 名设计者的设计方案的国旗上角为英国国旗,之下为南十字星,获得设计奖。但是,英国国旗作为澳大利亚的正式国旗一直使用到 1950 年。澳大利亚国徽于 1908 年设计完成,由袋鼠和鸸鹋环绕支撑;1912 年,又在下面增添了两束金合欢树枝叶。最先是棒球队,然后是其他体育代表队采用橡胶树和金合欢树的绿色与金黄色作为国家颜色。

澳大利亚动植物是联邦形成时期十分常见的表现主题,澳大利亚的金合欢树就相当于加拿大的枫树。金合欢树加上金色的羊毛、谷物、矿石,都是人民心中的珍贵之物。根据金合欢树节联盟的说法,这种树代表着"家、国家、亲人、阳光和爱"。但帝国节已经在多年之前确定,以加强帝国纽带意识。民族主义和帝国主义不再相互对立,一个人可以像阿尔弗雷德·迪金那样,做一个"独立的澳籍英国人"。

英国将部分帝国责任交付给取得独立的澳大利亚,于 1902 年将新几内亚的一部分划为澳属巴布亚。1911 年,南澳大利亚也将北部地区的控制权移交给联邦。与此同时,联邦议员们选择悉尼与墨尔本之间的高地上的一块草原作为国家首都的地点。内阁成员也为首都想出了许多名字:金合欢市、帝国市、雅利安市、乌托邦等。最后,他们选用了当地土著地名——堪培拉。

美国建筑师沃尔特·伯利·格里芬赢得了首都设计大赛。他勾画出一座花园城市的布局,宽阔的人道连接政府大厦和办公中心,同心圆的样式的居民区分布在郊区的森林保留地和公园之中。但政府官僚妨碍了设计的实施,首都建设到 1920 年仍未完成。于是,首都建设工作移交给一个委员会。墨尔本是 19 世纪商业帝国主义的一座丰碑,在 20 世纪最初的 25 年里一直作为临时首都。

塑造澳大利亚民族的因素有两个:对外来侵略的恐惧和对种族纯

插图 6.4：这些肥皂、葡萄酒、杀虫剂、体育用品和烘烤用面粉的商标，都是在 20 世纪初设计的。当时，新建立的国家正在打造本土的标志。(Mimmo Cozzolino and G. Fysh Rutherford, *Symbols of Australia*, Ringwood, Vic. : Penguin, 1980)

洁的担心。这些焦虑都汇聚到女性的身体之上,因为男性民族主义者不厌其烦地坚持要确保本族妇女不受异族染指,而有关种族纯洁的学说,无论其多么科学,但归根到底要依赖于女性的纯洁自律。妇女参加民族主义运动的目的是实现其母性概念下的公民权,即从男性暴政下解放出来,这是她们为民族国家作出重大贡献的必备条件。因此,女性个人和身体的纯洁完善是她们获得公民身份的附加条件。1902 年,联邦议会的一项立法将选举权授予所有白人妇女。但同一项立法却剥夺了土著人的公民权,因为他们必定缺乏为民族国家贡献所需的自主性和能力。

部分女权主义者对这种浮士德式的契约感到遗憾。她们对土著妇女受到的对待提出批评,指出土著妇女沦为性奴隶的事实反映出其明白无误的侵犯性质。土著妇女很容易遭到白人色情狂的攻击,她们被迫与自己的孩子分离,这些都是建立白人的澳大利亚所使用的手段。白人女权主义者认为这是不能容忍的不平等做法,违背母性之道。在这里,女性公民权与男性民族主义再次出现分歧,后者由《公报》于1906 年得到宣示。该报刊将其口号"澳大利亚属于澳大利亚人",改为"澳大利亚属于白人"①。

阿尔弗雷德·迪金在 1903 年表示:白澳"不是表面文章,而是深深扎根于民族生活之中的合理的政策。我们所有的社会、工业和政治组织均受其制约"。他是以保护主义党领袖的身份发表上述讲话,当时该党在工党的支持下执政。到 1909 年为止,联邦议会中有 3 个政党:保护主义党、自由贸易党和工党,任何一个政党都不拥有多数议席。除了短期的中断之外,保护主义党与工党相互支持,轮流执政,并采取必要的措施确保达成政策上的一致。这迫使自由贸易党为迎接 1906 年大选而更名为反社会主义党,但未能取得更大的成功。因此,新联邦国家的社会、工业和政治形式的确立,是在奉行保护主义色彩的自由主义的制造业利益集团和进步中产阶级与奉行集体主义的工人阶级组织达

---

①　"Australia for the White Man",亦可理解为"澳大利亚属于白种男人"。——译者注

成共识的基础上完成的。

这些政治势力的任务就是要恢复因萧条和旱灾失去的繁荣，弥合由罢工和封锁造成的分裂和重建移民社会，从而应对来自外部和内部的威胁，而当时澳大利亚在这方面的能力不足。这些外部和内部威胁有可能造成主权的丧失、种族退化、贫困和冲突。追求安全与和谐的努力，促成了具有凝聚力的国家建设规划的出台。

这部规划的某些要素已经做了阐述。对于入侵威胁问题，澳大利亚的应对方法是在帝国范围框架之内进行备战工作。当澳大利亚认为有必要在帝国讲坛上确保自己的利益时，其努力的方向总是要求英国政府能够意识到这个偏远的自治领的需求：保持"独立的澳籍英国人"的独立是维持大英帝国的前提。澳大利亚对英国皇家海军的依赖，不仅仅是为了保卫其海岸，也是为了保持贸易航线的畅通。澳大利亚五分之三的进口来自英国，一半出口输往英国。在新世纪初牧业进行重建和农业向边远地区扩展时，英国金融业为澳大利亚经济恢复增长提供了支持。

因为担心出现种族混合，澳政府用白澳政策加以应对，对亚洲移民关闭了大门。但移民控制制度不仅仅是简单的排外，海外劳工和投向公共工程与私人企业的外国资本，都是增长的发动机。在 20 世纪第一个 10 年行将结束时，经济繁荣重新到来，移民也随之加速。1906—1910 年，4 万移民得到资助移居澳大利亚；1911—1914 年间，抵澳的移民为 15 万人，当时澳人口已超过 450 万。相反，在失业率居高不下、新移民对劳动力市场产生消极影响时，移民就不会受到鼓励。1901—1905 年，获得资助来到澳大利亚的移民不到 4 000 人。这种倒退的政府移民政策，有助于工人运动支持这方面的国家建设。

就业还得到进口关税的保护，所有与澳大利亚产品竞争的进口产品都需要缴纳关税。这项举措巩固了保护主义党与工党的联盟，两党分别代表制造业中的资方和劳方。到两党联盟破裂之后，保护主义党和自由贸易党于 1909 年合并，组成自由党，以抗衡越来越成功的工党。关税（对帝国产品实行较低的税率）是国家政策的固有特色之一。贸易保护使得生产商能够提高产量，增加制造业的就业机会，雇工人数从1901年的20万人增加到1914年的33万人。澳政府对本国工业的保护政策有一个新颖之处：只有那些支付"公平合理"工资和提供相应工作条件的企业才能享受国家保护。正如迪金所解释的那样"'旧的'保护只满足于提高工资，而新的保护则清楚规定了工资福利条件"。

联邦仲裁法庭负责确定公平合理的工资标准，这也是国家规划中的一个额外组成部分。地方性的劳资冲突由仲裁法庭进行仲裁和解决。在19世纪90年代的罢工和封锁之后，好几个州都设立了这种仲裁法庭，联邦仲裁法庭则在1904年经过冗长的议会辩论后设立。1907年，亨利·伯恩斯·希金斯庭长在审理一个大型农机制造厂的案子时，裁定了公平合理的工资标准。

希金斯裁定这样的工资收入应当足够维持"文明社会中人类"的一员的生活；而且，既然"婚姻通常是成年人的归宿"，那么工资收入必须满足这个家庭的需要。因此，他运用家庭开支表来确定一个五口之家在住房、衣物、食品、交通、书籍、报纸、娱乐甚至工会会费方面的支出，然后公布了非技术男工的最低工资标准。多年之后，这个标准的范围才扩大到全国的各个工种(被称为基本工资，根据生活支出的变化定期作出调整)，而希金斯对于哈维斯特农机厂的裁决，已成为国家生活的一个基本特质。工资并不是通过谈判确定，而是由独立的仲裁法官确定。确定工资的基础，并不是根据生产利润，而是根据人的需要。其计算前提是男性养家者，他的工资要足以养活全家。妇女只能从事有限的职业，其工资只需足以满足个人的需要。在此后的60年里，妇女一直在驳斥和反对这个双重标准。

在推出这些举措的同时，一个有限度的社会福利制度得以建立。大部分澳大利亚人都有望得到受保护的就业岗位和法定工资收入，来满足自己的需要。而且，他们在遇到事故或疾病等天灾人祸时，也有望得到救助，希金斯核定的基本工资中包含缴纳给自愿协会的费用。这种自愿协会能够支付医疗开支和失业救济。鉴于还有一些方面缺乏保障，州政府资助私人慈善事业，但政府反对依赖救济生活，自给自足是男性能力的标志。许多无法达到男性工资收入水平的母亲,可以得到仅面向妇女儿童的慈善救助。一个男人如接受施舍,就会丢尽自己的脸面。

在特殊情况下,国家也对男性养家者提供直接救助:1908 年开始实施养老金制度;1910 年实施病残救济金制度;1912 年,对无工作的母亲发放孕产救济金,对孕妇支付生育方面的开支。澳大利亚是较早出于福利目的支付有关开支的国家,但没有实行其他国家的全面社会保险制度,这些国家劳动力市场的运作已经危及其社会能力。相反,澳大利亚通过控制劳动力市场来提供间接的保护。正如一位评论员所言:澳大利亚是一个"工薪族"的福利国家。

这就是福利制度的要件,其作用是要使国内经济避免受到国外的冲击,以保护本国的生活水准。生活在那个时代的澳大利亚人对福利制度的普遍性和创新性感到自豪。来自英国、法国、德国和美国的社会调查工作者,考察了这个"社会实验室"的工作流程,该实验室显然解决了社会安全和动荡问题。如果从 20 世纪更为先进的角度来衡量,在剥离了其制度外壳的情况下,所得出的评价就要差劲得多。一位经济史学家认为:"国内保护"制度实际上就是一种保护政策,以免丧失"灵活调整"和创新的能力。一位政治评论家指出"澳式解决方法",是一种不成熟的方法,陷入了不切实际的必然性,使得"一个青年人配上了老年人的血管"。

这些评论将国家重建的经济方面置于优先位置之上,将国家重建理解为一种为了平等而牺牲效率之举。同时,这些评论未能充分认识到福利制度包含的种族和性别方面存在着根本意义上的不平等,而且夸大了阶级对立的改善,因为澳大利亚并没有解决劳资冲突,并继续产生严重的争议,藐视工业仲裁。然而,国家重建的主要目标不在经济方面,也不是实现社会公正,而是建设国家。联邦的创立者通过大力调整市场的作用来实现国家对物质环境的控制,将一个城市相隔遥远、地区差异明显、人口稀少的大陆捏成一个整体,理顺其不同利益以实现国家的目标。这不仅仅是防御性或保护性的战略,而是进取性和充满活力的战略。

技术创新方面的骄人纪录可以验证这一点。殖民时期澳大利亚就有技术创新者摇篮的美誉。技能被置于知识之上，技工学校和矿校比正规大学更能适应工业的需求。在 19 世纪末，科学研究得到了加强。发现了新的提取矿物的方法，布罗肯山首创的浮选法在全世界得到推广。农场主使用化肥和其他复合肥料，将农业区扩展到大分水岭以外的低降水地区。机械化收割机的使用与北美大平原一样先进，提高了最低工资标准。政府兴修了大量水利设施，保证了更加集约化农牧业的发展。

工厂、商店和办公室迅速采用能够提高效率的新机器和新技术。澳大利亚人踊跃使用怀表、打字机和电话，后来他们以同样的热情使用个人计算机。同时，这也是一个在休闲方面同样能够标新立异的社会：从 19 世纪 80 年代起，星期六开始休息半天；教会将一星期划为 6＋1 天改为 5＋2 天。"周末"这个词也许不是澳大利亚人发明的，但无疑在澳大利亚得到了充分的利用。

澳大利亚人将效率奉为金科玉律。他们对进步有了新的理解，不再将进步当作是在这片空旷的大陆上播种文明所得来的果实而已，而是视为在一个不确定的、竞争激烈的世界上赢得国家生存的必备使命，因此他们在国家生活所有方面寻求这样的进步。一位商界领袖告诫道："竞争的胜利者属于那些速度快、力量强的国家，力量弱的国家会被击倒，任人践踏。"因此，雇主们通过简化工序、仔细审核每一张派工单和密切监督操作来推行工业的科学管理法。除了最大型企业之外，科学管理法在一般的国内企业很难全部推行。而且，其效果在国有企事业单位也许更好，如铁路车间和政府部门，因为国有企事业的规模和复杂程度都令私有经济部门望尘莫及。联邦政府和州政府都在扩充，以应对在行政、基础设施，财政和工商业方面的新任务。在工党执政期间，国有交通、通信、燃气、电力、银行、保险部门和煤矿、木厂、屠宰厂、旅馆、烟厂都提供了国民基本服务，防止谋取暴利和逐步解决工资与工作条件问题。

除了工业效率和行政效率之外，社会效率也成为追求的目标。具体举措是进行一系列改革，旨在振奋民族和加强创造性地实现目标的能力。改革者都是现代主义者，把握了人类行为的变化脉搏和强大趋势；他们都是专家，坚信自己能够驾驭创造的冲动，规定有目的的秩序。他们也注意到现代性的弊病：贫民窟、破败的房舍、社会病态和堕落。改革者通过专业协会和志愿者团体展开工作，将他们的计划应用于公共管理之中。他们自诩为进步主义者，从美国进步运动中汲取经验。进步主义得到广泛运用，如市镇规划、国家公园、社区卫生、"科学育儿"、幼儿园、儿童福利和教育。新式教育取代了旧式死记硬背的教育，强调个人创造性和为成年的使命做好准备：培养动手技能、考察自然、保持身体健康和学会文明礼仪，从而促进社会责任的伦理观。

那么，澳大利亚殖民地不再是殖民地而已。其重建是对企图动摇现存格局和理念行为的回击。殖民地人民在寻求安全的过程中，确立了种族和国家构成，两者都是不确定的和不断变化的现代环境的人工产物。在对外关系方面，白澳政策将澳大利亚紧紧地与欧洲联系在一起。在对内事务方面，政府将欧洲征服之前的澳洲描绘为几近不适宜人类居住之地，这样欧洲资本、劳动力、技术和文化便可以在此大展宏图。由于新国家的基础建立在自然资源之上，经济脆弱性和依赖性问题就暴露出来了，传统的对于等级和宗教的争执与新的对于阶级和性别的冲突随之发生。威廉·莱恩试图用他的"新澳大利亚"来保持新世界的纯真，但流于幻想。阿尔弗雷德·迪金运用"新保护主义"来创设自主与和谐。但是，新世纪受制于旧世界，根本无法逃脱其影响。

第七章　国家牺牲（1914—1945 年）

在这 30 年里,澳大利亚的情况发生了不可逆转的变化。该国在战略上依赖英国,先后两次卷入世界大战。这两次大战都源自欧洲的争夺,同时也使欧洲的霸权地位消失殆尽。第一次世界大战动摇了交战国的政治稳定,削弱了维持其繁荣的贸易和投资。第二次世界大战摧毁了帝国,将欧洲大陆变为一片废墟,任由两个超级大国将它分为东西两部分。英国是两次世界大战的战胜国,同时也许是受大战影响遭削弱最大的国家。澳大利亚作为英国在太平洋地区最大的前哨基地,同样也在战争中遭受重大损失。帝国前景失去光芒,引起猜疑和分歧;国家建设规划由于债务压力和依赖性加强而受到延搁。当第二次世界大战到来时,澳大利亚孤立无援,而且面临着入侵的威胁。迟至此刻,这个国家才认识到需要重建国家,以应对不断变化的形势。

第一次世界大战的幸存者称这次战争为"大战",因为他们从未经历过如此重大的灾难,也无法想到另一场大战在不久之后就会接踵而至。在 1815 年拿破仑战争结束之后,尽管欧洲不断发动殖民征服战争,但欧洲享受了一个世纪的和平,同时欧洲内部只是偶尔发生一定规模的冲突,但在职业军队断然介入的情况下,这些冲突迅速得到平息。从 1914 年到 1918 年,这场持续很长时间的大战动员了大量的兵员参战,耗尽了参战国的所有资源。当德国支持奥匈帝国对塞尔维亚发出最后通牒之时，英国、法国和俄国奋起抗击，战火从大西洋沿岸燃烧到欧洲东部地区。土耳其和意大利不久也宣布参战。美国参战较晚，但世界各国的卷入，使得这场战争成为欧洲和世界范围的大战。

在德国侵占了比利时和击退俄国的进攻之后，战争初期的运动战变为僵持状态的战壕战。工业技术在陆上和海上的运用，使得防御者对进攻者占有优势。水雷和潜水艇消除了战列舰的进攻能力；大规模的防御工事、带刺铁丝网、机枪、化学武器和喷火器击退了潮水般涌来的进攻军队。虽然指挥官们丧失了数以百万计的军队，但战争的结果最终由交战双方维持战争机器和供养本方人口的能力来决定。饥饿削弱了俄国，使得革命者打着"和平、面包和土地"的旗号夺取政权。食品短缺对德国的最终崩溃产生了至关重要的作用。英国海外自治领的农田是支撑英国作战的谷仓。运送加拿大和澳大利亚产品的商船与运送青年人上战场的运兵船一样，对协约国最后的胜利作出了巨大贡献。

青年人最先行动起来了。在大战爆发时，一场联邦大选正在进行当中。各个政党领袖们都以极大的热情争先恐后地要宣布澳大利亚参战。自由党总理约瑟夫·库克宣布："我国的一切资源都属于帝国，都为帝国所用"；工党领袖安德鲁·费希尔保证：要战斗到"我们最后一个人和最后一个先令"。工党赢得大选，确认自由党政府关于派军 20 万的承诺。澳大利亚参战已经不是问题，问题在于参战的方式：澳大利亚在宪法上规定要跟随英国行事，总督将宣战权授予总理。

澳大利亚作出的回应是组建一支远征军。兵员通过征募志愿兵来解决，远征军的正式名称为澳大利亚帝国部队。在作出这个决定之前，一场马拉松式的争论一直延续到 1914 年。争论的一方认为应当出于国防的目的，仿照瑞士模式组建民军；另一方主张组建一支由英国指挥的军队，以便到国外执行任务。最后，通过将自愿原则与帝国目标相结合，这场争论得以解决。这样在"一战"期间，澳大利亚帝国部队一直由英国将军指挥，主要承担前线作战任务，同时依靠英国军队的支援。澳大利亚皇家海军的情况相似，从一开战就由英国皇家海军指挥。

战争之初，作战范围限于本地区。1914 年，德意志帝国统治之下的链状岛屿,从中国附近一直延伸到新几内亚东北部。这些岛屿上设有无线电窃听站,窃听盟军的无线电通信,协助德国巡洋舰拦截盟军船只。因此,英国海军部命令澳大利亚占领新几内亚、新西兰,夺取萨摩亚。澳新两国均完成任务,澳军还打算向北进军。英国方面告知澳方不必多虑,因为赤道以北的岛屿已被日本攻占。日本海军负责维持太平洋海区的秩序,所以英国海军得以脱身,返回本国附近海域执行任务。作为交换,英国同意日本保留对这些赤道以北岛屿的控制权。澳大利亚起初封锁了这项安排,因为这会在国内引起惊慌。总督得到指令:"安抚"澳内阁部长,敦促他们接受这项不受欢迎的安排,同时告诫"在战争期间,绝不允许在澳大利亚"掀起反日浪潮。在这里,帝国战略与国家利益之间的分歧已经出现。

当自治领军队在 1914 年底完成最初的训练,出发执行作战任务时,紧张状态再次出现。澳大利亚军队与新西兰军队联合组建澳大利亚新西兰军团,由于这个名称过于累赘,其简称澳新军团(ANZAC)不久得到广泛使用,表明了移民社会公民士兵的特质:来自社会、取自社会和奉献社会。一个更为口语化的称呼:"掘金工"[①]也很快流传开来,令人联想到金矿区平等的兄弟情谊。

英国的训练营地无法容纳澳新军团,因此官兵们在埃及登岸。负责训练澳新军团的英国军官很快就感受到这些自治领军人的粗放作风。他们粗鲁无礼,不愿意向埃及主人行礼,制造了一桩丑闻。但是,这些未经调教的殖民者必须用来击退向苏伊士运河进军的土耳其军队,该运河是帝国的命脉要道。因此,轻骑兵旅参加了盟军向巴勒斯坦、黎巴嫩和叙利亚的进军,并在那里投入了军事史上最后的大规模骑兵战斗。

澳新军团部署的目的是阻止土耳其的进犯和迫使土耳其退出战争。作战构想是向通往土耳其首都的地中海东面的海峡施加压力。一旦攻占伊斯坦布尔,远征军就能进入黑海,与俄军建立联系。首先,需

----

① 指澳新军人。——译者注

要拿下扼守海峡的加利波利半岛。1915年4月25日清晨,英军、法军和澳新军团分别在这个半岛登陆。澳新军队攀上澳新军团湾的海岸,向海岸边的陡峭山坡发起冲锋。土耳其守军挡住了冲锋,挫败了赶走他们的企图,澳新军队挖地道挺进,但经过多次冲锋也无法攻占制高点。当冬天到来时,澳新军团放弃了加利波利半岛,阵亡8 000人。盟军在1915年圣诞节前五天撤离,为长达18个月的战役画上了最为沉重的句号。

澳军的伤亡只占战争中伤亡人数的一小部分,在加利波利战役中的伤亡也少于英军。尽管澳新军团在炮火之下作战英勇,但战役的指挥和进行都出现了一些失误。即使如此,军团在土耳其半岛地区的作战行动,很快就上升为表现英雄主义的不朽神话。澳新军团神话源于官方对最初登陆行动的报道:"这场战争中还没有出现过如此辉煌的壮举",这位英国记者向澳大利亚读者打了保票。这个神话在澳大利亚记者的笔下得到了强化,基思·默多克将澳新军团的英勇与英国指挥官的无能作对比。他的儿子鲁伯特·默多克在进入英国报刊业时被称为"肮脏的掘金工",此时将进行一场痛苦的殖民复仇。

在创造这个神话方面,澳大利亚首席记者C. E.比恩的贡献最大。他在战前就是一个记者,战后成为澳大利亚战争纪念馆的权威战争史学家和馆长。比恩将澳军士兵的素质归于居住地环境的磨炼。1907年,他写道:"澳大利亚人总是在战斗。灌木丛中有干旱、火灾、未驯服的马、野牛,有时还有野人。"与大自然和人类的斗争,使得澳大利亚人"成为最出色的战士"。在加利波利半岛登陆之后的几天内,比恩就断言:"澳大利亚野外独立的牧场生活,如果说未能制造出野人的话,那么制造出了超群的士兵。"为歌颂英雄事迹,他从加利波利半岛的官兵中收集故事、诗歌和小品文,编成《澳新军团》(*Anzac Book*)出版。这本口头作品赞扬了前线官兵的个性特征,赞扬他们共同创造了神话。作为权威战争史学家,比恩大力赞扬了民族气质。

澳新军团神话涉及一些神圣的话题:为了不可实现的目标,而经受战火洗礼;通过牺牲、死亡和救赎等现实的遗产,国家走向成熟。神话在对战友情谊的终极考验中，表现了勇气和斯多噶主义，因而将军事上的失败转化为道德上的胜利。一年之后，澳大利亚军人举行仪式纪念登陆 1 周年，澳新军团日也迅速被定为公共假日。从此，纪念活动在黎明时分开始，为国捐躯者在民众心中永存。

自那以后，澳新军团日一直是主要的爱国纪念日。随着老战士的故去，其规模也不断缩小。在 20 世纪 60 年代，那些反对纪念战争的人士对这个纪念日提出了不同意见。但在 20 世纪末它却再次复兴。如今，参加黎明纪念仪式和环城游行的人数不断创下新的纪录。伴随着这种新的受欢迎程度，这一仪式本身已发生了改变：参加游行的有许多年轻人，有些是老兵们的后代，也有现役军人；老兵们过去为避免非议，换上西装游行，如今人们又穿回了军装。新西兰人也加入澳大利亚人的行列，且也每年前往土耳其朝圣，从而使澳新军团神话具有了新的含义。1965 年是登陆作战 50 周年纪念日，几百名老兵为此赶往澳新军团湾；25 年后，他们中无人能再次成行，但数千名背包客却挤在沙滩上参加黎明纪念仪式；进入新世纪后，参与的人数有增无减，一个大型的停车场因此在当年的战壕中建造起来。这种新发的热情到底有什么重要意义，人们对此还有争议。1995 年 4 月 25 日，1.5 万人聚集在加利波利参加黎明纪念仪式。其中的一个女青年说：这个日子已经是“背包徒步旅行者日历上的一个重要日子”，同时也是一种精神上经历和情感上的宣泄，使人感到自豪、悲伤，甚至对毫无意义的生命损失感到愤怒。一种共同的感受是针对土耳其之战的：“身在土耳其使你意识到他们是在为他们的国家而战，而在他们的国家里，我们曾经是敌人。”

从加利波利半岛撤离之后，澳大利亚的几个步兵师部署到法国，增援那里的防卫。澳军投入了 1916—1917 年向德军战线发起的大规模进攻，造成了更惨重的伤亡。官兵们需要更加忍耐：

> 我们在湿滑的战壕板道上咒骂、蹒跚，
> 像遭谴责者那样被一种无形的愤怒所驱使，
> 永不安宁、亘古不变。

参战者对这种恐怖的折磨难以言表。多年之后，那些最有名的战争小说才与读者见面。但是，西线军人对战争的反应与国内对征兵制的宣传已经严重脱节。那些描绘野蛮的德国丘八侵犯澳大利亚妇女的过分渲染的招贴画，与像比恩或威尔·戴森描绘战场上处于绝境中的人们状态的画作形成了鲜明的对比。1916 年，通俗诗人 C.J. 丹尼斯描写了一个来自墨尔本贫民区的衣衫褴褛、无法无天的不良青年是如何响应"作战的召唤"，并肯定了在土耳其作战的军人的价值。但对一年之后在法国战壕中作战的澳大利亚军人就不再这么肯定：

> 再见了，令人心痛的年头，
> 正义在与邪恶的斗争中衰败。
> 爱情之花染上了鲜血，
> 过去的时光永不回来。

西线伤亡惨重。澳军阵亡者 1916 年为 1.4 万人，1917 年为 2.2 万人，负伤的人数更多，造成兵员不足。在加利波利战役之后，自愿参军入伍人数增加，从 1914 年的 5.2 万人增加到 1915 年的 16.6 万人，然后下降到 1916 年的 14 万人，而 1917 年仅为 4.5 万人。最初入伍的新兵绝大多数是未婚青年，许多人受到军饷的吸引，其标准与平均工资水平相当，高于其他国家的军饷。当这些热情高涨的青年人所剩无几时，国家有必要激起那些年龄较长的已婚男子的爱国责任感。

妇女不得参军（即使是在国外的澳军中工作的 2 000 名护士，也不能获得正式的军衔），而且与其他参战国不同，澳大利亚妇女几乎也没有加入领薪劳动大军。她们投入战争的方式是参加自愿活动，对战争最重要的支援就是为前线的军人做好后勤工作。仅红十字一个组织招募的妇女就与在制造业工作的妇女人数相当。总督夫人曼罗·弗格森将墨尔本政府大厦的大舞厅改为仓库，存放妇女们为士兵们收集来的被褥等物。据估计，战争期间妇女们花了 1 000 万个工时编织 135.432 8 万双袜子。她们将诗歌和祈祷文塞进军服和散发着金合欢香味的香烟盒中。这些爱国的妇女还是热心的征兵人员，妇女征兵同盟要求每一名盟员都至少征兵一人，"即使他是一个贫困交加的商贩，每天都会来敲你家的后门"。全球服务同盟仿效古代斯巴达妇女的做法，命令男性盟员"回去继续战斗或带上你的盾牌"。

1915 年底，国家领导人出现变动。安德鲁·费希尔总理是工党温和派，对战争的需求感到不安，将总理一职移交给他的副手、好战的比利·休斯。休斯是工会组织者，后成为喜好发号施令的政治家。他将工人的社会主义热情用于民族主义的征伐之中，将群体利益强加给劳资双方。当全民皆兵之时，他乘机强化政府权力。休斯身材消瘦矮小，听力欠佳，嗓音刺耳，举止不雅，还喜欢惹是生非，他前往英国要求解决澳大利亚面临的难题。

战争也造成了经济上的重大损失，中断了劳动力和资本的流动，使澳大利亚失去了在德国、法国和比利时的市场，出口额因此减少了30％。商船的短缺限制了进口量，使国内制造业得以扩展，但造成了农产品的积压。战争开始后的第一年，澳经济就收缩了 10％，失业人数上升。价格上涨的速度快于工资提高的速度。休斯放弃就价格控制举行公民投票的决定，令工人运动火上浇油。于是，他转而要求英国支付羊毛、小麦、肉类和矿产品的款项，英国被迫表示同意。休斯也许取得了比鲁斯式的胜利，因为他冻结了现存经济结构。即使随着国内第一座大钢厂投入生产，重工业有了发展，但经济进一步多样化的机会已经丧失。

在争取满足国家的需求之时，休斯号召增加战争的力度，但澳大利亚志愿兵的人数日趋减少。1916 年中，他回到国内，决定实行征兵制。工人运动越来越猛烈地批评战争的杀戮，当然会反对征兵制，而且工党议员也很可能不会对有关立法投赞成票。因此，休斯总理通过工党领导人向全国发出举行公民投票的呼吁。他得到了新闻界、新教教会、商界和专业人士领导者的支持。主要的反对者是社会主义者、激进派和女权主义者，他们不认可战争中的统一民族利益，也不认同征兵制在牺牲方面体现的平等。

由于在资讯、表达和行动自由方面的严格限制，批评者已经感到受到约束。根据1914年通过的《战时防范法》，联邦政府有权颁布必要的有关公共安全和国家防卫方面的法规条例。政府还拘押了7 000名敌国公民，并不考虑其实际情况或表示同情。这些人包括养尊处优的德裔澳大利亚人、不愿沦为哈布斯堡帝国臣民的巴尔干移民，甚至还包括阿富汗的放养骆驼的牧民，他们的老家远在奥斯曼帝国的疆域之外。在这里，政府得到了广泛的支持。战争中，以种族为基础的民族认同得到强化，种族接纳范围缩小，所以排外行为在全国激增。持不同政见者的处境也十分艰难。人们驱散反战集会，司法机关对发表反对征兵制演讲的人提出指控，这些人的住宅遭到袭击。1916年，最坚决的反战组织——世界工人组织受到陷害，被指控犯有纵火罪和反叛罪。

反战的女权主义者对母亲应该作出的牺牲表示质疑和反对，政府对她们进行严厉打击。战争加强了性别的区分，将男人和女人分开，将男性置于有利的进攻位置上，打破了原有的规矩。战争期间性传播疾病的增多，成为危害国家安全的标志。于是，针对妇女的管理条例大幅收紧。这样的形势促进了道德改革运动，但其主要举措，如下午6时关闭酒吧，是由妇女的监管才得以实施。

澳政府对前线新闻的严格检查制度和对国内的严厉镇压举措，遇到了反弹。1916年，英国政府派军炮轰都柏林，镇压爱尔兰民族主义者的复活节暴动。这肯定引起了为数不少的爱尔兰裔澳大利亚人的不安。在前线作战的军人也出现分化，一些人不再对志愿兵制抱有幻想；一些人仍然对此坚信不疑，不愿自己的志愿兵声誉受到强迫征兵的玷污。1916年10月，公民投票在全国举行，派遣澳大利亚人到海外服役的征兵制以微弱的多数票被否决。

一年之后，休斯再度举行全民公决，但这一次投票者的分野更加严重。这个时候，总理将反对者称为叛徒。而工人鼓动者正在像布尔什维克革命者那样行事，这些革命者在俄国夺取政权，宣布俄国退出战争。休斯直言：这伙工人鼓动者是德国特务。那些举行罢工的工人都是破坏者；那些不愿送子从军的妇女都在搞垮这个国家；那些批评战争的爱尔兰天主教徒正在作出爱尔兰新芬运动的分离主义背叛之举。"新芬"的意思是"我们自己"，但在休斯看来，等于在祖国的背后捅上一刀。

在第二次全国公决的辩论时期，墨尔本的爱尔兰裔大主教丹尼尔·曼尼克斯成为总理的最难以对付的对手。他曾抨击澳大利亚人的生命在"肮脏的战争"中白白失去，此时他指责那些将澳大利亚任由帝国摆布的人，不知不觉之中自己就变成了新芬党徒。休斯深感到这位教会人士诅咒的伤害，要求梵蒂冈节制这个好斗的大主教。乔治五世国王要求将曼尼克斯调往罗马，但红衣主教加斯凯（Gasquet）的答复是："上帝禁止此举。"

总理本人不能容忍对征兵制的反对，总是随身携带左轮枪。他亲自带人冲进昆士兰政府的印刷所，没收州长反对征兵制的演讲稿。在这之前，讲话稿已被禁止在议会记录上登载公布。由于在回来的路上遭到有人投掷鸡蛋的袭击，休斯创建了自己的联邦警察部队。第二次全国公决遭到失败，投反对票的人比第一次增加。这样，澳大利亚成为交战国中为数不多的动用志愿兵作战的国家，也是唯一拒绝实行征兵制的国家。

但这并没有减少伤亡人数。在这个只有 500 万人口的国家，军队征召了 41.7 万名志愿兵，超过可服兵役人数的一半，在 33.1 万名到海外服役的官兵中，三分之二的人战死或负伤。在英国和帝国内的其他国家的现役军队中，澳军的战死比例最高，达 6 万人之多（但实行征兵制的国家，战死者占总人口的比例更高）。早在 1918 年底的最后胜利之前，民众对战争的巨大热情已经让位于冷漠的退缩。甚至在澳大利业军团成功地击退了德军的进攻、随后在本国将军约翰·莫纳什的率领下发动决定性的进军时，国内也无法回到 1914 年时的举国一致。

停战日最后变成纪念日，但纪念什么呢？同时代的人能够给出的最佳的答案是：纪念为保卫帝国和自由而牺牲的人们。通常，人们还绘声绘色地讲述德国占领比利时的暴行，将德国说成是一个企图统治世界的军国主义国家。当回顾这场战争时，一些历史学家对德国的企图和能力提出怀疑。修正派史学家认为德国并不寻求战争，只是在它感到腹背受敌时才发动进攻。德国的目标并不包括吞并大英帝国，而且它苦苦挣扎争取生存的表现也确实证明，它完全不具有这个能力。德国并不比俄国更加专制，战争目标同样是自由，与盟国几乎毫无二致。

如果是这样，那么这是一场澳大利亚的战争吗？由于澳大利亚与英国和欧洲相隔高山大洋，后来的澳大利亚人越来越难理解，前辈们为何跨越半个地球去与一个远方的敌国交战。我们忘记了这样的事实：许多澳大利亚人相信英国处于危险之中，他们出于对帝国的忠诚和自身利益团结起来伸出援手。今天，澳新军团的英雄主义召唤人们到法国、比利时和土耳其去朝圣，那里遭破坏的地貌已经恢复如初，所留下的只是一排排整齐的陵墓。澳大利亚几乎每一个城镇和城市郊区都建有纪念碑，但大多数只是默默地铭记了他们的名字。澳大利亚战争纪念碑的一个显著特点就是刻上作战阵亡者和幸存者的名字。最常见的纪念碑形状是方尖石碑，基座上竖立着一个澳军士兵的雕像，呈扭头持枪的造型。青年人很难辨认出这些士兵的身份，更难体会出鼓舞他们的那种激情。

当战胜国在巴黎和会上瓜分战利品时，一种激愤溢于言表。休斯连同法国要求实现迦太基式的和平和严厉惩罚德国，这只能打破国际经济平衡和毒化国际关系。他反对美国的提议，即用一个新的自由国际主义体系取代旧的帝国体系，这个新体系包括自由贸易、民族自决和通过国际联盟解决纠纷的原则。休斯与日本官员发生言语冲突，因为他反对在《国际联盟盟约》中写入种族平等的条文。他强烈要英国同意澳大利亚保持对新几内亚的控制权，最后的解决方案是将这个德国前殖民地划入特殊的委任统治地类别，以确保它作为澳大利亚"不可分割的一部分"进行统治。澳大利亚全权掌管新几内亚的贸易和移民事务。

英国的支持至关重要。在得到英国支持的情况下，澳大利亚得到了新几内亚；在没有得到英国支持的情况下，阻止日本获得北方一些群岛的努力遭到失败。在与美国的公开冲突中，休斯占据了残酷的现实主义高地,他正告崇尚理想主义的美国总统威尔逊:"我代表着 6 万名阵亡者。"在与英国的私下争执中,休斯也许添加了这句话:他代表澳政府 3.5 亿英镑债务讲话,其中一半的债主是英国。但英国的阵亡者人数和所欠债务的数额都要比澳大利亚多得多。对于休斯而言,他的最高目标就是维护澳大利亚安全所依靠的大英帝国。他在和会上的主要目的是促使英国维护帝国利益。因此,休斯寻求通过与英国政府建立直接联系和在巴黎建立外交代表机构的方式,在帝国事务中发挥更大的作用。这样,原先经由澳总督与英殖民部的联系管道被废止。

休斯主张在帝国事务方面进行更紧密的协调,但遭到其他自治领——加拿大、南非和爱尔兰(1921 年之后)的反对。它们都在削弱与英国的关系,而休斯以他特殊的、咄咄逼人的方式维护与英国的关系。而且,休斯毫不掩饰他的种族排斥主义,比太平洋地区的其他英语国家更加不顾日本的情感。美国、加拿大和新西兰同样也对亚洲移民实行控制,但没有一个国家像南方这个人口稀少的岛屿大陆国家这样,以挑衅的态度公开宣扬种族偏见。

在国内,休斯坚贞不渝的帝国忠诚导致了严重的分裂。第一次征兵制公投的直接结果就是工党的分裂。1916 年底,休斯率领他的支持者在出席工党联邦议员会议时退场。1917 年初,他与反对工党的政治势力联手,共同组建了国家党,并在 4 个月后赢得联邦大选。类似的分裂导致新南威尔士州和南澳大利亚州的工党政府下台。由于领导人的叛离和因承担国家责任方面的失败遭受责难,工人运动一度使用战斗性语言,威胁要采取直接行动。甚至当温和派重掌联邦工党的领导权之时,他们也不能重新回到原先的道路上去。在 1917 年后的四分之一个世纪里,工党除了在人萧条经济危机中的两个灾难性年头之外,一直处于在野党的地位。

这些工党的脱党者称自己为国家党人,而他们所捍卫的国家则对帝国忠心耿耿。他们的情感、闲暇活动和精神生活都与祖先的国家联系在一起。这种在征兵制争论中出现的偏执倾向,验证了新教在宗教偏见中的强势地位。天主教则被排除在新式的全国性庆祝活动之外:

天主教会未能参加战后澳新军团日的纪念活动,也未能参加1929年在堪培拉举行的国家战争纪念碑的奠基仪式。保护者与被保护者之间的性别区分,强化了男性的攻击性,固化了女性的弱势性。6万将士为帝国捐躯的事实,给保守的男性新教徒的团结注入了神圣的力量。但在战争中成熟的国家却更加牢骚满腹,对自己独当一面的能力缺乏自信。

战争在某种情况下也被视为再生力量,就如同澳大利亚的丛林大火耗尽能量,烧掉枯朽的枝藤叶蔓,让新生的、更有生命力的植物破土而出。但一次大战却没有带来这样的国家振兴,反而使国家经历杀戮伤残和失去力量。战争留下了无法躲避的沉重债务负担,国家必须继续向复员军人和阵亡者的遗孀支付相关津贴。甚至在深陷大萧条的30年代,澳大利亚领取战争津贴的人数要多于领取社会福利的人数。这与加强共同目标的努力毫不相干,削弱了责任感。对于这种旷日持久的煎熬的共同反应就是旁观静候。战争未能减少依赖性,反而加深了依赖性,并且强化了偏见、扩大了分裂。

1919年底,休斯将他在巴黎和会上的收益兑现,向选民展示自己"小兵"(Little Digger)的形象,再次为国家党赢得多数党地位。在3年后的下次大选中,他遇到了更加强烈的对抗。刚刚创建的乡村党代表不满现状的农场主,城市商人也在休斯政府反复无常的国家控制政策之下人心浮动。国家党在议会失去多数党地位,并在1923年初将休斯赶下台,与乡村党建立联盟。

新的国家党总理斯坦利·布鲁斯和他的乡村党副总理厄尔·佩奇一直执政到20年代末。他们两人在一起共事是一个奇迹,一个是出身名门、曾在英国接受教育的墨尔本商界领袖;另一个是来自新南威尔士乡村的性情冲动的医生。两党的支持者希望政府能够用新的举措铲除弊端。但国家政策路线铁板一块,存在的问题也纹丝不动。

休斯寻求在帝国的框架内重振国家的实力地位。他指望向英国推销初级产品,通过国家行为来增加人口,通过国家管理来保持生活水平。但是,在没有相应提高生产率的情况下,这些保护措施只能增加生产商的生产成本。战争结束时大幅度扩大关税保护的举措,有利于新创建的乡村党,而城市商界希望布鲁斯能够遏制政府的挥霍浪费,减少无处不在的管制。布鲁斯-佩奇政府不是削减关税,而是增加对初级产品生产商的援助。政府不但没有减少公共开支,反而增加公共开支。新政府执意坚持"全方位保护"政策。

插图 7.1：好斗的工党总理比利·休斯,在他争取实行征兵制的斗争中分裂了自己的政党。这位"小兵"在大战结束时在士兵们的肩膀上亮相。(National Library of Australia)

布鲁斯是唯一成功地向国家政治领导人转型的商人。他展示了一名政治家把握关键时期需求的能力,在 1923 年帝国会议上以头韵押韵的方式阐述了政策要旨:"帝国的发展取决于三大要素——人力、金钱和市场。"澳大利亚需要从英国来的人力(男子),也需要妇女儿童填补空间,但最主要的是靠男子来保家卫国。英国政府在这个十年里,对新一波的 20 万移民提供了资助。来自英国投资者的金钱必不可少,这样澳大利亚政府才能上马必要的发展项目,澳大利亚生产商才能扩大生存能力。20 世纪 20 年代,联邦政府和州政府在借贷方面进行协调,前往伦敦借贷 2.3 亿英镑。澳大利亚不断增产的初级产品也需要市场，而英国是澳大利亚羊毛和小麦的主要买主，也是奶制品、肉类、水果和食糖的进口国之一。

政府政策的重点放在乡村发展之上。政府官员挑选英国移民，希望他们能前往内地。财政官员筹借贷款，用于通往新农业地区的铁路建设、灌溉项目、学校医院和其他与安置移民相关的基础设施。面向复员军人的襄助项目是军人安置项目，政府为 4 万名复员军人提供农场，进行安置。国家科研机构努力发现消灭害虫和改善牲畜品质的良方。有一个说法——"取之不尽用之不竭的澳大利亚"广为流传，其含义是澳大利亚拥有丰富的资源和土地，只要有资本和劳动力就能实现繁荣。在 20 年代，"发展"这个词本身就相当于建立内地定居点和兴建相关的公共工程。

分布稠密的定居点重新唤起了自耕农自给自足的理想。一些新农场建在定居点的边缘地带，稳固了西澳大利亚州内地的小麦种植带。该州的西南部茂密的森林中也开辟出奶牛场。大陆东部的大片牧场也分割为农田，迫使牧场主再向内陆地区迁移。家庭农场成为初级产品的生产者和乡村生活的基本单位，从而得到了巩固。

一般而言，这些农场主不雇用其他人手(尽管获得资助的移民中包括 2 万名"农工")，但面向市场运作。这样的商业性农业的创办投入很大，需要购置机械设备、化肥和其他物资。许多创业者在清理土地和投入生产时都是债务缠身。他们的运气也欠佳，这时欧洲农场主正在从战争中恢复过来，其他新世界的农业生产者也在出口方面进行激烈的竞争。农产品价格在这个十年的后半期不再上涨，农场主十分不满，乡村党则得到加强。

乡村的困难反倒使城市得到迅速的发展，吸收了大量的新投资。悉尼在 1922 年、墨尔本在 1928 年，分别突破了百万人口大关，两座城市的人口总和达到了全国人口的三分之一。在 20 世纪 20 年代，住宅建设占私人资本的比例接近一半，延伸到郊区的道路、电线、自来水和排污管道，耗去了大笔公共开支。这些投入支撑了许多其他行业。房产交易刺激了金融业的增长，建造和装修新房及相关服务大大促进了制砖厂、锯木厂、造纸厂、制漆厂、纺织厂和家具制造厂的发展。

公路和城市街道为汽车交通提供了必要条件。到 1929 年，澳大利亚的汽车拥有率仅仅低于美国、加拿大和新西兰。新的电网使得澳大利亚工厂能够生产新的家电产品：当时拥有电炉和电冰箱的家庭还不多，但大多数家庭都拥有电锅、电熨斗和吸尘器。节省体力的设备使人们获得更多的闲暇生活，家居生活也更加现代和便利。香烟取代了烟斗，剃须取代了蓄须，轻便外衣取代了长裙。

澳大利亚人已经养成阅读的习惯。一位读者在回忆她 20 世纪初的童年时代时说："我们围着炉火而坐，那时没有收音机，没有电视机，一家人围着炉火读书。我们读啊读，每个晚上都是这样。"在两次世界大战之间的年代，澳大利亚人也成了热心的听众。一开始，收音机是前厅的一件漂亮的家具，最早的广播采取面向公众展示的形式，但随着这种媒体的普及，它需要以新的方式拉近与听众的距离。声音使电影院的想象世界充满生机，汽车也将人们从时刻表的约束中解放出来，恢复了旅行的浪漫。"在开阔的道路上"飞速前进，为人们带来了消遣和自由。在炫目的现代形象和享乐之中，20 年代就是增长、复兴和摆脱战争苦难的年代。

但严重的问题依然存在。随着士兵们返回国内，就业形势十分严峻。20 年代初，就业市场的情况有了改善，但机械化程度的提高，减少了对非技术工人的需要，失业率在这个十年的剩余年头里都保持在 5％以上。由于缺乏工作保障和失业救济，打零工的工人被排除在新消费模式之外。在诸如采矿业和海运业这样的大量体力工人集中的地方，他们表达了自己的不满：一波劳资纠纷的浪潮勃然兴起，使经济陷入长时期的瘫痪之中。接着，复员军人要求他们在就业方面应当比工会会员享有优先权，造成了新的紧张状态。这些自愿参军者成了自愿插队者、甚至于自愿破坏罢工者。在此时的一系列对抗之中，澳大利亚武装部队的复员军人攻击了激进派的游行队伍。其组织名称"澳大利亚复员陆海军帝国同盟"，表明了他们传统的忠诚。

引起纠纷的最常见原因是红色的旗帜,红旗通常是此时与共产党革命相关的工人运动的象征。1917 年底,布尔什维克在俄国夺取政权,导致其他地方发生起义,接着共产国际建立。共产国际号召全世界工人投身于反对资本主义统治阶级的共同事业,敦促殖民地人民行动起来反对帝国主义宗主国。虽然新近成立的澳大利亚共产党规模很小,但其存在本身就是对保守派的挑战。从对俄国布尔什维克的联想,人们虚构出外国阴谋的威胁,声称阴谋的领导者是子虚乌有的犹太反叛者,意在将外国的专制统治强加给澳大利亚。

1924 年,澳大利亚工党拒绝了共产党与之建立紧密关系的要求,国家党将工会作为 1925 年大选发动反共讨伐的对象。该党在取得大选胜利之后便制定了对付工会的刑法新条例。在 20 年代,红色威胁取代了黄祸,成为迫在眉睫的危险来源。除此之外,俄国退出对德战争的做法,唤醒了对国内选民在征兵制公投时逃避国家责任的回忆。难道这些反复无常的选民值得信任吗? 在保守派看来,民主必须在捍卫上帝、国王和帝国方面证明自己。退伍军官组成秘密部队,以备不时之需。

这一切都发生在远离舞厅和冲浪海滩的地方。国家党的选举招贴画上,展示了凶残的哥萨克人射杀从着火的教堂中跑出来的澳大利亚父亲、母亲和儿童的场景。这种噩梦般的联想其实很少对澳大利亚人的生活产生直接的影响。秘密部队面色严峻的成员在夜色掩护下进行训练,一丝不苟地维护国家安全。军队不鼓励伤残复员军人讲述他们的受伤经过,那些幸存下来的军人也不愿与那些没有上过战场的人分享他们的战斗经历。直到上了年纪之后,他们才打破了斯多噶式的沉默。在远离战场的和平环境中,人们对澳大利亚军事史的兴趣大增,其意义在取得更多共识的基础上得到肯定,不再关注战争的原因和后果,更注重反映人的感受。

在 20 世纪 20 年代,战争留下的仍然是新鲜和原汁原味的记忆。人们陶醉于弘扬国家发展的骑士精神:

丛林充满着美景，

麦田荡漾着自豪。

森林拥有着自由，

平原袒露着辽阔。

挣扎和欢愉并存，

一切都正在等待。

等待着被你征服，

不列颠来的男孩。

这是一个纯洁的、欢乐的、坚毅的白种人国家的形象。在政府官员用乡村富足的许诺招徕移民的时候，艺术家沉湎于描绘田园牧歌式的森林和田野。

现代科学最引人注目的标志就是飞机。从英国和美国到澳大利亚的史诗般飞行壮举，使公众感到十分兴奋。1928 年，原军队飞行员、昆士兰人伯特·辛克勒独自完成了从英国到澳大利亚的首次飞行。同年，商业大亨悉尼·迈尔出资补足政府拨款的不足部分，资助查尔斯·史密斯和查尔斯·乌尔姆完成首次飞越太平洋的航程。迈尔从俄国的一个犹太人小镇来到澳大利亚，史密斯生于加拿大，乌尔姆的父亲是法国人。他们的飞机由一名荷兰人设计，在美国制造，命名为"南十字星号"。空中飞行将澳大利亚与世界连接起来。1930 年帝国日那天，一个名叫艾米·约翰森的约克郡姑娘驾驶飞机在达尔文降落，差一点就打破了辛克勒的纪录，但她受到了更加热烈的欢迎："她不仅跨越了英国与澳大利亚自己的距离，而且清除了仍然横亘在两性之间的撒哈拉大沙漠。"飞机被用于广为称颂的"飞行医生服务"，将医药送到澳大利亚的内地。

新的社会往往分不清何为新颖、何为自由。早年的澳大利亚人以为他们能够抛弃旧的过去，开辟新的未来，但从未想到其预兆是如此的可怕。现在，过去代表着灾难的累积，它摧毁了欧洲和世界其他地区，耗尽了旧的文明，而隔代遗传的精神病也许会摧毁澳大利亚本身。一位从海外归来的澳艺术家告诫道："现代的人员流动携带着自古代传下来的麻风病。"澳大利亚人感觉受到了国外恶魔的威胁，其标志是战争结束时在欧洲流行的流感。尽管对病毒携带者实行了隔离措施，这场流感在 1919 年还是夺走了 1.2 万名澳大利亚人的生命。

除了病毒之外，还有其他病原体。煽动性的和淫秽的出版物遭到查禁，不健康的艺术受到谴责，不受欢迎的外国人遭到遣返。1920 年，联邦政府对加入澳大利亚国籍实行新的限制措施。对于移民程序和归化程序，政府规定了极为详尽的关于种族和国籍的分类制度。政府对南欧移民和其他不够理想的移民实施限额管理，在归化程序中规定可以随时进行忠诚方面的测试，测试由联邦安全部门负责。这是战争的又一项产物。

排斥移民政策既是虚荣的表现，也是胆怯的举动。保护主义的涵盖范围，从国内制造商扩大到工薪阶层，再扩大到市场和农业（通过援助计划）。政府为保护种族的纯正，在公共和道德价值观方面排除一切来自国外的危险因素。澳大利亚在这方面并非唯一的例外。美国在巴黎和会上大力倡导国际主义，随后便将国际联盟丢弃，但其做法是基于强大的实力。1925 年，一名美国外交官对美澳之间的相似和差异感到震惊：美国的孤立主义是积极自信的，澳大利亚的孤立主义则是消极狭隘的。"自私似乎是所有民族生活的主要动机"，它们无力采取主动行动，苟且偷生，只有在别无选择的情况下才采取行动。4 月 25 日，去参加赛跑的人比去参加澳新军团日庆典的人还要多。"人民之中几乎毫无精神可言……在过去的岁月里，几乎没有任何东西能在全国人民之间引起真正的激奋之情。"虽然澳大利亚对帝国之外的产品征收更高的关税，但美国产品在澳进口的比重提高了四分之一以上。尽管要求限制美国文化的呼声很高，但美国电影、喜剧和爵士乐大受欢迎。相比之下，英国文化却显得华而不实，国内文化也显得小家子气十足。太平洋彼岸的生活看上去更加魅力四射，也更加真实可靠。

作为一个弱小、依赖出口的国家，退回到孤立主义的澳大利亚就必然更多地依靠英国。但英国自身能力已经遭到削弱，其维护帝国秩序的意愿不够坚定。1921 年,英国代表澳大利亚出席了在华盛顿举行的一次国际会议,达成以下协议:太平洋地区美国、英国、日本的海军力量的主力舰比例为 5：5：3。澳大利亚对这项协议表示欢迎,因为协议取代了遭人怨恨的英日条约。但是,协议忽视了这个事实:英国和美国海军的活动范围并不在太平洋。所依靠的将是在新加坡建造的英国新海军基地。

同时,英国在 1926 年帝国会议上设计出自治领的新模式:自治领将拥有自治权,与英国地位平等,共同效忠于英国君主,自愿地组成"英联邦"。这个模式是对加拿大和南非作出的让步,是澳大利亚遭到的挫败。澳大利亚并不想成为英联邦的成员国,也没有批准英国的这项决定。直到又一场世界大战降临时,澳大利亚才接受了这个既成事实。甚至连与英国的经济关系也出现了问题,因为英国已不再是世界金融中心。英国企图恢复原有地位,于 1925 年重新实行金本位制,反而加重了其贸易困难。澳大利亚比以往更加专注于原材料和食品的生产,其出口的 95％是初级产品,但英国已经不再是世界工场。

两国关系中仅存的便只有金融关系。20 世纪 20 年代,澳大利亚是伦敦的主要公共借债人,但借来的款项并没有用于建设乡村出口工业,而是用于进一步的城市化。不平衡导致不稳定局面的出现,因为城市是社会问题滋生之地,城市的享乐侵蚀了民族性格,但别无选择。丛林之地已不能供养 20 年代增加的 100 万人口,也无法提供足够的就业机会。世纪之交,农业和矿业雇用三分之一劳动力,到 1929 年这个比例下降到四分之一以下。由于保持生活水平是国家政策的既定原则,联邦政府用关税与进口货竞争、保护城市工厂中的工人,州政府在公有企业和公共工程中提供更多的就业岗位。工资调整通过工业仲裁来进行,确保收入的小幅增加,而资方增加的成本则通过关税的调整转嫁给消费者。

只有投资而没有储蓄,这是一种碰运气的做法。随着澳大利亚人使用新式房贷,他们丢掉了在 19 世纪 90 年代养成的节俭习惯。因为国家增加了从国外借贷,因此能够在不限制消费的情况下推动增长。

但是，放贷方提供这些资金是为了得到回报。随着出口价格的下滑，债主们开始对负债方的挥霍行为提出疑问。关税、仲裁制度和将贷款用于城市建设的做法都受到批评。这些建设工程中包括了不起的悉尼湾大桥工程。大桥将城市与海湾北岸连接起来，承建方为一家英国公司，但使用澳大利亚的原材料，并雇用澳大利亚工人。工程于1925年开工建设，到1929年，两座500米长的拱形钢梁正在架设之中，行将横跨海湾。就在此时，澳大利亚的信贷链断裂了。在大桥完工之前，政府为支付工程开支，被迫开征道路通行费。

甚至在1929年10月华尔街股市崩盘断绝借贷之路之前，政府就通过削减出口成本来抑制巨大的收支不平衡。政府在仲裁法庭任命新的法官，制定新的禁止罢工法，支持一系列旨在提高劳动效率和削减成本的工业裁决。工人们发动了3场反对这些工业裁决的斗争，但都在经历了漫长和暴力的冲突之后被迫屈服。第一场发生在1928年8月到1929年冬，罢工的码头工人试图阻止破坏罢工者夺走他们的生计，但未能成功。第二场发生在1929年，木材工人在这一年的大部分时间里在锯木厂和储木场设置纠察线。最后一场最为血腥，发生在纽卡斯尔煤矿区。从1929年2月起，因矿工拒绝降低工资，煤矿主关闭了煤矿。武装警察占领了亨特河谷，驱散集会，殴打抗议者，向纠察线开枪，枪杀了一名工人。

矿工们坚持到1930年，但到这个时候，工潮已经搞垮了联邦政府。布鲁斯总理决定放弃仲裁，进行全面对抗。被布鲁斯挤下台的比利·休斯纠集政府内的不满者，联手工党议员在1929年末运用议会表决手段打败了执政党。布鲁斯宣布举行大选，工党获得压倒性的胜利。在20年代，澳大利亚依靠有利的外部条件取得迅速发展，但加剧了国家的经济脆弱性。工人运动也是命运多舛，工人被剥夺了福利待遇，因抨击不平等现象而受到诋毁，当增长出现停滞时还要承担起自己的责任。

在纽约证券交易所股市崩盘的那个星期，工党上台执政。羊毛和小麦的价格已经下跌，第二年下跌的幅度更大。这就是说全国出口收入的一半以上，要用于支付到期外国贷款。在国际金融体系崩溃之后，新的借贷已不可能。正相反,英格兰银行于 1930 年派出一名高级主管到澳大利亚,开出恢复信贷信誉的经济药方：联邦政府和州政府必须通过削减公共工程和社会福利方面的开支来平衡预算；必须削减工资。1931 年 1 月,仲裁法庭将工资削减 10％。同月,澳大利亚货币贬值 25％。

随着出口收入和外国借贷的急剧减少,澳经济出现紧缩。新政府采用传统的经济保护方法——提高关税和中止移民,但消费者无钱用于消费,这些方法不起作用。失业率不断攀升,从 1929 年底的 13％上升到 1930 年的 23％,再升到 1931 年底的 28％。工党政府甚至无法迫使矿主重新雇用被他们非法解雇的矿工。新任总理詹姆斯·斯卡林是一位正派但无能的政治人物,为他无力掌控的势力所左右。他辩称由于工党在参议院居少数党地位,而且联邦银行行长拒绝执行政府的决定,所以政府无法行使权力。事实上,政府的瘫痪是由于自身的优柔寡断和内部分裂造成的,一部分内阁成员认为只能按照银行业的要求行事,另一部分内阁成员则要求将民众的需要置于对外国债主的义务之前。

作为负债方和商品出口国,澳大利亚受到大萧条的沉重打击。其失业率高于英国和其他大多数工业国家,贫困率与加拿大和阿根廷相当。尽管受到了工党激进派的压力,与阿根廷不同,澳大利亚没有拒绝清偿债务。正相反,联邦政府和 6 个州政府(其中 3 个州也是工党执政)推行必要措施,满足银行业关于平衡预算的要求：提高税收和削减开支。政府对"公平牺牲原则"所作的唯一让步,就是规定调低国内公共贷款利率和由银行自行调整借贷利率。这项安排疏远了工会,加深了工党内部的分裂。

1930 年起,塔斯马尼亚前州长约瑟夫·莱昂斯担任代理联邦司库,成为工党右翼的首领。在墨尔本商界一个有影响的集团的一再劝说下,他于 1931 年初退出工党,出任保守反对派的领袖,组建澳大利亚统一党。新南威尔士前州长杰克·朗代表工党左翼。他曾是拍卖师,嗓音沙哑,喜欢大嗓门吼叫。朗煽动公众的不满,反对政府的经济措施。他提议削减支付给英国债券持有人的利息,以确保澳大利亚人的生活水平。联邦工党拒绝接受朗的计划,而新南威尔士州的工党分部支持他的计划。工党党团中新南威尔士议员的造反行为,使工党政府于1931年底倒台。统一党在此后的大选中轻易地赢得胜利。

工党未能保护就业,也未能保护失业者。普遍失业的灾难压倒了现存的慈善体系,州政府开始发放食品券。一些州政府强迫养家者工作,只支付微薄的补贴;另一些州政府将单身者派往乡下的劳动营,以减轻他们对社会的威胁。支付不起房租的城市居民一般都到乡村去打零工或乞讨,或者搭便车、扒火车到处游荡。棚户区在荒地和河边迅速蔓延,其中的居民经常变换。1933年人口普查结果的一大特点,就是就业者与失业者之间的巨大差异。而且,失业者的平均失业时间为两年。大萧条扩大了财富和收入的不平等。对那些需要帮助者,有人同情,有人嫌弃。他们是人们可怜和害怕的对象。

插图7.2:随着大战之间大萧条的牺牲者失去住宅,棚户区在荒地上蔓延开来。这座在墨尔本港区的简陋住所,用水箱作烟囱,用床架作门前的栅栏。(Victorian Department of Human Services)

长期的失业造成了社会纽带和家庭关系的紧张,打击了信心和能力。大萧条使得反映人们极端状态的现实主义文学艺术勃然兴起。在文学艺术家的笔下，人们受到残酷无情势力的肆意摆布，因受尽屈辱而斯文扫地，因饥饿难当而麻木不仁。但是，一些人以对抗而不是失望的方式来作出反应。1930 年，共产党组建了失业工人运动组织，领导他们的行动。起初，该运动组织失业者到郊区配给食物发放站举行示威，到州首府的政府办公大楼门前游行。但这些示威游行都被驱散，领导者被捕入狱。同年年底的共产党全国代表大会被迫延期举行，因为大多数大会代表都被监禁。

失业工人运动的下一步行动是反对强迫驱离。通过将当地居民组织起来，该运动设法避免房主将房客赶到街上去。当到处游荡的失业者举行季节性聚会时，运动的积极分子还鼓动他们的不满，这些行动都不属于常规性质，很难一直维持下去。失业工人运动名义上拥有 3 万名成员，远远超过拥有 2 000 名党员的共产党。该党过分强调主义问题，反复清理党员队伍。正如一名党员所说的那样："我们必须站起来，采取行动！不要消极退让。"

20 世纪 30 年代初的经济和社会危机，也是政治危机，对国家的民主制度形成压力。左翼人士和右翼人士都认为代议制政府制度已经遭遇滑铁卢。对于共产党而言，国家是阶级统治的工具；工党政治人物和工会领导人在资本主义危机之下已经摘下了工人代表的假面具，暴露出他们叛徒的真面目。杰克·朗的追随者也奉行强烈的民族主义，不满富有的特权阶层，对英国债券持有人和国际金融资本大加讨伐。曾在新南威尔士州劳工委员会任秘书的共产党人声称"朗比列宁还要伟大"，他的下属希望"大人物"能够对抗银行家。另一方面，保守派将议会视为一伙自私自利的寄生虫高谈阔论的场所。将工党视为摇摆不定的政党，不适于承担治理国家的职责。还将朗视为一个危险的煽动分子。

斯卡林政府不愿减少支付利息，也未能平息失业者中的共产党煽动行为，促使右翼势力行动起来。1930 年，一些名人呼吁各政党领袖推出一项团结计划，使国家事务能够走上正轨。他们主张用建立健全的金融体系和自我牺牲来解决危机，将保守主义的行动路径视为无可辩驳的常识,将承担还债责任视为国家荣誉问题。对政治的排斥是这个国家政治生活的一种常态,因为民主在这里是强制性的,而且存在着三个级别的政府。

联邦政府以侵蚀州政府的方式不断扩大权力,这是引发不满的一个原因。1927年,联邦议会决定将议会移到偏僻的堪培拉,表明了将立法活动与选民隔离开来的距离。西澳大利亚州尤其觉得被大陆另一侧的联邦政府所忽视,于1933年投票决定退出澳大利亚联邦。一些州同样感到州的权力被集中到首都,持分离主义立场的"新州运动"在偏远地区开始出现。"一切为澳同盟"(All for Australia League)是当时一个主要的全国性组织,拥有10万名盟员,运用反政治的政治手段来促进一种虚假的共识。该同盟在表面上是非党派组织,但与国家党一起组成澳大利亚统一党,共同诋毁政府。这股面目一新的政治势力在1931年底赢得了大选。

在这些选举策略的背后,更加强势的行动正在准备之中。战后组建的秘密部队,会在失业工人运动采取行动时下手。在全国的各中心城市,部队成员冲垮失业者的大本营,将惹是生非的家伙驱赶出城。在一般城市,他们驱散集会,袭击演讲者。这些老兵加紧做好准备,应对预想中的革命暴动。1930年底杰克·朗在新南威尔士州重掌大权之后,新卫队创建,随即发动攻势。新卫队的机械化支队驶向悉尼的工人居住区,用暴力手段控制了街道。"最致命的武器就是铁镐柄,"一个指挥官说,但他"高兴地看到许多手下的衣服下面都带了家伙"。

新卫队最出名的成功之举在1932年。新卫队的一名军官策马向前,在朗总理用剪刀剪断悉尼大桥通车仪式上的红色绸带之前,就用军刀将它砍断。这个事件具有戏剧性,但发生的时间正值蛊惑人心的朗拒绝执行联邦议会通过的关于强行还债的决议,而且街头暴力正在营造一种公众的歇斯底里氛围之时。1932年5月,在一次大规模的抗议集会上,新南威尔士州总督将朗解职,但他离开的时候相当平静:"我是得走了,我已不再是州长,而是一个自由人。"统一党和乡村党组成联合政府,将工党置于反对党的位置上。但这个反对党在新南威尔士州议会中已不拥有任何议席。

随着以低币值货币为支撑的出口销售和制造业的恢复,经济复苏到来了。1932 年在加拿大举行了帝国贸易会议,决定扩大英国进口货物的优惠关税幅度。作为交换,英国市场进一步向澳大利亚农产品打开大门。国家外债状况稳定,私人投资回流到工业领域,新南威尔士州和南澳大利亚州的钢铁中心周围也是大兴土木。但就业增长落在生产增长的后面,即使到了 30 年代末,仍然有 10%的劳动力处于失业状态。提高工资的要求也被拒绝,只是到工会组织得到恢复之后,工会才得以施加压力,改善工人的收入情况。

在这个过程中,失业者中的积极分子成为工业斗士。其中大部分是年轻人,在诸如采矿、交通、建筑和重工业等行业从事体力工作,将组织热情用于提高工资、改善工作条件和就业安全之上。他们先前的经历将自己塑造成阶级斗士,将工人阶级的生存问题与资本主义剥削组成的不平等现象以及所滋生的帝国主义、法西斯主义和战争相联系。到 30 年代末,共产党人已经成为矿工、码头工人、海员、铁路工人、钢铁工人和其他行业工人的领导者。大萧条的一个长远影响就是工会的激进化。

大萧条的有形影响和社会影响,需要很长时间才能消除。出生率降到了新低,移民直到 30 年代末才重新恢复,人口增长放缓。另一方面,婴儿死亡率也出现下降,公众健康有了改善。每个家庭的子女减少,活动空间更大,更加注重营养,反映了政府和医学对家庭的影响,以及家庭主妇对营养、卫生和家务料理的更加重视。大萧条期间家庭角色的暂时中断——男人可能会待在家里,女人会去工作(因为妇女就业的稳定性较好,恢复得也快),但这并没有减轻妇女的家庭责任,也没有改变男子作为养家者的角色。

第一次世界大战之后,澳女权主义者争取扩大公民权。她们要求更多地参与公共生活和享有平等的工作待遇。她们不赞成支付成年男子足够养活全家的工资,按照一位女工的说法,这样会将妇女儿童变为

"男人的附属品"。最好的做法是区分家庭的不同需求,以国家的直接家庭补助来贴补工资。那些开展提高社会福利运动的人,有时在公民生活方面使用加强语气的军事术语。他们将生孩子的痛苦比作参战的危险,呼唤全民皆兵之国的骑士精神。但女权主义者强调母性对国家的贡献时,也参与确认共同姐妹情谊的国际论坛,严厉批评土著妇女和儿童遭受的野蛮对待。

她们要求扩大社会福利的努力被保守派挫败,后者反对提高税收和工会设立基本工资的主张。只有新南威尔士州在 1927 年确立了范围有限的儿童捐款制度。大萧条将各方面的注意力转移到保护男子就业之上,其方法是加强对劳动力类别的监管和取消妇女参加工作的资格。作为回应,女权主义者集中力量发起同工同酬运动,逐渐获得了左翼工会的支持。即使如此,妇女的工资水平只比男子工资的一半稍多一点。

公共政策的基础保持完好。其他国家在应对市场危机时采用新的福利措施来维持生活水平,而澳大利亚作为福利国家,坚持使用直接的保护主义手段维护工薪族的利益。大战之间的艰难岁月似乎也压制了早年的创新才能。或者,原有运动和消闲模式的恢复也揭示了公众潜在的富有活力的生活习惯。在大萧条时期一度被人淡忘的板球、足球、赛马和电影,重新赢得大众的青睐。体育比赛的冠军们获得了很高的地位,其魅力和坚强得到人们的尊崇,但这些体育界的明星却受到了不公正的对待。少年拳击手莱斯·达西由于拒绝自愿参军,而于 1916 年被迫离开祖国,不到半年就从人世间湮灭;1930 年赢得墨尔本杯的一代良驹法莱也在美国死去,据说是被那些扬基们"毒死"的;神奇的板球击球手唐·布拉德曼的命运与之相似,他的击球技术无与伦比,以至于在 1932—1933 年巡回赛中,英国不得不为他修改板球规则。

国家领导层出现真空。新任总理约瑟夫·莱昂斯是一个朴实的长者,不愿卷入纷争,他的统一党政府只不过是保守势力联合起来扩大影响的工具。一位比较年轻和坚持原则的部长在不到一年的时间内就宣布辞职,脱离了他称之为"贪婪、软弱的政府"。1934 年大选后,统一党与乡村党组建联合政府,新鲜血液的输入加剧了争夺领导权的斗争,进一步加深了分裂。其中,来自墨尔本的律师罗伯特·孟席斯最有能力,也最为急迫,但他显然缺乏为人谦虚的品质。

对政策的不满引起一连串的辞职。1935 年,休斯出版了一本批评政府外交政策的书,因而被迫辞职。当德国和意大利的法西斯政权推行军国主义好战政策之时,澳大利亚政府紧跟英国,依靠其围绕国联的集体安全体系。休斯要求做好军事上的备战准备。1937 年,他再次出山,担任外交部长,继续抨击希特勒和墨索里尼。休斯表示:对他们作出领土让步"就等于是肉包子打狗"。

但这正是莱昂斯政府的所作所为。从 1935 年意大利入侵埃塞俄比亚到 1938 年德国肢解捷克斯洛伐克,澳大利亚对独裁者的绥靖政策与英国一样卑鄙,其原因是要尽量避免战争,同时也是出于对入侵者成就的钦佩。孟席斯在 1938 年从德国返回时声称:"德国年轻人确实精神高昂,愿意为国家的富强作出自己的贡献。"

1937 年,又一位部长为抗议政府的贸易政策而宣布辞职。由于担心澳大利亚购买英国制成品数量的下降,会危及本国初级产品进入英国市场的优先权,澳政府决定限制非英国产品的进口。因此,澳政府宣布削减日本纺织品的进口,澳大利亚对日贸易保持巨额顺差。日本采取报复措施,损害了澳大利亚的牧羊业。除了在出口收入方面蒙受损失之外,贸易争端还使先前在亚太地区建立更密切关系的努力受挫。越来越多的澳大利亚外交官、评论员和商界头面人物发现了亚洲民族主义出现的迹象。假如澳大利亚在移民政策方面仍然不愿作出让步,那么就只能指望贸易关系会推动地区合作。这样,在英国和美国断然拒绝日本的要求之时,澳大利业又得罪了这个最强大和最富裕的亚洲国家,这是外国殖民者对日本的又一个侮辱行为。

最后在 1939 年初,孟席斯为抗议政府不愿实施一项社会保险计划,宣布辞职。这项计划并不是一项激进的或范围广泛的举措,但惹怒了医生和保险业。优柔寡断的总理在来年去世,孟席斯很快就继任总理。但到这个时候,保守派占据优势的十年行将结束。

在推行社会保险方面的无能，表明政府已无法把握行业的利益所在。

政府在对付反对派方面最为坚定。工党仍然处于自大萧条以来的分裂之中，党内在外交政策方面分为孤立主义派和反法西斯派，此时已不再是强大的反对党。共产党工会领导反对绥靖政策和在日本侵略中国后抵制日本的斗争。由于码头工人拒绝装运钢铁，贸易受阻，但在争执的过程中，政府关闭了一家持批评立场的广播电台。孤立主义和绥靖政策由外交政策扩大到移民政策和文化生活。莱昂斯政府查禁批评外国独裁者的言论，只允许人数有限的难民进入澳大利亚，而且这些难民都支付了高额费用。政府对遭受纳粹迫害的犹太人设置了特别配额。对法西斯政权提出批评的最有名的人物是一名捷克记者——埃贡·基施。1934年，他准备到澳大利亚在反对战争和法西斯主义大会上发表讲话，但被拒绝入境。于是，他从船上纵身跳下，向最高法院提出上诉，这样他才得以走遍各地。

尽管政府大力阻止外来影响的进入，外部世界不安因素还是硬挤进来。在基施逗留期间，作家同盟成立，推崇一种另类的试验性文学——一种专注于人性的文学。1938年，同盟与澳大利亚作家会社合并，将其影响力扩大到全国。1935年创立的废除书籍检查同盟，旨在减少遭查禁书目的数量。在此基础上成立的公民自由会，则反对其他侵害自由的行为。1937年，为反对按照皇家特许状成立传统模式的艺术研究院，当代艺术学会大力提倡现代艺术。1932年成立的澳大利亚广播委员会支持播放交响乐，还提供了时事评论的平台。1938年，6所处境艰难的大学只有1.2万名在校本科生，但此时开始焕发了生机。在这些充满创新的地方，一种推动进步的精神和对现存教条的不满占据了上风。知识分子与那些失去信用和追逐实利的当权者之间的鸿沟，比以往任何时候都更加巨大。

但是，知识界和政界联手制定规范其他阶层生活的政策。两次世界大战期间，知识界专家作为制定政策的智囊十分走俏，负责提供咨询意见并行使定夺之权。他们掌控了城市规划、公共行政、卫生教育和工业金融等方面,而且在 30 年代末将他们的权力扩展到土著政策方面。此时,早先将土著人视为原始种族的观念已经失去市场,土著保护体制也在消亡之中。

澳大利亚东南部的土著人群体已经组建起自己的组织,重新确定了保护条款,提议废除保护制度,寻求新的进步路径。当 1938 年 1 月 26 日悉尼重现菲利普总督登陆的场景,以纪念欧洲占据澳洲大陆 150 周年时,土著进步协会举行悼念日活动,以铭记"白人侵占我们的国家"和奴役我们的人民。该协会要求制定"新政策,给予我们的人民完全的公民待遇和平等地位"。

插图 7.3：在悉尼举行白人移民定居 150 周年纪念的当天,土著人举行悼念日集会。一块大黑板写明了集会名称。(*Man*,March 1938)

一个星期之后,这些土著人活动家会见了总理和新任内政部长,后者正在向行政官员和人类学家进行咨询。1937 年的行政官员大会确定了关于血缘同化的政策,人类学家提供了用文化概念替代血缘概念的专家意见。文化既有普遍性又有特殊性,是所有民族的组织原则,但每个民族的文化都各不相同。因此,任何帮助土著人的行动都不应采取对待外族人的方法,而是应当如 A. P. 埃尔金所言:"帮助他们继续发展他们自己的文化。"埃尔金是悉尼大学人类学教授，内政部长的首席顾问。

这样，埃尔金提出设立一个由人类学专家辅佐的土著行政机关。他主张将这个行政机关设在巴布亚，那里仁慈的家长式统治保护当地人免遭殖民者的剥削。而委任统治地——新几内亚的情况不同，种植园主使用强制力迫使当地的契约劳工听命于己。但是，这两个地方都是流亡或探险的化外之地，只有少许白人散居在那里。而澳大利亚土著居民处于少数地位，是自己土地上的外族人。

埃尔金承认文化的差异性。当淡化了区分野蛮人和文明人的关于种族能力的严格定义时，他仍然能够分清种族发展的层次。人类学家的作用是用洞察力指导行政官员，从而有助于"在文化上提高原始种族的层次"。在阐释土著文化的复杂性时，埃尔金指出土著文化过于脆弱，难以抵御欧洲文化。他认为那些居住在白人居住区或城镇中的土著人，已经在很大程度上丧失了其文化身份。北方的其他人类学家则更关注与白人发生接触的威胁，相信土著人口的存在本身已经危如累卵。

即使如此，埃尔金认为除了继续发展之外别无选择。在他为部长起草的文件(1939年初以《土著新政》的名称公布于众)中，同化成了政府政策。政府此时的目标是"提高他们的地位"直至"享有公民的普遍权利"，但这个目标的实现需要加强将土著儿童从他们家中领走的做法。这个扭曲的逻辑使当时的土著人深受其害，令今天的所有国民毛骨悚然。公众认为土著人肮脏不堪、疾病流行、愚钝无知，所以白人拒绝给予他们公民权，并剥夺他们自己的文化。西澳大利亚州土著总保护官内维尔(A. O. Neville)参加了1937年关于土著行政管理问题的大会，是主张强行剥离土著儿童的主要推动者。作为一个人物角色，内维尔出现在2002年的电影《防兔栅栏》(又译《末路小狂花》，*Rabbit-Proof Fence*)之中。这部电影描写三名土著女孩于1931年被带离家庭，安置到1 500公里之外的地方。后来她们逃了出来，徒步回到家中。影片根据其中一个女孩的女儿的书面陈述拍摄而成，其真实性颇受争议，其原因不仅仅是因为影片对于内维尔不可饶恕行径的描写。

澳大利亚参加第二次世界大战的情形与参加第一次世界大战的情形相似，完全是一种自然的反应。孟席斯获知英国对德宣战之时，立即宣布他以沉重的心情和担负的职责告知同胞们：他们的国家"也处于战争之中"。但这一次并没有出现踊跃参军的场面，在 1939 年 9 月战争爆发的 3 个月之后，自愿参加第二支澳大利亚帝国部队的人数仅有两万人。统一党和工党都不支持采取战争行动。在英国政府的压力下，总理无可奈何地使用了"情况照旧"的说辞，不得不在 11 月派出一个师的兵力。

而且，与上一场大战不同的是，没有一个盟国保持高昂的战斗精神。在法西斯独裁者屡屡采取敌意行动、绥靖努力受挫之后，英国和法国感到必须兑现保护遭受侵略的波兰的承诺，因此决定宣战。但是，正如孟席斯所注意到的那样，"根本没有任何国家在乎波兰"，这个国家已经沦陷了。意大利没有宣战。苏联也没有参战，而是卑鄙地与德国达成了瓜分波兰的协议。当各交战国在"虚假的战争"期间陈兵于西线之时，孟席斯仍然希望能够避免发生全面的交战。除了仍存的绥靖倾向之外，他尤其担心澳大利亚的安全。日本在 1914 年曾是盟国，在 1939 年却是潜在的敌国。在大战之间，澳大利亚削减了军事力量，相信皇家海军是本国安全的关键。所以，英国在新加坡的海军基地至关重要，孟席斯坚持要等这个基地得到加强之后，澳军地面部队连同海军和空军才会开拔。

1940 年春，德国在西线发动进攻，并很快拿下法国。到这一年的年中，英国单独作战，受到来自被敌军占领的欧洲大陆的空袭。澳大利亚参军人数激增，很快将两个师的军队派往北非。在那里，澳新军团再次承担起保卫埃及和苏伊士运河的任务，抗击西部沙漠中的意大利军队。澳军的抗击十分成功，但意军在非洲和希腊处于弱势，于是德军派出了援军。1941 年初，英国决定将澳新军团派到希腊作战，导致了灾难性的后果。澳新军团很快就被赶出希腊本土，随后在克里特岛保卫战中再次受到很大的损失。1941 年中,由于德军越过西部沙漠,托布鲁克保卫战拉开序幕。与此同时,希特勒对苏联发动进攻,快速向东挺进。

1941 年底,日本突袭珍珠港,参加这场大战,使澳大利亚最大的恐惧变为现实。英国舰队保卫新加坡的行动未能成功,两艘停泊在那里的战列舰刚出海不久就被击毁。由于没有空中支援,新加坡的防御被击垮。1942 年 2 月,英国司令官宣布投降。被俘者中包括 1.6 万名澳军步兵。此时,日军迅速沿岛链推进至澳大利亚以北,空袭达尔文。

澳大利亚人一直将他们在第二次世界大战之初的表现称作是一场失败。"托布鲁克之鼠"(敌方宣传者给澳军起的绰号)的英勇与加里波利高地的壮举交相辉映,但为帝国作出的第一场牺牲是光荣之举,第二场牺牲则是耻辱行为。

> 啊! 克里特,令人不愿提起,
> 除了极度混乱、背信和失望,
> 唯有失败的丧钟回响在耳际。

一位已经看透一切的牧场主之子,写下了这样的诗句,纪念一位战死在克里特的朋友。玛丽·吉尔摩自诩为国家良心之化身,她在一份主要的妇女刊物上以充满激情的《任何敌人都不会得逞》(*No Foe Shall Gather Our Harvest*)一文,表达了对新加坡陷落的愤怒:

> 国人无不发出狂暴无比的诅咒,
> 愤怒回荡在人们火热的胸际。
> 想不到"固若金汤"的新加坡,
> 竟会如此无情地把我们抛弃。

半个世纪之后,一位澳大利亚总理以同样的情感大声疾呼要实行共和制。

这种痛苦由于澳大利亚的自欺欺人而更加强烈。帝国保险单提供了外部的安全保障，保费需用生命而不是军费支付——一种致命的防卫形式，但担保事项均已失效。与"一战"时不同，"二战"之初澳英两国领导人的关系十分不睦。亲英的孟席斯公开批评丘吉尔，指责他不愿征求澳方意见。而英国外交大臣则轻蔑地表示："这些澳大利亚人所说的都是不负责任的一派胡言。"假如澳大利亚知道英国在 1941 年底已与美国达成一致意见：必须首先打败希特勒，然后再顾及太平洋战场，那么这个国家会更加愤怒。

将军之间的不和与暗中诋毁，对军队和国内民众产生了影响。政府宣布反战的共产党为非法，谴责 1940 年煤矿工人罢工，但却无法遏止国内的颓废享乐之风。孟席斯遭受越来越多的批评。年迈的战争老手比利·休斯称孟席斯"没有能力率领一群恋家的鸽子"。孟席斯政府于 1941 年 8 月倒台。

一个月之后，以约翰·柯廷为首的工党上台执政。12 月，当日本发动进攻时，柯廷政府径自对日宣战。同年底，总理公开表示："澳大利亚指望着美国，我们与联合王国的传统血肉关系中的种种痛苦不复存在。"1942 年初，他告知英国政府：新加坡保卫战的失败将被视作"不可原谅的背信"，坚持要将澳军撤回本土保家卫国，而不是调去参加缅甸保卫战。柯廷将新加坡的陷落称之为"澳大利亚的敦刻尔克"，接着他宣布"澳大利亚之战"开始，并将澳军交由美国指挥。随着《威斯敏斯特法令》于 1942 年后期批准生效，澳大利亚获得了宪法上的独立。澳大利亚广播委员会在新闻节目之前不再播送《英国掷弹兵进行曲》(*The British Grenadiers*)的音乐，改为播送《前进，美丽的澳大利亚》。

在十分紧急的情况之下，澳大利亚结束对英国的依赖，也许会产生对美国的依赖。日本空袭达尔文，澳海军在本国海域受到的重创，日本甚至对悉尼港发动袭击，这些都加重了对遭受入侵的恐惧，构成了又一个了不起的民族神话。但日本并没有入侵澳大利亚，其主要攻势都在北面进行,旨在攻占西南太平洋的诸岛,孤立而不是入侵澳大利亚。美国军队后撤到澳大利亚,以此为地区基地,但美英都没有将澳大利亚作为战争的战略重地。美国在太平洋地区的作战行动中与澳方的商量,并不比英国做得更多。而且,两国之间也没有形成特殊关系。甚至连批准《威斯敏斯特法令》的决定只是为了确保政府的某些权力,而不是为了赢得独立。

插图 7.4:美国将军、太平洋盟军司令道格拉斯·麦克阿瑟(Douglas MacArthur)正在与澳大利亚总理约翰·柯廷交换意见。(National Archives of Australia)

柯廷将军队指挥权交给美国指挥官道格拉斯·麦克阿瑟。麦克阿瑟则保证澳军不会减损他的荣耀,也不会阻碍美国战后计划——对太平洋地区实行军事和经济控制。即使 1942 年美日双方在珊瑚海和中途岛的海战确保澳大利亚不再会受到敌人的登陆攻击,澳大利亚仍然有理由感到惴惴不安。直到 1942 年 9 月,日军一直穿越巴布亚新几内亚向南挺进,到达距南部的首府莫尔斯比港仅 50 公里处。沿着陡峭山脊上的崎岖小道,不顾疟疾和痢疾流行的恶劣条件,澳军步兵在当地民众的支持下击退了日军。在科科达小道战役中,日军损失 1.2 万人,澳军损失 2 000 人,巴布亚人损失约 500 人。澳军在这里第一次身着丛林绿颜色的军服作战,而没有穿着原先的黄褐色军服。

插图 7.5：科科达小道是一条具有重大战略意义的通道。澳军在这里抗击向南推进的日军，保卫新几内亚的首府。(Australian War Memorial)

最初，丛林是一种陌生而危险的环境，另一位来自南方干燥的草原地带牧场主的后代回忆道：

> 想起索普塔丛林小道上，
> 那些身着绿军服的人们。
> 身挎十五响汤姆枪，
> 穿过丛林向前推进。

一名身为共产党员的澳军步兵，后来成为最成功的战争小说家。他描写了丛林中的低矮灌木丛的可怕，其危险性不亚于法西斯敌人："这种有毒之物充满了腐臭,是巨大的害虫滋生之地,吞噬和残害我们。"意军遭人轻蔑,德军受人尊敬,而日军则引人切齿痛恨。1942 年,澳军指挥官在莫尔斯比港阵前训话中说:敌军都是些"猪狗不如的畜生"。

在成功地保卫了巴布亚新几内亚之后,澳军在太平洋战场承担了多种辅助性任务。美军在前面向日本进军,澳军在后面负责清理战场。澳大利亚没有参加美苏英三大盟国的会议,会议决定了作战任务和战利品的分配。没有人来征求澳大利亚关于日本投降的条件;美国将战败国纳入其势力范围之时,澳大利亚完全被排除在外。

澳大利亚在"二战"中的损失比"一战"要小一些。这个 700 万人口的国家,共有 100 万人参军,其中 56 万人派往海外作战,3.7 万人失去了生命。尽管 1 万名战死的空军机组成员大都在欧洲献身,表明了空战的残酷性质,但医疗条件的改善使得更多的伤员能够存活下来。最令人触目惊心的也许是战俘的生命损失,共有 3 万人被俘,其中 2.2 万人被日军俘虏,只有 1.4 万人在 1945 年活着回到澳大利亚。一些战俘被处死,大部分死于营养不良和疾病。被迫修筑缅甸至泰国铁路的战俘受到了十分恶劣的虐待,军中的女护士也受到了十分野蛮的对待。1942 年 2 月从新加坡撤离军队护士的船只被击沉。在 53 名逃到岸上的护士中,21 人被处决,另有 8 人在关押中死去。

那些幸存者讲述的经历令人毛骨悚然。战后,对日本人暴行的仇恨见诸回忆录和文学作品之中,内维尔·舒特认为日本的暴行不可饶恕,他的名作《艾利斯小镇》(*A Town Like Alice*, 1950)改编为电影。最终,这种仇恨软化为对人类坚忍不拔精神的肯定和一定程度的和解。爱德华·邓洛普在这方面作出了巨大努力。他是一名陆军外科医生,以非凡的勇气和正直保护战俘营中的战俘,为他们医治霍乱、疟疾、伤寒和热带溃疡。1986 年,邓洛普的战时日记出版,记载了他每天与疾病、暴行和无助作斗争的经历,增强了他作为民族英雄的地位。邓洛普,这位体育冠军和人道主义者,既代表了忠诚、坚忍、英勇和平等主义等传统的军人品质,也反映了愈合、同情和宽恕的新价值观。

澳大利亚收押了一些日本和意大利战俘,其中意大利战俘的人数较多。随着战时经济的迅速增长，劳动力出现短缺，战俘被派去劳动。1943 年，经济规模已经比和平时代最后一年增长了 40％。在柯廷的领导下，政府大大加强了对工业和就业的控制：工资、价格和房租被冻结，基本生活用品定量供应，劳动力被派往重要工业部门。1943 年初，柯廷克服了党内对征兵制的反对，将征募来的兵员派往海外服役。但在战争行将结束时，军队的规模有了削减，这样国家就能生产更多的食品、弹药和其他支援太平洋战区作战的战争物资。工党政府主要通过征税、减少消费和投资来支撑战时财政，尽可能地扩大战时生产。

当美国向澳大利亚提供大量的设备和租借援助时，澳大利亚主要负责向美国客人提供食品和生活必需品。近 100 万美军官兵经过澳大利亚的城市，走上前线作战。尽管同一时间驻扎在这个国家的美军很少超过 10 万人，但外国在澳大利亚的存在达到了前所未有的规模。十分之一的美国军人是非洲裔美国人，这与澳大利亚对土著人参军的限制形成了鲜明的对照，迫使澳大利亚公众直面本国的种族隔离做法。澳政府只允许父母之一必须是欧洲裔的土著人参军，这样的土著军人约有 3 000 人，另有 3 000 名土著人在北方做工。

美国军人更高的收入、优越的条件和拥有的奢侈品，令澳军官兵感到嫉妒。而他们对当地妇女的强大吸引力尤其令澳大利亚人愤愤不平，美国兵性感的形象在战时文学艺术作品中表露无遗。在美军驻扎的澳大利亚，水性杨花的女人被视作第五纵队；前往美国的战争新娘被视作变节者，美军和澳军士兵之间的摩擦引起了对于友邦入侵的担忧。

澳大利亚人坦然接受“二战”的牺牲，通过领导者的作用，没有陷入“一战”后的那种深刻分裂。惹是生非的休斯将国家带入山头林立的境地，严谨和白疑的约翰·柯廷将国家团结起来。作为 30 年代一个羸弱不和政党的领袖，柯廷掌握了和解之术。他是理想主义者，曾在 1916 年因反对征兵制而被捕入狱，却在 1943 年说服他的党接受征兵制。他还是爱国主义者，在战时广播讲话的开头习惯说：“澳大利亚的男女同胞们。”同时，柯廷接受地缘政治的现实，使自己的国家与更强大的盟国进行合作。

有人批评柯廷对麦克阿瑟言听计从，但在幕后，澳政府奋力维护其利益。与新西兰达成的 1944 年协定和重振英联邦在太平洋地区作用的努力，都试图与美国的统治地位保持一种平衡。显然，澳大利亚既不能自我隔离于国际社会之外，也不能依靠保护者的诺言。因此，外交部长 H. V. 伊瓦特在战后要求加强联合国的权威，遏制超级大国的霸权。

为消除战争的困难和危险，工党政府进行深刻的改革。早在 1942 年 12 月，工党政府就设立了战后重建部，规划新的秩序。战时得到强化的联邦权力将延续到和平年代，负责管理经济、工业发展、移民、就业、住房、卫生、教育和社会福利。事实上，战后重建在战时被预设为萧条后重建，决定采取一系列措施来利用本国被忽视的资源。权力机关将工会纳入战略工业行为规范，以稳定的就业体系取代低效率的临时工劳动市场；动员妇女参军和到重要工业部门工作，设立特别仲裁机构确定和提高其工资；招募大学毕业生进入得到扩展的、更加有活力的行政系统；提高养老金，实施失业和疾病救济。

政府在一些方面也受到挫折。在赢得 1943 年全国大选之后，政府于 1944 年举行公民投票，要求在战后保持战时的政府权力，但遭到失败。强大的商界利益集团反对政府控制，报界巨头挑战检查制度。柯廷发出警告："对于工人阶级的男女成员来说，天上不会掉馅饼。一切都要靠自己的奋斗去争取。"这场争取国家生存的战斗取得了胜利。这是一场人民战争，一场消除那些削弱民主、滋生法西斯主义的不公正和不安全现象的战争，一场终结 30 年危机的战争。从"一战"悲剧性的牺牲和随后的仇恨和不满之中，国家实现了团结，并足以使人们相信："二战"的牺牲不会付诸东流。

第八章　黄金时代（1946—1975 年）

在 20 世纪第三个二十五年，澳大利亚取得了 19 世纪下半叶以来最大的增长。人口几乎翻了一番，经济增长了 3 倍，就业机会十分充足。人们生活得更加舒适，寿命也更长；能够更容易地养家糊口，可支配收入增加，拥有更多的选择和闲暇时光。持续的发展给澳大利亚人带来了富足的生活和进一步的提高。人们相信科学有能力化匮乏为充足，相信国家制度有能力解决问题、改善社会生活。知识界的物质条件和艺术创造的前景都比以往优越。与其他国家的联系更加紧密，也更少受到国内问题的困扰。

在前一个十年的牺牲之后和 70 年代的不稳定到来之前，这段时期可谓黄金时代。正如古人发现的历史循环模式一样，一个具有强大生命力的占据优势地位的文明会发生衰变，走向享乐、分裂和崩溃。因此，战后的澳大利亚也进入了一条令人担心的轨道。20 世纪 40 年代是严格节制的铁器时代；50 年代是信心和共识增强的白银时代；60 年代是不和与衰落初露端倪的黄金时代。政府无力应对它所释放的不和谐的力量。

这也许是一种视野狭小的观点。20 世纪 50—60 年代的持续繁荣是一种全球现象，所有发达经济体都分享了繁荣的成果。作为一个贸易国家，澳大利亚得益于世界贸易和投资的复兴以及新技术的推广，运用相同的经济管理和行政管理方法。作为西方盟国的一个小伙伴，澳大利亚卷入了与共产党阵营的冷战，承担了军事方面的义务。到 70 年代，随着黄金时代的富足消耗殆尽，澳大利亚的军事义务也宣告结束，陷入了力量过于分散的窘境。决策者不再享有如此丰富的选择或具有同样的信心。其中一些人回溯战后黄金时代的强势领导和反应能力；另一些人则哀叹那些失去的机会和畏怯的自鸣得意。

铁器时代扩大了战争武器的生产，将刀剑打制成犁铧①。到 1942 年末，战时工党政府严格控制投资、就业、消费、舆论以及国家生活的所有方面，达到了前所未有的程度。甚至在那个时候，对于和平年代的规划已经开始。年轻的经济学家 H. C. 库姆斯(绰号"金块")，受命领导战后重建部。他是铁路员工后代，在伦敦经济学院获得博士学位，具有强烈的社会正义感，成为得到强化的规划者角色的象征。

该部的部长是本·奇夫利，在 1945 年柯廷去世之后担任总理。他是一个火车司机，"一战"期间因为参加罢工而受到迫害。奇夫利属于老一代的强硬派，坚信苦难和屈辱不会在战后重现。他具有真挚和严谨的个性，因为发表过多的露天讲演或吸烟过多而使嗓音受损，所以他不再经常大声发表演讲。但是，在 1949 年工党大会上，他表述了支撑他在半个世纪中为之奋斗的目标。这并不仅仅是为工人增加一点收入，或给某人升职。工党的目标是"为人民带来更多的实惠、更高的生活水平和更幸福的前景"，即他所创造的说法"山巅之光"。否则，"人们就不值得为工人运动而奋斗"。

奇夫利政府的战后重建规划包括军队官兵复员和工人由战时工业回到和平时代的工业。弹药工业将转为民用工业，受到传统的关税壁垒的保护，但其范围和能力都得到扩大和加强。因此，政府为美国通用汽车公司提供了优惠条件，在澳设立汽车制造厂，第一辆"霍顿"轿车在 1948 年完成组装下线。乡村实业由于战前的价格下降而受到重创，此时对其产品的需求突然增加，其本身也需要现代化。拖拉机取代了马

---

① 原文如此。——译者注

匹，科学指导农牧业的运作，9 000 名退伍军人被安置在乡村。技校和大学培训退伍军人，以解决技术缺乏的问题，乡村的礼堂也是场场爆满。政府创办澳大利亚国立大学，作为研究中心之一。为解决严重的住房问题，联邦政府向州政府提供资金，这样在 1945—1949 年间，20 万所新住宅得以建成。

国家主导的新发展涉及经济和社会方面。国家的规划超越了将战时状态恢复到平时状态的范畴，战争提高了这句口号的调门：“要么移民，要么消亡。”所以，工党政府推出了 20 年中第一个重大移民项目。1945 年，亚瑟·卡尔韦尔成为第一位移民部长，他确定了人口年增长 2% 的目标，其中一半要靠输入新移民来实现。

卡尔韦尔想从英国输入移民，但英国政府不再鼓励对外移民。于是，移民部长将眼光投向欧洲大陆，那里由于国家政治边界的大幅变动，数百万难民被连根拔起。1947 年，卡尔韦尔造访难民营，发现那里“人才济济”，而且国际社会可以提供前往澳大利亚的旅费，这样难民可在澳政府的指导之下签约工作两年。第二年，17 万“难民”来到澳大利亚，主要来自东欧从波罗的海到爱琴海的走廊地带，这些本属德国的地区已划归苏联阵营控制。

1939 年，伊萨克·纳切曼·斯泰因贝格博士提议在西澳大利亚州北部偏远的金伯利地区建立一个犹太人家园。他是一名犹太流亡者，20 年前担任第一个布尔什维克政府的司法人民委员。这个家园能够为数百万犹太人提供避难所，他们正受到欧洲反犹主义兴起的威胁，处于危险的境地。他得到了州长的支持，但遭到了联邦政府的拒绝。犹太复国主义者反对这项建议，因为这会脱离他们在巴勒斯坦复国的目标。当地的犹太社区也担心一个单独的犹太人定居地会引起人们的敌意。

澳大利亚犹太人社区的历史与首航船队一样久远。它发展兴盛起来，受到社会的高度接受：著名的澳大利亚犹太人包括军队司令官约翰·莫纳什、总督伊萨克·艾萨克斯和零售商悉尼·迈尔。20 世纪 30 年代对犹太难民的抵触情绪更大，他们的不同之处显而易见。“犹太人不是一种理想的移民"，一名政府官员说，"原因在于他们不会被同化"。澳大利亚政府同意每年仅接纳 5 000 名移民，条件是需有当地保人和支付登陆费。卡尔韦尔严格控制战后难民项目中的犹太人的比例，但家庭团聚类移民不受限制，所以犹太人口增加了 1 倍，达到 5 万人。这个时期抵达的犹太移民中有皮特·埃伯利斯，他创办了大型运输公司；还有弗兰克·洛伊，他建造了维斯特菲尔德购物中心。

卡尔韦尔还与欧洲国家政府进行谈判，达成了输入移民的协议。他的继任者在 20 世纪 50 年代初将输入移民的范围从西欧扩大到南欧和东欧。在此后的十年里，澳大利亚接纳了 100 万名永久居民，其中三分之二不是英国人，他们主要来自意大利、荷兰、希腊和德国。这是对以往移民模式的根本性改变，政府为此在 1948 年专门设立了不同的公民类别，对那些非英国国民的移民规定了获得澳大利亚公民资格的新条件。

1949 年底别的政党上台执政后，移民政策依然是工党的那一套，并得到了保持和扩展。卡尔韦尔原先是工会官员，深受工人运动的影响，具有民族偏见，对就业关注。1947 年，他在为遣返中国难民辩护时声称："两个'姓王的'也抵不过一个白人。"但是，卡尔韦尔也创造了"新澳大利亚人"（New Australian）这个名称，鼓励不同背景的移民同化。移民持续受到放弃自己的民族身份和符合"澳大利亚生活方式"的压力；同样引人注目的观点认为如此之多的具有不同来源的人们能够做到这一点。

接纳新澳大利亚人的另一个前提是对本国人民作出承诺：移民不会淹没劳动市场，也不会威胁到国民的生活水平。由工业仲裁机构确定工资的制度，确保移民能够领取全额工资。通过强调保证充分就业的承诺，工党政府赢得了工会对大量输入新工人的支持。充分就业是工党战后规划的中心点，也是"山巅之光"不可或缺的必要条件。1944年的布雷顿森林谈判，决定成立国际货币基金组织和世界银行，将它们作为建立新的经济秩序的贸易自由化工具，澳大利亚对此最初的最显著的贡献就是要确保充分就业。

在具有里程碑意义的 1945 年《充分就业白皮书》中，政府概述了通过控制总体需求来管理经济的凯恩斯路径。那种完全听命于市场力量的做法，让位于对市场严密和持续的干预，以确保国家利益。作为备用措施，政府预备了一揽子公共工程项目计划，以解决在受战争压抑的需求得到满足之后出现的劳动力过剩问题。普遍预期将会发生的衰退并未到来，战后的繁荣反而持续下去，势头正盛。不过，联邦政府实施了其中最为宏大的项目，将雪河分流到内陆河系，修建大型水力发电厂和灌溉项目。在充分就业的形势下，社会保险制度得到扩展。政府为失业者发放现金津贴，并向国民提供住房、医疗和教育。

插图 8.1：庞大的战后移民项目需要为新移民提供专门的住宿场所，政府寻求以有利的公众印象来促进对非英语国家移民的接纳。图中展示的是维多利亚州乡村地区波内基拉接待中心的幸福家庭。（Department of Immigration and Multicultural Affairs）

在这其中，奇夫利政府不得不与种种限制进行周旋。基本必需品的短缺意味着配额供应还要继续实施。对外债的反感是大萧条的遗产之一。这意味着外币兑换受到严格的配额限制，这也是出于支持英镑和贸易集团的需要。工党政府赢得了 1943 年和 1946 年的大选，但在

1944 年公决中遭到失败,未能说服选民同意将政府的战时权力延续到和平年代。最高法院作出的一系列裁决也撤销了政府一些更有创新意义的举措。

随着战时共识的消退,无处不在的公共管制变得令人厌恶。一名联邦政府部长对州政府出售公共住房的做法作出处罚决定,他对此作了中肯的解释,表明了越来越明显的分歧:"联邦所关心的是为工人提供足够的、优质的住房,而不是要将工人变为小资本家。"但是,政府希望工人能保持最大限度的克制。

政府为了在新形势下实现充分就业,大力解决短缺问题,其最大的担心是通货膨胀。奇夫利生性节俭,决定降低工资。他推迟批准仲裁法庭审理工会要求实行每周 48 小时工作制的案子,但新的周工时制度在 1948 年实施。他更加不愿批准提高工资,这使得澳大利亚工会理事会温和派官员的忠诚备受考验。共产党人在交通运输业、金属业和矿业的罢工潮中表现突出,但他们绝不是唯一失去耐心的政治力量。然

插图 8.2:澳大利亚总理本·奇夫利手持烟斗,与英国首相克莱门特·艾德礼交谈。他的左边是十分自信的外交部长 H. V. 伊瓦特,暂时保持沉默。(National Library of Australia)

而，奇夫利认为 1949 年煤矿工人的全国性停工是共产党发起的直接挑战，立即作出回应：没收工会财产、监禁工会领袖、查抄共产党办公处和派遣士兵到矿山劳动。煤矿工人被击败，成为工党铁腕的牺牲品。在矿工复工三个月之后，工党政府在大选中遭遇失败。

白银时代以自由党与乡村党的联合政府的上台执政为起点，政府首脑是东山再起的罗伯特·孟席斯。他从 1941 年的惨败中振作起来，组建基础更广大的政党组织——自由党，寻求新的选民政治群体，即被孟席斯称为"被遗忘者"的群体：领取年薪者和自雇者。他们既不是公司高层，也不是崇尚团体团结的体力工人。孟席斯称赞这些"被遗忘者"的价值，主要强调他们是"国家的栋梁"和"家庭责任感，包括对家庭成员、家庭的物资和精神需要的责任感"。他还大力争取这些人的妻子和母亲的支持，因为她们的福祉受到了没有人情味的官僚系统和充满男性战斗精神的工会主义者的威胁。同时，孟席斯还争取退伍军人的支持，他们朝气蓬勃，对那些仍然沉溺于大萧条记忆的麻木不仁的工党政治人物已经失去耐心。

针对那些十分讨厌控制和经济短缺的选民，新政府上台之后就开始了对社会主义的讨伐。政府采取措施减税和降低赤字，取消对外来投资的限制，鼓励兴办私有企业，允许提高工资。同时，政府继续强调移民和国家发展，确保了经济管理的延续性。在 1949 年的大选中，新任司库指称库姆斯是奉行干预主义的社会主义者。大选后的次日，这位政府官员又打电话给库姆斯，称："是你吗，金块？你不要介意我在大选中的那些胡说八道。你知道，我们需要你。"库姆斯作为联邦银行和后来的储备银行行长，继续执掌金融大权。

1950 年朝鲜战争的爆发，驱使主要的工业国家纷纷储备基本商品，有利于澳大利亚的出口。1951 年，羊毛价格增长了 7 倍，达到历史最高点。其他原材料生产商也因为新市场的出现而发家致富。随着东亚地区的恢复和实现工业化，澳大利亚于 1957 年与日本签订贸易条约，标志着其贸易重点由欧洲转到东亚。受到关税和进口配额的保护，国内工业迅速发展。机械化使得蓝领工人加入白领的行列，因此服务业发展的速度更快,高耸的商业总部大楼俯瞰着城市。

在整个 50 年代和 60 年代初,年增长率一直保持在 4％以上。社会实现了充分就业,生产率和收入提高,其进步的方式前所未有。经济管理者面临的主要问题并不是需求的不足,而是需求的过剩:为对付通货膨胀,他们在 50 年代初和 1960 年不得不压缩信贷。当失业率上升到接近 3％时,人们的精神状态发生新的变化,孟席斯政府在 1961 年大选中差一点败北。

在这个时代,一位经济学家称澳大利亚是一个"又小又富的工业国家",这个移民社会已摆脱对外依赖的束缚,其雄心壮志已达到峰巅。当 1958 年开始新的一期雪河工程时,罗伯特·孟席斯宣布:"这个项目使我们和澳大利亚的所有人都学会了从大处着想,感谢大的事物,为大企业感到自豪。"一个经济调查委员会将经济成就作为国家生活的基本动力:"增长使社会具有活力感和社会目标。"

孟席斯政府尽管对私有企业称赞备至,但毫不动摇地致力于强大公有部门的建设。孟席斯在一个有关联邦政府权力的宪政案件中出庭,为联邦政府进行辩护。当他入住总理官邸时,堪培拉还是一个由临时性建筑构成的丛林小镇,郊区还没有成型。许多内阁部长仍然住在他们的选区之中,部里的工作人员对他们还不够熟悉。虽然联邦议会已经在四分之一世纪之前从墨尔本搬到这里,但直到 50 年代中期,那个南方城市里的联邦政府公务员要多于他们在国家首都的同事。文质彬彬的孟席斯总理大力加强在堪培拉的政府机构。他将澳大利亚首都区真正变为联邦政府所在地,在这方面无人可与他相媲美。

联邦政府的壮大激化了各州的竞争,大力争取对本州新工业部门的投资。汤姆·普莱福德通过恶名远扬的选区操纵手段,从 1938—1965 年一直把持着南澳大利亚州的执政权。他以廉价出让土地、提供基础设施和保持工会缄默为条件,在本州设立了钢铁厂和汽车制造厂。1955—1972 年间,亨利·博尔特在维多利亚州取得了相似的优势地位,使用类似的方法巩固所在州的制造业。他到海外引资的成果之一就是菲利普港海边的巨型石化企业。1971 年,小说家大卫·爱尔兰在他的笔调灰暗的小说《不知名的工业囚徒》(*The Unknown Industrial Prisoner*)中,用这片巨大的厂区来描写经济奴役。

20 世纪 50 年代的人们并不是以这样的目光去看待这些项目。这些项目确实标志着发展的新阶段,即从公共借贷和公共工程过渡到私有性质的外国直接投资。新的发展模式更注重资本密集型企业,以盈利为目的,较少关注创造就业机会。对此作组织协调工作的都是些自由党州长,而不是工党州长。普莱福德和博尔特均为农民出身,在拍板作出决定和应对反对派(意见)时都表现出了彻头彻尾的乡土观念。"他们可以罢工,直到他们面孔发黑为止",这就是博尔特对一群公务员闹事的反应。这两人都坚持对道德保守主义发展的崇拜,实行严格的检查制度,要求旅馆 6 点钟关门,保留死刑等。两人都指责堪培拉过于吝啬。

澳大利亚联邦的财政收入年年增加。州政府的主要职责包括医疗、教育、公共交通和其他服务,联邦政府则向各州拨款,但总是无法满足不断增加的期望。联邦政府本身的开支用于鼓励人民实现自助:对购房者提供帮助;对被赡养的配偶返税;对私人医疗保险提供补助。养老金得到保留,但其他社会福利受到忽视。白银时代的圭臬就是自力更生。

铁器时代向白银时代的过渡笼罩在冷战的阴影之下。20 世纪 40 年代后期以来,共产主义和资本主义的两极激烈对抗支配了世界政治,迫使澳大利亚与西方盟国更紧密地团结在一起。工党政府无力应对国际冷战的需要,导致其在 1949 年下台,并在此后的 20 年里一直未能染指执政权。在国内,冷战吸引了人们的注意力,分化了工人运动。对共产主义的恐惧渗透到公共生活的方方面面,驱使政府立即改善公民的福利、查禁持批评立场的异端分子和抑制创造性活动。

"二战"结束时,工党政府既对美国在太平洋领导战争表示感激,又对盟国战后解决方案保持警惕。1919 年,当"一战"战胜国在巴黎开会时,澳大利亚总理曾激烈反对威尔逊总统的自由国际主义(Liberal Internationalism)计划。1945 年,当"二战"战胜国在旧金山聚会创建联合国时,澳总理已经知道重大问题已经在三大国——美国、苏联、英国的会议上进行了讨论。在同年早些时候的雅尔塔会议上,三国已经瓜分了战利品,美国已经在实施其计划,可以在共产党阵营以外的国家保持不受限制的行动自由。此时,通过联合国推行自由国际主义是对像澳大利亚这样的较小国家维护自身利益的最好机会。重振英联邦,使之成为经济和军事联盟,是抗衡美国支配地位的最佳方法。

英国在衰落中奋力搏斗时,坚持白色人种英联邦的原则。印度、巴基斯坦、斯里兰卡和缅甸的失去,巴勒斯坦陷入棘手的冲突,马来亚的共产党起义都使得英国削减了帝国的作用。1949年共产党在中国夺取政权和印度尼西亚民族主义者推翻荷兰统治之后,东亚的独立运动势不可挡。在非洲,同样的推动力迫使英国进行较为缓慢但更为争先恐后的非殖民化。太平洋上被英国高级专员称为"死水微澜"的岛民也走上了相同的自治道路。

其他欧洲国家要么接受失去帝国的事实,要么不惜人力物力开战,但只是延缓了向它们原先的附属民族转交主权,这个进程已经不可避免。从前基于直接统治和标上固定色彩地图的帝国,让位于非正式的帝国主义。这种帝国主义基于贸易和投资、援助和军备,造成了势力范围的变动和世界秩序的不稳定。在工党政府时期,澳大利亚承认太平洋地区的民族独立(澳大利亚工会帮助了印度尼西亚共和国的建立),但竭力维护本国在巴布亚新几内亚的殖民政权。

口才极佳的外交部长伊瓦特,使这个时期的澳大利亚外交处于极度繁忙的状态。在国际讲坛上和在与英美直接打交道中,伊瓦特发挥突出的作用,终于在1948年成为联合国大会主席。但是,一个由白人移民构成的地处偏远、人口稀少的定居地到底能起什么样的作用?美国绝不会调整其全球战略来适应这个社会主义政府。美国拒绝与它分享军事技术,还在1948年拒绝向澳大利亚提供情报。

英国工党政府被美贬为二流角色,所以澳大利亚为英国在太平洋地区仍存的经济和战略利益提供重要的支持。因此,两国共同启动研制核武器的计划,核试验场就设在澳大利亚,还将空军基地向北方移动。这个战略将冷战安全体系搬到了澳大利亚，英国情报部门于 1949 年初指导了澳大利亚安全情报组织的成立，以保护国防秘密的安全。澳共领导人被投入监狱。

工党试图改变冷战的冷酷原则，反对共产党阵营的扩张和希望与美国达成防御协定，但没有得到美国的回应。此时，该党能够看到世界政治已经极化为两大军事阵营，澳大利亚对外政策追随美国，实行极端的反共政策，这与澳对内对外的抱负相冲突。但是，到 1949 年，冷战的分野更加分明。斯大林式政权在东欧建立，德国被一分为二，美国为打破苏联封锁开始对柏林空运，标志着跨越铁幕交锋的升级。

自由党以坚决反共为纲领，在年底的大选中获胜。其具体反共行动包括：在军事上帮助英国打败马来亚共产党的起义；1950 年共产党军队与美国率领的军队在朝鲜开战后，派军加入美国一方作战。1951 年，孟席斯发出警告，要应对"迫在眉睫的战争危险"。

"以我国辽阔的国土和稀少的人口，"孟席斯后来又表示，"我们无法应对来自国外的共产党的挑战，除非与强大的友邦合作。"首要的最强大的友邦就是美国，这种友谊在 1951 年通过就《澳大利亚、新西兰和美国安全条约》（简称为《澳新美条约》，ANZUS）进行的谈判而得到正式认定。对于澳大利亚政府而言，这项条约确定了与其保护者之间的特殊关系，但这种关系受到许多条件的限制，而且条约实际上只是规定美国可自行决定援助澳大利亚抵御外来侵略的程度。《澳新美条约》基本上是亚太地区军事同盟体系的必然结果，起到了使澳大利亚与之前的敌国——日本实现和解的作用。此时，美日关系更为重要。澳大利亚还参加了东南亚条约组织（South-East Asian Treaty Organisation，SEATO）。1954 年，共产党在越南打败法国之后，美国一手拉起了该组织，所提供的安全保障依然由华盛顿来定夺。

英国是东南亚条约组织成员国，澳大利亚继续支持其核项目，支持英国在马来亚的军事存在。这是另外一种特殊关系，当英国在 1956 年违抗美国的意志，同法国一起与埃及争夺对苏伊士运河的控制权时，孟席斯毫不犹豫地站在他的母国身后表示支持。重新上台执政之时，他公开宣称："大英帝国必须是我们的主要国际使命之所在"，嘲笑那些"街头混混"是些"危险的落后青年，口喊民主的口号，自负而无知"。孟席斯从来也没有真正适应英国已经虚弱的支配权。

作为一个浪漫的君主主义者和对理想化祖国的热烈推崇者，孟席斯用他自己的话来说就是"英国与他形影相随"。他在1954年的女王访问中大献殷勤，与年轻的伊丽莎白女王的高度人气十分契合，这是在位的英国君主首次访问澳大利亚。但在10年后女王再次来访时，孟席斯十分夸张地背诵诗句："我付出了但只能看着她擦身而过，但我爱她至死不渝"，这令听众局促不安，更使女王面泛红晕。他在退休前的最后一个提议，就是将本国新的十进制货币命名为"皇家货币"，遭人嘲笑。

如果说英国军事存在的撤离（尽管有所延迟，但已不可避免）是令人遗憾之事，那么英国为了迎合欧洲不情愿地而又别无选择地放弃与英联邦的贸易关系，却是一个更为严重的打击。这使得孟席斯定期到伦敦出席英联邦会议和板球对抗赛（Test cricket）的行为，看上去是一种怀旧的不合时宜之举。随着英国的原殖民地成为英联邦的新成员国，英联邦的构成呈多种族的特征，孟席斯对此十分不悦。他为南非的种族隔离政权进行辩护，使澳大利亚似乎变成了又一个落后于时代的白人俱乐部。

孟席斯手下的外交部长们对亚洲更感兴趣，但他们总是带着冷战的扭曲三棱镜进行观察。甚至连推动南亚和东南亚的英联邦成员国经济发展合作的科伦坡计划，也被视为预防共产主义传播的手段。这项计划将1万名亚洲学生送到澳大利亚学习，使他们获得了关于白澳偏见的亲身经历。澳大利亚还保持了在亚洲的存在，主要是担任顾问、技术专家、教员、外交官和记者，但人数最多的是驻扎在亚洲的澳军士兵。澳大利亚人与亚洲邻国人民在旅游、学习和文学方面进行交往，但亚洲一直是竞争激烈的危险之地，需要强大友邦军事力量的存在。这就需要澳政府在 20 世纪 50—60 年代大肆宣扬共产主义的危险，将复杂的历史、文化、民族简化为冷战中的选择：是站在我们一边还是他们一边？

这也意味着澳大利亚不得不追随占有优势的美国。由于担心来自北面的共产党威胁，澳大利亚运用其有限的影响力，拼命说服美军部署在中国与东南亚之间的地区。1962 年起，澳大利亚向南越派出顾问，帮助那里的反共政权，阻止其与共产党执政的北越实现统一。甚至当澳大利亚直接卷入印度支那的冲突之前，就已推行征兵制。当 1965 年约翰逊总统作出使用地面部队的灾难性决定时，澳大利亚立即答应提供支援的要求。

南越本身并不能参与决策，澳外长将它仅仅视为"我们目前的前线"。哈罗德·霍尔特于 1966 年在孟席斯之后继任总理，告诉白宫的主人：澳大利亚将"永远跟随林登·约翰逊"。此时，战场的情况离美国的预期甚远，美国军队已经增加到 50 万人，但澳军仅提供了 8 000 人。与以前跟随英国一样，此时跟随美国，即对保护者的依从是一种以较低的成本保卫国家安全的方法。

对国外共产党威胁的重视始终与国内的威胁相联系。在 1949 年大选期间，孟席斯采取行动取缔澳大利亚共产党。他坚称澳共虽然并不是一个非法政党，但它是一种"外来的、毁灭性的瘟疫"，对文人政府和国家安全构成威胁。大选获胜之后，孟席斯一手推动了《解散共产党议案》(Communist Party Dissolution Bill) 于 1950 年获得通过。澳共和 10 个工会立即提出抗辩。工党副领袖伊瓦特原是最高法院法官，他代表码头工人联合会出庭。他说服了除一名法官之外的所有法官：关于解散澳共的立法是基于联邦政府的防卫权，由于国家并没有处于战争状态，因此这项立法违宪。

孟席斯试图通过全民公决的方式来获取宪法权力。在奇夫利于 1951 年去世之后，伊瓦特继任工党领袖。他率领工党坚决反对孟席斯的主张。双方的争斗十分激烈，公决的结果也十分相近。政府以微弱的劣势未能获得多数票和多数州的支持，假如南澳大利亚州或维多利

插图 8.3：1963 年 2 月 18 日，在堪培拉议会大厦举行的正式欢迎仪式上，罗伯特·孟席斯向伊丽莎白女王致以过分的敬意。（National Library of Australia）

亚州的 3 万人投赞成票而非反对票的话,孟席斯就能取得胜利。如果美国、英国或其他国家举行类似的公决,很难想象多数人会反对查禁共产党。在 50 年代初狂热的氛围中,能够确认一个弱小的、遭到诋毁的政党的政治自由,无疑给这个国家赢得了声望。

这是伊瓦特最辉煌的时刻。他并不同情共产党人,但对政府想要行使的绝对权力感到恐惧。这项立法要求那些被指称为共产党员的公民必须证明自己与共产党无关。一旦这个指称成立,这些公民可被开除出公务员队伍,而参加被查禁的政党活动为刑事犯罪行为,可被处以最长达 5 年的有期徒刑。有事实表明,孟席斯伪称某些工会官员为共产党分子,甚至威胁一位工党批评家要用议案条款对他加以惩治。在伊瓦特和其他人看来,这些行为威胁到了基本自由权利。澳大利亚安全情报组织在新政府选举中加强了对各种各样的人士的监控,不仅针对共产党人和激进分子,而且还针对科学家、学者和作家。甚至已做好准备一旦战争爆发,该组织就将其中的 7 000 人拘押起来。对于伊瓦特而言,能够预见到这个镇压措施是一个得意之举。

但是,公决的胜利并没有给伊瓦特带来随后的成功。在工人运动内部,一部分人数可观和不断增多的反共派谴责伊瓦特到最高法院出庭的行为,反对他介入公决的决定。这个派别源自一个世俗的宗教组织——天主教社会研究运动,其领导人为极端狂热分子 B. A. 圣玛丽亚,在教会各级大权在握的教士的支持下,对无神论进行讨伐。通过其领导集团——工业集团(Industrial Groups),天主教社会研究运动削弱了共产党对工会的影响。由于工会对工党的依附关系,工业集团成员开始获得工党内的领导岗位。

1951 年,孟席斯利用工党在查禁共产党问题上的分歧,宣布举行大选,击败了伊瓦特;在 1954 年的大选中,传说中的共产党间谍问题成为中心问题,孟席斯再次获胜。伊瓦特在大选失败之后,对天主教社会研究运动进行谴责,工党的联邦行政领导层取代了维多利亚州的工党领导层。工党行政领导层的做法在 1955 年的工党全国大会上以微弱多数获得确认。反共派退出工党,组建反共工党,后来更名为民主工党。

这场分裂摧毁了维多利亚州和昆士兰州的工党政府。根据优先选举制度,民主工党能控制 10％的选民,在选举中支持自由党—乡村党联盟,这确保了保守势力在十多年的时间里一直掌控着国家的政治舞台。"二战"结束时,6 个州里有 5 个州的州政府控制在工党手中。到1960 年,只有新南威尔士州和塔斯马尼亚州仍然是工党执政。这两个州的工党温和派并不注重意识形态的纯洁性,而是更注重权力本身。工党分裂也使工友们和邻居们势不两立,毒化了工人运动,工党领导层则陶醉于过去的辉煌之中,其教条主义的政策主张与青年选民的利益和趋向渐行渐远。随着富裕和教育侵蚀了工党体力工人的阶级基础,一位评论家怀疑该党是否能够摆脱《穷途末路的工党?》(*Labour in Vain?*)的命运。

孟席斯未能在全民公决中查禁共产党,但这个结果使得他得以最大限度地渲染红色恐惧。在 1954 年大选的前夕,总理宣布了一名苏联外交官弗拉基米尔·彼得罗夫叛逃的消息。他的妻子叶夫多基娅(Evdokia)由两名特工人员护送前往莫斯科,但在达尔文机场获得营救。彼得罗夫声称从澳大利亚的一个共产党间谍网获取情报,这个间谍网包括外交官、记者、学者,甚至还包括工党的工作人员和领导人。政府成立了一个皇家委员会专门调查此事。伊瓦特到委员会作证,但他带有偏向的行为和言辞激烈的反应,使得他在此后被排除在听证程序之外。

事实上,澳共的一名官员曾在"二战"快要结束时发展了一些情报员,将情报交给苏联大使馆。在这方面,美国领事官员以明显的优势收集情报,并以此监视工会和不可靠的工党政府。但在彼得罗夫叛逃时,苏联已经不再是战争中的盟国,而是冷战中的对手,因此收集情报也不再是一种天真的理性主义的产物,而是一种秘密的叛国行径。在 50 年代的冷战氛围中,对彼得罗夫事件的调查验证了孟席斯对于工党的指责,他指出工党受到共产主义的影响,而且工党领袖"假装维护公正和公民自由"的行为只不过是掩饰其背叛行为的外衣。

插图 8.4：苏联官员护送叶夫多基娅·彼得罗娃，那位苏联外交官的妻子，在她的丈夫要求政治避难之后在悉尼登上飞机。叶夫多基娅在达尔文获得解救，被带下飞机。（News Limited，1954 年 4 月 19 日）

皇家委员会未发现任何指控澳大利亚人的证据，但使许多澳大利亚人的名誉受损，他们被剥夺了作出申辩的权利、事业被毁，其子女在学校受到欺负。澳共走向衰落，而 1956 年赫鲁晓夫对斯大林恐怖统治的揭露和苏联对匈牙利自由化的镇压，使该党不再受到信赖，党员人数下降到 6 000 人以下。不过，国内的冷战继续打压异端分子。除了对彼得罗夫事件的调查和更早的针对共产党的皇家委员会之外，澳大利亚对于国家忠诚的要求远远不能与美国相比。美国的制度要求对国家宣誓忠诚，设立官方审理法庭，并实施有计划的清洗。澳大利亚在两个层面上进行国内冷战：一是由澳大利亚安全情报组织进行秘密监控；二是动员公众舆论接受开除和查禁之类的做法。

在举行查禁共产党的全民公决两个月之后，全国性广播电台开始推波助澜。为了公开宣示国家面临的严重局势，澳大利亚广播公司总裁对听众发出了警报："澳大利亚处于危险之中……我们面对的危险包括道德和思想上的冷漠和人类的致命敌人，即侵蚀意志、阻碍了解和制造罪恶的纷争的行为。"这场"对澳大利亚的召唤"，由维多利亚州最高法院首席法官打头，得到了其他法官和教会领导人的支持，由商界大亨提供财政支持，组织者是圣玛丽亚的天主教社会运动的同事。

这在很大程度上为此后的运动定了调门，如千禧年说（孟席斯也将冷战说成是"基督徒与非基督徒"之间的战斗）。其他冷战措施包括文化自由大会澳大利亚分会的创建，其使命是在知识界对共产主义开战。《四分仪》（Quadrant）杂志编辑詹姆斯·麦考利是一个诗人，他由无政府主义转到天主教主义，以这种保守思想来对抗他的杂志社所公开维护的自由人本主义。

冷战还在政府的科学组织、大学、文学协会和公民生活的各个方面进行。一位著名共产党人的母亲因为拒绝宣誓忠诚，而被乡村妇女协会的当地分会开除。由于她不再能够在协会的会议上弹奏钢琴，协会会员不得不在奏响《上帝保佑女王》时忍受较差的演奏。甚至连体育也不能幸免。1952年赛季，在维多利亚进行的澳式足球比赛的中场休息期间，部长们要进行"对澳大利亚的召唤"的演讲。一位知名的卫理公会布道牧师发现南墨尔本湖畔椭圆运动场的观众对他的演讲不感兴趣，于是他高声说道："无论如何，我们都是基督徒。"外面传来的回答是："该死的裁判到哪去了？"

共产主义的威胁使得资本主义的民主政权行动起来，给人民提供优厚的物质条件，改善他们的生活。东西方阵营之间的对抗在军备竞赛和经济增长及生活水平方面同时展开。通过消除贫困和保障安全，政府能够防止民众中激进分子的产生；固定收入、增加的社会保障和机会使受惠者担负起公民的责任。

但生活水平的提高带来了自身的危险。在"对澳大利亚的召唤"中，有一种对繁荣的大众社会易于丧失动力和目的的担心，因此告诫公众抛弃对道德和思想的冷漠。随着古典文明进入白银时代和黄金时代，舒适的生活滋生奢侈和堕落，软化了他们的钢铁斗志。甚至在

1951年,孟席斯就发出警告:"如果物资繁荣招致我们变得贪婪或懒惰,那么我们就会失去我们的繁荣。"在1945—1965年之间,实际平均收入增加了50％以上,每星期5天工作制和每年3星期带薪假期得到普遍实施。繁荣引发的社会生活的变化伴随着道德上的种种焦虑。

在这个长期的繁荣中,大陆上的城市很快向外扩展,超出了早先的界限。悉尼在20世纪50年代末、墨尔本在60年代初分别突破人口200万大关,阿德莱德和布里斯班的人口接近100万,珀斯的人口增加到50万以上。城市中心重建了混凝土和玻璃建筑,以满足不断增加的对行政和商业的需求,但最有意义的是由市内居住区向远郊新居住区的迁移。在战争结束时,住房短缺现象十分严重,迫使不同家庭合住破旧的平房。到20世纪60年代初,建在四分之一英亩地块上的独栋住宅已成为通行的标准住房。

部分住房由政府建造,但大部分住房由私有建筑商承建,或由住户自建。大多数已婚夫妇的第一个目标是买下一个地块,然后攒足够的钱自行建房。1957年,悉尼郊外展示了"新社区的图景":"夜晚和周末时分……到处都是锤子的敲击声、锯子和刨子的响声和气味。"在住户入住之后,篱笆树立起来,庭院得到装饰打理,割草机的轰鸣声在周末响起,然后工人开始在学校的操场上和教堂大厅里出现。

20世纪50年代,去教堂的人出现新的高峰,50年代末的比例为妇女50％、男子39％。新社区的增加尤为明显,那里的教堂为年轻的夫妇提供了丰富的社区服务活动:星期日学校,青年俱乐部,合唱团,讨论组;网球、足球、板球等训练和比赛。这是一个宗教狂热的时代,通过传教、游说和开展运动来争取人们入教和积极参加宗教活动。1953年,爱尔兰裔美国人帕特里克·佩顿神父将世界家庭玫瑰经运动传到澳大利亚,吸引到了大批信徒。美国福音派教士比利·格雷厄姆在1959年开展运动期间,吸引了创纪录的人群到场。基督教成为家庭生活的保护者和青年人的道德监护人。

房屋拥有率由1947年的53％(历史上的常数)上升到1961年的70％,达到了前所未有的高比例,位居世界前列。列入搬迁之列的不仅有住宅,还有工厂作坊。排列在市内街道两旁的陈旧车间和仓库被遗弃,搬迁到新工业区建造新工厂。旧工厂里的汽笛声、嘈杂声、清理废物的声音和忙乱场景,为发动机的轰鸣声和装配线有序的场景所取代。

汽车是连接住家和工作场所的交通工具。在 20 世纪 50 年代初,每五个澳大利亚人拥有一部汽车;到 60 年代初,每三个澳大利亚人拥有一部汽车。此时,越来越多人选择驾车而不是乘公共交通工具上下班。轿车和卡车使工业摆脱了建在铁路线和煤矿附近的传统格局。这样,城市得以向外扩展,填补通往郊外住宅区辐射状干道之间的空地。公共交通走向衰落,城中拆掉了有轨电车,为高峰期的繁忙汽车交通让道。汽车创造了新的休闲方式,如汽车剧场;拼成车队、入住汽车旅馆的新度假方式;新的郊区超级市场购物方式;新的个性化习惯的建立,如星期日开车出行等。

向郊区迁居和家庭财产的积累,改变了家庭主妇的角色。她们作为家务打理者的角色正在弱化,而作为消费者的角色正在强化。家庭主妇在缝缝补补、烹调杂事和招待寄宿者方面的负担减轻,这原本是维持一家老小舒适生活的基础。她们购买更多的商品和服务,家庭生活水平的提高更多的是建立在洗衣机、电冰箱、电视机和其他耐用消费品之上,这些消费品都不可能自家制造。

到澳大利亚来的访客会对性别之间的分隔感到吃惊。本国专家将这个现象说成是富裕程度提高的正面标志。“无论何时,澳大利亚妇女都愿意回到她们乐于承担的全职妻子和母亲的角色”,一位专家在 1957 年这样写道。但不论是出于需要还是个人选择,越来越多的妇女并没有重返全职家庭主妇的角色。1947—1961 年间,已婚妇女占在职员工的比例增加了 4 倍。仲裁法庭在 1950 年将妇女基本工资提高到男性基本工资的 75％。妇女的工作仍然是她们家庭责任的一种补充。在位于城市边缘的新郊区居住区,男人靠通勤工具去工作,妇女待在家中。

城市更加注重自身的形象。当墨尔本赢得 1956 年奥林匹克运动会主办权时,城市的形象设计师担心出租车驾照的限制会造成出租车

插图 8.5：超级市场的便利和丰富宣布了现代性的胜利。空间技术与国家和帝国旗帜的完美结合就是早年的范例之一。（Coles-Myer Archives）

的短缺，甚至旅馆地面上覆盖的简陋油地毡会引起人们的耻笑。友好成为主旨，重点是将优美的公园和花园与现代建筑融合起来，这些建筑是"用钢铁和混凝土、青铜和玻璃建造的高层大厦和住宅楼，具有现代风格，讲求功能和外形"。1956 年还迎来了电视时代。通过电视，人们能够观看大量理想化的美国家庭电视剧。商业频道则为观众提供了消费意愿方面的剧作。广告业成为重要的行业，引领和塑造人民的消费意愿。

家里的第一台电视机总是自豪地占据起居室的显要位置。除了广告业之外，电子娱乐媒体将家庭中的男子与家庭主妇和孩子区分开来，但用了更长的时间才将公众按照其格调和口味细分市场。战后家庭被普遍视作社会的基本单位，在不考虑外在条件的情况下，其结构和功能上不存在差异。这就是所谓的"核心家庭"，指那些住在自成一体的郊区住宅中的家庭，除家庭基本成员之外没有其他成员的存在；也指这个社会要素是社会能量的基本来源。战后的人口膨胀验证了这个术语所包含的意义。婚姻一直推迟到战争结束以后，接着就是孩子一个接一个的迅速到来。年青一代的结婚率提高,增加了新生儿的数量。"婴儿潮"淹没了战后的妇产医院和婴儿福利中心;在50年代超过了小学的接纳能力;在60年代迫使政府启动应急项目,建立中学和招聘教学工作人员,因为越来越多的超龄学生仍在中学上学;然后甚至还对大学形成压力。

联邦政府对婴儿潮表示欢迎,将它视为一种对社会资本的投资和对国家能力的加强。战后,澳大利亚国立大学建造的第一个主要建筑就是核研究实验楼,该校的物理学院是此时尖端研究的最具雄心和投入最多的学院。1961年,核物理学家开始新一轮重大核研究,引发了大学的进一步扩展。1963年英联邦政府开始向私立学校的科学实验室提供财政资助。科学家的权威和运用科学知识的自信心,都达到了前所未有的程度。国家原子能委员会主席的解释是:"技术文明"提出了一系列复杂的问题,"只有一小部分人具有理解的能力"。将这类问题提交给选民或政治人物"只能制造麻烦,还有可能产生灾难",所以"必须无条件地信任专家"。

然而,核心家庭处于重重危险之中。性关系的混乱和对同性恋的压制,都从与不忠相联系的冷战中积聚力量。婚姻很容易瓦解,战后离婚率的急剧上升引起了教会方面的强烈关注。尽管教会出现了复兴,但似乎道德方面的权威输给了物质主义和世俗主义。年轻人受到的影响最大,青少年问题心理学家的发现和消费产业对青少年的影响都将一类令人不安的人物——少年犯——呈现在更多公众面前。

这里有两个相反的趋势在起作用。一方面,年轻人已做好就业的准备,拥有更多的可支配收入和可选择购买的商品:服装、唱片、音乐会、化妆品、舞会、电影院,甚至包括摩托车和汽车。另一方面,郊区的家庭生活和与高等教育相关的更长时段的依赖关系,对青少年的期望值也提高了。20世纪50年代摇滚乐时代的"流氓无赖",以及后来与不同风格音乐相关的其他种类的颓废青少年都形成了道德上的恐慌。这些年轻人身穿标新立异的服装、口操独树一帜的语言、具有与众不同的行为方式,构成了一种阶级现象。工人阶级家庭的青少年最容易进入就业大军，也最容易成为"社会抗拒者"，他们抗拒郊区生活方式之梦。

插图 8.6：1956 年，悉尼青少年成群结队地观看电影《无穷无尽的摇滚》（*Rock Around the Clock*）。摄影者的到场引起他们各自摆出自己的姿势。（Sydney *Daily Telegraph*，1956 年 9 月 16 日）

与此同时，保守派谴责青少年的违法乱纪行为，但激进派却为工人阶级造反者的消失而伤感。冷战蔓延到工会，加上孟席斯政府拥有了新的惩处罢工的权力，减少了工业纠纷的发生。旧的以行业聚居的居住区走向衰落。在这种居住区里，工作与闲暇、家庭与友情紧密地交织在一起。激进派批评家认为这导致了阶级团结的弱化，而且社会和地理上的流动性、消费和娱乐的新方式，使得郊区居民陶醉于家庭的天伦之乐，以行业为基础的忠诚随之消失。

同以往一样，当面对理想社会未能实现的现实时，左派退回到对民族传统的怀旧式理想化之中。左派作家、艺术家和历史学家将视线从城郊大自然中的令人走向颓废的舒适生活环境，投向对更传统的澳大利亚的追忆,那时的状况是较为贫困但更为慷慨、容易轻信但更注重自由、舒适程度较低但独立程度更高。在诸如《澳大利亚传统》(*The Australian Tradition*, 1958)、《澳大利亚神话》(*The Australian Legend*, 1958)、《90年代的神话》(*The Legend of the Nineties*, 1954)等著作中,激进的民族主义者重构过去(快速回放民族历史中的尚武精神和排外主义),以支撑他们眼前的斗争。他们试图复兴这些传统,但其挽歌式的语调却昭然若揭。激进的民族主义者美化简朴、平等和禁欲的同伴之谊,而现代化的变革力量则清除了那些民族神话复兴的条件。

随着激进派浪漫主义日渐式微,保守派加强了对民族情感的弘扬。这体现在政府的同化政策之中,旨在使种族来源日趋多样化的移民全面接纳他们所移居国家的习俗和价值观。在1947年之后的20年内,超过200万移民到澳大利亚定居,其中大部分来自非英语国家。移民连同他们的孩子构成了人口增长一半以上的份额,使人口总数在20世纪60年代末达到了1 200万以上。亚瑟·卡尔韦尔在1949年确定:"我们的目标是将所有来我国的移民澳大利亚化……时间越快越好。"尽管继任的自由党政府缓和了对外语报纸和自成一体的移民组织的反对,这个目标得到延续。新任移民部长宣布:"我们的目标只能通过移民来实现,只要新来者能从里到外迅速澳大利亚化。"政府通过"睦邻"委员会和其他自愿团体,在轮船上、暂住中心、移民宿舍以及英语课程班和入籍仪式上传授澳大利亚生活方式。澳大利亚生活方式这个术语体现了一种转变,即由在血统上和民族神话传统的设限,变为对生活方式的培育。将澳大利亚描述成一个成熟的城市化和工业化社会的做法具有明显的冷战含义。一名难民在为庆祝澳大利亚联邦成立50周年的文章中写道:"澳大利亚人最为珍视的是一幢属于自己的房屋、一个可以打发时光的花园和一部汽车……一个拥有房屋、花园、汽车和一份很好工作的人,几乎不可能成为极端主义者或革命者。"

土著政策的期望值更为适度。联邦政府地区部长确认了政府同化目标:"实际上,同化意味着在一段时期内,澳大利亚所有具有土著血统和混血血统的人都能像白种澳大利亚人那样生活。"这需要"许多年缓慢和耐心的努力"。同时,限制性的保护机构还在行使职能,土著人仍然被排除在白人社会之外,种族歧视仍然无处不在。移民可以对不能信守诺言的做法提出抗议,其最厉害的回应就是返回祖国。尽管土著人也在寻求他们的祖居地,但他们却没有同样的选择机会。

1946 年,西澳大利亚州皮尔巴拉地区的土著牧工举行罢工,要求提高工资。尽管政府进行了阻挠,罢工牧工的收入情况得到改善。但是,并不是所有牧工都回到了原来的工作岗位之上,因为他们自己确定了自己的合作解决办法。1966 年,200 名古林迪人离开澳大利亚中部的一个牧场,要求同工同酬,继而要求获得自己的土地。在这两个最为引人注目的事件之间,土著人进行了数不清的规模较小的反抗,受到了牧场主和政府的强力打压,通常还对共产党煽动分子大加谴责。共产党人确实介入了这两次罢工,共产党领导的工会也对罢工提供了最积极的支持。在达尔文,北澳工人联盟中的共产党官员支持战后土著人对于同工同酬的要求,但其继任者放弃了这场运动。左派于 1957 年成立的联邦土著促进会对新一代土著活动家提供支持。

土著保护区的骚动呈上升趋势。昆士兰外海的棕榈岛是土著居住地,于 1957 年发生了反抗残暴的管理官员的起义。这里在一个多世纪之前,曾是关押同类反抗者的罪犯定居地。受到迫害的土著人中包括艺术家阿尔伯特·纳马蒂拉。他在被引见给伊丽莎白女王一年之后,提出在艾利斯斯普林斯建造一座房屋的要求被拒绝,还在 1958 年向一个亲戚提供酒精饮品而被监禁 6 个月。他的这个亲戚没有公民身份,引起了人们对同化缺位问题的关注。

土著政策在政府出版物中得到宣示,如教室里的土著儿童、身穿短衫短裤和白袜的男孩、身穿棉制罩衫的女孩,他们在初次体验澳大利亚生活方式。其做法是将孩子从家中带走,这样他们能够按照白人的方式得到很好的教育。这项活动贯穿了整个 20 世纪 50 年代和 60 年代。直到 80 年代初,随着第一个土著联系机构的建立,政府才最终承认家庭分离造成的创伤。

插图 8.7："二战"期间，北部地区邦迦洛的土著儿童排成军队的队列。此后，他们在战争期间被带离北部地区。(Australian War Memorial)

在庆祝战后的成就时，澳大利亚生活方式造成的损害很少被提及。这是体育的黄金时代：澳大利亚队在板球场上击败英格兰队，开启了战后在体操、游泳、网球和高尔夫球方面的成功。"金色少女"垄断了墨尔本奥运会的田径跑道，澳大利亚赢得了 30 枚奖牌，男女游泳运动员继续在泳池占有优势。战后澳大利亚男选手赢得了半数网球重大赛事的奖杯，在 20 年时间里获得了 15 次戴维斯杯的胜利。这些与美国队之间进行的广受关注的比赛，成为两国关系的缩影。如同板球对抗赛协调了对帝国的依附关系一样，网球比赛也协调了对美国的依附关系。

澳大利亚人倾向于认为自己的平等主义民族精神、适宜的气候和广泛的参与(20 世纪 50 年代，澳大利亚拥有的网球场与人口的比例，在世界上位居第一)，胜过美国人的严谨职业精神。实际上，网球在美国只是限于富人的业余运动，而澳大利亚人却不顾规章的限制，提供赞助、教练和其他形式的"冒牌业余运动"的支持。一名美国职业选手指称澳大利亚选手的"胳膊很短，但口袋很深"。

业余运动的理想在海滩上得到了更好地展现。救生俱乐部大量出现，在海滩上巡逻，阻止不守规则者，将那些过于冒险的游泳者从惊涛骇浪中拯救出来。以其志愿精神、男性主义(妇女在开始时被排除在外)和竞争行为，救生俱乐部将海滩上的享乐主义与军事化的纪律结合起来，俱乐部成员进行严格的训练和参加行进仪式。就像一位俱乐部

插图 8.8：冲浪救生俱乐部巡视澳大利亚海滩，救援被冲到海里的游泳者。正式的行进仪式是他们相互比拼的节日。作为摆出程式化姿势的旗手阔步向前。(*History of Bondi Surf Bathers Life Saving Club 1956*, Bondi, NSW：Bondi Surf Bathers Life Saving Club, *1956*)

史学家所说的那样，俱乐部体现了"真正的澳大利亚精神"，其建立在无宗教、阶级和肤色障碍基础上的"博爱伙伴情谊"是民主"实质"的例证。

　　黄金时代贯穿 20 世纪 60 年代，一直延续到 70 年代初。但在那之前，澳大利亚遇到了很多难题。罗伯特·孟席斯在 1966 年初退休，这也许是政府命运的转折点。他是最后一位选择在这个年纪离开政坛的总理，在 70 岁这样的高龄，已很难跟上时代的步伐。在最近的一次英联邦政府首脑会议上,孟席斯感到"沮丧和压抑",因为"像我这样深入内心的君主主义者无法在共和主义者的大本营里舒适地生活"。他手下的移民部长想要放松白澳政策,其依据是这项政策的限制措施具有歧视性。但孟席斯却冥顽不化,声称:"歧视只要是正确的,就是好东西。"他的退休打开了国家政策某些方面的阀门,因此针对非欧洲移民的歧视障碍很快被清除,《联邦宪法》中针对土著人的歧视性条款在1967年被废除。

孟席斯在政坛的统治地位是如此的牢固,以至于保守派无法处理好权力继承问题。"孟席斯王朝"的此后六年中先后有3人出任总理:哈罗德·霍尔特、约翰·戈顿和威廉·麦克马洪,他们的任期都很短。霍尔特和蔼可亲、为人随和。当他溺水身亡时,国内已充满不满情绪。戈顿的风格更为鲁莽,大声维护民族主义,开罪了传统主义者,在一场宫廷造反中被推翻。麦克马洪最为软弱,在大选中被击败,自由党与乡村党联合政府失去执政权。联合政府面对的困难已超出其控制范围,其中一部分困难是自己造成的;在执政20年之后,政府需对大部分困难承担责任,受到指责。1972年,在要求变革的热潮之中,工党政府上台执政。人们希望变革能够补偿那些丧失机会的年头。政府开足马力前进,但在3年之后遭到失败,当时长期持续的繁荣突然结束,黄金时代一去不复返了。

越南战争是压在保守派头上的一块最沉重的巨石。起初,这场战争受到公众的支持,联合政府利用战争取得了1966年和1969年大选的胜利。尽管出现了嘈杂的抗议活动,美国总统以及南越领导人的来访增强了政府的地位。1966年,当得知抗议者拦阻了约翰逊总统的车队时,新南威尔士州长给警察总监下达的命令是:"轧死这些杂种。"但1968年春季攻势打破了美国优势地位的神话,约翰逊被迫下台。他的继任者发动大规模轰炸,入侵柬埔寨和老挝,以绝望的努力来躲避那不可避免的失败。与此同时,澳军的伤亡增加。到1972年,在5万名到越南作战的澳军中,500人战死,其中包括近200名被征入伍的军人。

插图 8.9：1966 年，哈罗德·霍尔特总理出访美国，宣布澳大利亚将"竭尽全力"支持在越南的盟国。4 个月之后，约翰逊总统回访。照片中，他在堪培拉机场发表演说，霍尔特作出一副恭敬顺从的样子。（David Moore Photography）

　　和平运动抨击为一场非正义战争而实行的征兵制。这个运动由妇女团体举行的守夜活动为起点，她们的祈祷词是：拯救我们的儿子。和平运动在 1970 年的反战大示威中走上街头。战争的恐怖场面传来：被凝固汽油弹烧伤的儿童、街头的随意处决和村庄的大屠杀等。与之相联系的是不讲道理的程序：澳大利亚男青年必须报名为国服兵役，然后通过按生日抽签的"死亡乐透"被选派上战场。维护战争的政府部长与上战场的士兵之间的巨大分歧进一步扩大。

> 我们是被他们抽中的年轻人，
> 参加由他们发动的愚蠢战争。
> 告诉那些安躺在床上的老人，
> 我们服从命令将战死在战场。

到 1970 年，政府开始撤出澳大利亚作战部队，不再举行抽签仪式，那些越来越多的报名参军者方才得以幸免。

越南战争在 1975 年西贡陷落时结束，但澳大利亚的介入早在 1972 年就已停止，显然前进防御战略遭到了失败。尼克松总统发出信号，美国将撤离东南亚的冷战盟国。为利用中国与苏联的冲突，他于 1972 年访问中国。这损害了澳大利亚自 1950 年以来坚持的外交政策原则，其基础建立在共产党阵营的整体威胁之上。澳大利亚一直积极地追随强大友邦，派军印度支那，但最终发现"军事上的决定完全是出于政治上的目的"，一位部长对此愤愤不平。除此之外，他吃惊地发现"公众舆论能够动员起来干预公共政策"，他将这种干预与 18 世纪伦敦暴民对英国议会的干预相提并论。他的一个走得更远的同事打了一个更加现代的比喻，他将反战大示威的参加者比作"群奸民主的政治摩托车帮派分子"。澳政府脱离公众是何等的严重！

朝鲜战争刺激了世界经济，而越南战争则使世界经济承受了过重的负担。美国为应付巨大的开支，开动了美元印钞机，而美元作为国际贸易储备货币对金融体制造成重大冲击，增加了通货膨胀的压力。到 20 世纪 60 年代末，澳大利亚经济明显处于巨大压力之下。农场主继续提高产量，但收入不断下降。在成本和价格的挤压之下，他们不得不扩大农场面积。到 1971 年，乡村人口出现了绝对数目的下降，只有不到 200 万人，只占全国人口的 14％。幸运的是，西澳大利亚州发现了新的矿产资源，得以将铝矾土和铁矿石出口到亚洲市场；1966 年在巴斯海峡也发现了一个大油田，使得澳大利亚在石油方面接近于自给自足。

当矿业的繁荣引发股票交易的投机热潮时，国家经济仍然严重依赖外国资本和进口技术。大公司控制了主要工业部门，在关税的保护下竞争受到限制，外国公司在诸如汽车制造业这样的重要工业部门拥有高比例的所有权。工会在要求提高工资方面更有攻击性。20 年的工业化和城市化产生了新的不满。城内市区陷入衰败，污染严重。城外郊区缺乏基本的服务。医疗和教育设施落后于需求。人们重新发现：充分就业并不能给所有人带来富裕，不完善的福利制度也无法帮助那些最需要帮助的人。一种个人的富足和公共的疏忽现象，已经显而易见。

富足的受惠者开始拒绝他们的遗产。由于澳大利亚生活方式是以郊区的新居住区为基础，所以其批评者都是些以讽刺和嘲弄为武器的现代主义知识分子。在他大放厥词的《澳大利亚住房》（*Australia's Home*，1952）中，建筑学家罗宾·博伊德批驳了郊区居民的"美学病态"，指出其恶劣的品位走入了"死胡同"。他猛烈抨击高尚住宅区是"杂乱无章的不可理喻的未来主义"，使其形象受损。另一位建筑学家也抨击房贷住宅区的那些"用铁制构件和车库构成的缺乏想象力的小盒子"。在 1955 年创作的讽刺活报剧中，艺人巴里·汉弗莱斯塑造了一系列沉溺于平庸的人物：向上爬的埃德娜·埃弗里奇和她惧内的丈夫诺姆、整天陈词滥调的桑迪·斯通。汉弗莱斯在墨尔本中产阶级郊区内长大，家里的房屋由他的父亲设计。他的自传的第一句话就是："我总是想要很多的东西。"

汉弗莱斯和其他同时代受过高等教育的人，如杰曼·格里尔、罗伯特·休斯和克莱夫·詹姆斯等，宁愿舍弃澳大利亚，也要在国际上取得成功。他们无法忍受他们年轻祖国的乏味、划一和平庸，他们作为"游离国外者"总是令人生厌。另一些不满者逃离郊区，跑到市区。欧洲移民开始以葡萄酒、餐饮和街道生活将这里打造成更具都市氛围的地方，结果将城区中产阶级化。现代主义者发现郊区有序的生活令人感到无趣和压抑；只有从另一个极端——波希米亚式的无序中获得自由和成功。

孟席斯的三位继任者都感受到了变革的气氛，但都努力地加以迎合。哈罗德·霍尔特（Harold Holt）利用 1967 年在蒙特利尔举行的博览会的机会，展示澳大利亚作为一个成熟的现代国家的形象。罗宾·博伊德（Robin Boyd）设计了"奢华和文明的"澳大利亚馆，但馆内展示了大群袋鼠、沙袋鼠和绵羊。官方的指南手册列举了知名的艺术家西德尼·诺兰（Sidney Nolan）、作家帕特里克·怀特（Patrick White，他在 1973 年获得诺贝尔文学奖）和歌唱家琼·萨瑟兰（Joan Sutherland）

等。但在蒙特利尔表演的澳大利亚艺人却扮成拉尔夫·哈里斯(Rolf Harris)的样子,演唱《把我的袋鼠捆起来》(*Tie Me Kangaroo Down, Sport*)。鲁伯特·默多克(Rupert Mudoch)新出版的全国性大报《澳大利亚人》(*Australian*)哀叹"全部表演的澳式风格其实就是土得掉渣的玩意"。

　　1968年,约翰·戈顿(John Gorton)批准成立澳大利亚艺术协会(Australian Council or the Arts),以推动创新。1969年,澳大利亚电影发展公司(Australian Film Development Corporation)成立。该公司拍摄的第一部故事片是《巴里·麦肯齐历险记》(*The Adventures of Barry McKenzie*),其故事情节来自伦敦发行的讽刺周刊中出现的卡通系列故事——《私家侦探》(*Private Eye*)。卡通的作者是巴里·汉弗莱斯(Barry Humpheies),所使用的对话语言混杂了校童和服务行业的俚语,再加上了他自己的编造。这位艺术家是新西兰人,他笔下的巴里·麦肯齐是一个生活在伦敦后帝国环境中的天真无邪的殖民者。巴里·麦肯齐的名来自汉弗莱斯本人,他的姓来自澳大利亚一名身材壮硕的棒球手。这个角色身穿的西服和宽边帽来自那些在荣军纪念日列队走过白厅前的澳新军团退伍军人的服饰,而他凸出的下巴则取材于连环漫画人物角色——绝望丹(Desperate Dan)。这本连环漫画在澳大利亚受到查禁,但巴里·麦肯齐的口语在英国受到欢迎,很快英国人就把他据为己有,将其人物形象印在瓷器上。汉弗莱斯用影片来嘲笑澳政府的文化扶持政策。在巴黎逛一个巴扎(集市)时,他对一个旅居国外的澳大利亚人说:"哥们,别让这种拍马屁的文化毁了你,我是说当下不要回澳大利亚去受这种文化的恶心。"

　　麦克马洪(McMahon)是自由党连续执政的最后一位总理,对变革的力量最感厌恶。1967年的宪法公投之后,霍尔特设立了土著事务委员会(Council for Aboriginal Affairs),旨在改善澳大利亚原住民的状况,委员会主席为原澳大利亚储备银行总裁库姆斯(H. C. Coombs)。麦克马洪继承了这个委员会,急于充分利用这个声望卓著的机构,但受到了来自两个方面的夹击:一方面是对于土著进步的期望,另一方面是负责实施工作的部长们的顽抗。

1962 年政府向土著人授予选举权和 1965 年仲裁法庭裁决土著牧工同工同酬。这些先前的改革是用于清除阻碍土著人成为自由平等的澳大利亚公民的不利条件，而 1967 年的措施被一直认为是授予公民权的行为，并将土著人单列为一个特殊类别，联邦政府有权立法改变那些保守的州政府的歧视性举措。但联合政府并没有进行有关立法，而是抵制土著人日益强烈的民族自决要求及其权利。1967 年，联邦政府否决了古林迪人在中澳大利亚的土地要求。1968 年，它同样反对法院审理一项诉讼：阿纳姆兰的尤恩古人（Yolngu）反对在他们的土地上开矿。早在 1963 年，联邦议会拒绝接受尤恩古人反对划出土地的请愿书。此时，政府指责其提出法律要求是"轻率和恼人"之举。

在土著传统占据地区发生这些令人失望的事件的同时，南方城镇中的土著人抗议活动出现了上升势头。青年积极分子不再通过白人组织争取平等地位，而是庆祝自己的独特性——"黑色的自豪"和"黑色的权力"。鲍比·赛克斯（Bobbi Sykes）说："黑色不仅仅是一种颜色，而且是一种心境。"这些思想来自国外的先行者。1965 年，新南威尔士的学生仿效美国民权运动的做法，在乡村地区发动自由乘车运动，这是对独立的身份认同的一种更有力的类似确定。

黑色权力在澳大利亚最引人注目的展示，发生在麦克马洪的国庆节讲话之后。他在讲话中拒绝了土著土地权利。于是，土著抗议者占领了堪培拉议会大厦前的草坪。这座帐篷大使馆于 1972 年的澳大利亚日架设完成，表明了已经改变的目标：不再接受政府的旨意，而是要求承认其土地权利。土著帐篷大使馆立在那里有好几个月时间，直到寝食不安的总理制定了一项新法规才将它拆除。电视新闻报道了警察与坚守者的冲突。工党领袖指出："尽人皆知的事实是，假如参与者不是年轻的黑人的话，政府就不敢这么做。"他实际上敲响了联合政府的丧钟，几个月之后这个政府就在大选中败北。

在任工党领袖是高夫·惠特拉姆，他经过与久经风霜的亚瑟·卡尔韦尔为首的元老派的长期斗争，于 1967 年成为工党领导人。卡尔韦尔坚持工党传统，但受到党内重要人物的钳制。一家报纸登载了一张照片，这位工党议会领袖正在 1963 年的一次联邦工党行政官员会议的会场之外等待。自由党借此宣称工党的领导者实际上是36 名"无名小卒"。惠特拉姆身材高大、气宇轩昂、富有自尊，是一个现代派人物，致力于工党的现代化。他抛弃了社会主义陈词滥调，极端重视工会的做法和对冷战的抨击，这样工党才能够争取郊区中产阶级的支持。因此，他充分利用联合政府在 20 年里的过失，制定本党的政策。他认为：在现代条件下，公民行使公民权的能力并不是取决于个人的收入水平，"而是取决于社会本身能够提供和确保服务的程度"。

通过扩大政府的职权范围，惠特拉姆能够把国家财富用于城市改造、教育和医疗条件的改善和公共服务的扩大等项目之上。他将清除特殊利益集团和对加强政府权力的限制，增强国家实力，提升公民的生活质量。惠特拉姆是第一个担任工党领袖的"富翁"（南澳大利亚的另一位上流社会的背叛者是唐·邓斯坦，在惠特拉姆之前就在州一级制定了类似政策，并取得了成功），也是第一个放弃工会主义，推崇社会民主的工党领导人。当被问到对平等的理解时，惠特拉姆的回答是："我要每一个孩子都有一张课桌，都有一盏灯和一间自己的书房。"课桌上的灯光已经取代了山巅之光。

经过重建的工党于 1972 年上台执政，其竞选口号是"时机已到"。于是，政府迅速将各项政策主张付诸实施。在第一个月，政府就从越南撤回了最后一批部队，结束了征兵制，与中国建立外交关系，宣布承认巴布亚新几内亚的独立，批准有关核武器、劳工问题和种族主义的国际公约，新任领导人声称，在过去的 20 年里，澳大利亚把自己变成了"各大强权揉捏的产物，无足重轻、种族主义横行、军国主义兴盛、曲意奉承、胆小怯懦，把自己的身份丢给了强权们。"他上任伊始的举措之一，是放弃帝国荣誉头衔。惠特拉姆培育了一种与国际主义兼容的民族主义。在促进民主意识的政策措施中，政府扩大了对艺术的支持，提高了本国制作的电视节目的比例，增加对历史遗址保护的力度。随着本国出版、戏剧和电影的复兴，工党政府大力促进文艺复兴，以使这个国家的生活具有深邃的内涵和丰富的前景。1973 年悉尼歌剧院建成，新的国家美术馆收藏《蓝色栏杆》（*Blue Poles*），这是杰克逊·波洛克的巨幅画作，具有点状动感效果，体现了政府的重视。曼宁·克拉克的预言性巨作《澳大利亚史》（*History of Australia*），把握了新的潮流（第三卷着重考察支持和反对独立的澳大利亚的主张，于 1973 年出版），标志着冰河时代的结束。

惠特拉姆政府改造国家的举措，还包括废除歧视非英国移民的政策，禁止一切形式基于种族和民族的歧视做法。因与日益深化的多元化相冲突，同化政策被放弃。现在，人们认为多元化能丰富国家生活。正如单一文化让位于多元文化，承认差异有助于消除不利条件。政府对不同族裔群体提供本族裔的服务，以满足其特有的需要。"多元文化主义"一词由加拿大创造，其本意是要表明非英裔和法裔移民群体所作的贡献。澳大利亚的多元文化主义与其本意几乎无关，同时受美国注重移民宪法权利的定义影响很小。澳大利亚对这个术语的定义，是将语言作为族裔身份的标志（这样，"非英语背景"就成了少数族裔的同义词，指那些非英国来源的移民），而且与移民定居地区相关联。

根据 1974 年仲裁法庭的一项裁决，妇女最终获得了领取全额最低工资的权利，而且获得了为实现实际平等的一些额外待遇和设施：产假、女工托儿中心、妇女保健中心和庇护所。总理任命伊丽莎白·里德为妇女问题顾问，在女权主义与公共政策之间建立了新的联系渠道。很快，一个新的澳大利亚词汇——"女性官僚"（Femocrat）出现，指在日常平等权利行动中，妇女将公务员职责与对妇女运动效忠相结合的新的角色和作用。

同样的趋向在新设立的土著事务部中得到了清楚的显示。部里的土著官员听从白人上司的指示，推出了一系列的举措，包括提供医疗服务和司法服务，满足土著人的特定需要。同时政府还设立了代表土著人利益的全国选举委员会，但此举并没有缓和紧张状态，因为该委员会只具有咨询职能。通过全国性的调查和设立由国家拨款的新的国家权力机构,政府推出和实施社会项目。学校委员会制定联邦政府对私立学校和公立学校提供资助的章程,增加对大学的拨款,取消学费。政府根据医疗状况的调查结果,设立了大学医疗保险计划;根据贫困调查委员会的报告,扩展了福利制度。另一个调查专员建议承认联邦直辖地区的土著人土地权利,但在该建议得到实施之前,工党政府下台。新设立的城市与地区发展部帮助州政府和地方政府改善城市的条件,对建房土地的获取和开发提供资金。

惠特拉姆空前绝后地扩大联邦政府的权力范围,和平时期的任何一位总理在这方面都不能与他相比。他甚至弃用国名"澳大利亚联邦",认为它已落后于时代。因此,惠特拉姆遭到州政府越来越强烈的反对。约赫·比耶尔克-彼得森是最激烈的反对者,自1968年起任昆士兰州长,并且通过选区划分的手法(他从未在选举中获得超过39%的选票)将一直担任这个职务至1987年。如同他所钦佩的长期任职和广受拥护的州长,如普莱福德和博尔特,比耶尔克-彼得森也是农场主;但与他们不同,比耶尔克-彼得森是一个虔诚的路德教教徒和乡村党党员。1974年,他以侵略性的领导风格,抢夺城区的自由党选民,将乡村党扩大为国家党①。

比耶尔克-彼得森在1971年南非橄榄球队到澳大利亚巡回比赛时引起全国的注目。当时,各地发生了反对种族隔离的抗议活动。比耶尔克-彼得森宣布实行紧急状态,鼓动警察冲击示威者,后来便完全禁止街头示威游行。他骑着钉有防滑铁蹄的马巡视敏感地区,拒绝接受媒体的监督,他挂在嘴边的口头语是"你着什么急啊"。惠特拉姆十分生气,斥他为"卖弄福音的杂种",比耶尔克-彼得森则谴责总理关于环境主义、土著土地权利、女权主义等方面的政策原则。1974年,查尔斯·考特站到比耶尔克-彼得森的一边。考特是西澳大利亚州前工业发展部长,此时任州自由党领袖和联合政府的领导人。他不怎么喜欢到处招摇,但同样十分顽固。"你知道,年轻的查尔斯",他回忆汤姆·

---

① 指州一级。——译者注

普莱福德在他的早期生涯这样对他说，"这个国家，尤其是各个州，仍然处于需要仁慈暴君进行统治的阶段。"这两个人都统治着幅员辽阔、地处偏远的大州，拥有丰富的矿产资源和不断扩展的边疆地区。他们在一起谈论发展的潮流、州的权利和保守主义的正确性。

惠特拉姆喜欢说的一句话就是"要么鱼死，要么网破"，表达了政府对付宪法上和政治上障碍的决心。他对经济上的压力并不怎么在意，即使政府在他的 3 年执政期内的公共开支翻了一番。为了实现现代化的宏大目标，政府在 1973 年普降关税 25％。随着货币币值的上升，许多国内制造商陷入绝境。同时，价格和工资都在上涨，到 1973 年底年上涨幅度超过 10％。

接着，阿拉伯国家为报复赎罪日战争，对西方实行石油禁运，石油价格上涨了 4 倍。澳大利亚受到的直接影响并不大，因为本国能满足大部分能源需要。间接影响确实是灾难性的，石油危机引起的通货膨胀，动摇了世界经济，重创了贸易和投资网络。在 1974 年之后的几年中，发达工业国家染上了一种新病——"滞胀症"，即生产停滞与高通胀同时发生。引导战后长期繁荣的凯恩斯经济管理方法对这种新病手足无措，因为其中一方面与另一方面正好相反。惠特拉姆政府一度对财政部的建议置之不理，并未紧缩开支，但失业率上升到 20 世纪 30 年代以来的最高点。1975 年，政府提出了紧缩开支的预算案，以对付通货膨胀。失业人数超过了 25 万人，黄金时代结束了。

到这个时候，政府受到危机的困扰。好几位资深部长辞职，或因丑闻而被撤职。一位部长与国际金融机构举行秘密谈判，争取 40 亿澳元的贷款，以保持国家对澳大利亚石油、天然气和铀加工的控制权，但这个贷款谈判并未得到授权。于是，控制参议院的反对党利用"贷款事件"拒绝拨款给政府，以阻断政府财政来源的方法来迫使它举行大选。

反对党在使用这个手法时，拥有许多同盟者。商界领袖已经对政府失去信心，媒体也是怒火难消。总督约翰·克尔爵士看不惯这位总理的专横作风。前保守派部长、现任首席法官加菲尔德·巴威克向总督进言：总督作为国家元首有权解散政府，敦促总督行使他的职权。美国大使和中央情报局官员都对工党政府感到严重不满，特别是对工党政府企图插手控制美国于60年代在西北角和松峡建造的军事通信设施的行为感到不满。

政府也有忠实的捍卫者。引人注意的是，大量新左派的自由意志论者支持惠特拉姆加强联邦政府权力的做法。但工党政府对自己能否赢得大选胜利缺乏信心。于是，政府决定坚持下去，希望参议院反对党议员会自乱方寸。在陷入僵局27天之后，其中一些议员已接近于同意恢复向政府拨款，但总督率先采取了行动。1975年11月11日下午，总督宣布解散政府，任命自由党领袖马尔科姆·弗雷泽担任看守总理，以获得拨款和举行大选。弗雷泽听命照办，以创纪录的多数票赢得大选胜利。

总督解散政府的决定是澳大利亚历史上最为严重的宪法危机。当总督采取行动的新闻传播开来之时，人群聚集在堪培拉的联邦议会大厦门前。总督秘书在议会大厦的台阶上宣读公告：解散议会两院。虎视眈眈的高夫·惠特拉姆将目光扫向后面的弗雷泽，斥责他为"克尔的卑鄙小人"，但告诫人们"压住你们的怒火"。在国内各大城市，人们停止工作，匆忙举行示威，要求采取直接行动。但惠特拉姆接受了总督的解职决定，澳大利亚工会理事会领导人平息了所有举行罢工的要求。

1975年事件确实使政府制度处于紧张状态。炽热的氛围制造了对政治行动阴谋说的解释；高层政府官员情愿屈从于规则的做法，对宪法的正当性造成严重的损害。惠特拉姆本人一直是一个广受争议的人物。对有些人来说，他是一位英雄，在如日中天的时候遭人暗算；对其他人来说，他是一个危险的庸人。作为最后一位不计后果、按自己的信念勇往直前的国家领导人，惠特拉姆在宦海有起有落，而建立自信和强大的国家政府的可能性就此烟消云散。

第九章 整改时期(1976—1996 年)

在漫长的政治动荡之中,先是保守派的崩溃,接着是狂热的惠特拉姆政府被提前解散。在这之后的岁月里,表面上的平静得到了维持。在 1975—1991 年间,政府只更迭了一次,两位总理的任期也大致相当。他们都致力于满足选民的安定要求,都采取中间立场。但在当时的情况下,如果不改变过去的根深蒂固的习惯,就不可能维持安定的局面。为实现变革,一位总理使用对抗方法,另一位总理采取达成共识的手段,但他们的变革都不到位。他们需要继续前进,放弃过时的做法,进行创新。两位领导人运用其可观的个人权威,推动这一进程。但两人在下台之后立即受到过于胆怯和领导不力的指责。

在 20 世纪最后几十年里,澳大利亚人始终积极探索,但被迫承受竞争力下降的痛楚,从而调降目标要求。指导这一探索进程的领导者提出改革,虽然变革意味着阵痛,但却能提升效率、促进公平。改革的进程是延续性的,因此改革进程始终未能完成。对于先前改革的失败,偏信改革万能的狂热者们将其归咎于改革信条未能完全被接受。他们主张改革教义的纯粹性,坚持所有改革者必须遵循类似宗教改革中新教神学家般的顽强意志,这些新教神学家坚称即使是改革后的教会仍需不断改革。同样,在这些改革狂热者们看来,让国家恢复正常是一项长期任务。

其中第一位领导人是马尔科姆·弗雷泽，在 1975—1983 年担任自由党—国家党联合政府首脑。他身材修长，是一个来自自由党大本营——维多利亚州的牧场主的后代，曾在私立学校和牛津大学求学。人们通常将弗雷泽内敛、笨拙的举止视为贵族式的傲慢。弗雷泽追求权力的坚决意志在任期内得到充分体现。他固执地行使权力，时常故意在各个政策方面给他的同事施压。"生活并不容易"，这位似乎继承了统治阶级特权的人发出了颇有意味的感叹，但这是他的肺腑之言，他本人就为此不惜竭尽全力。正如总理办公室一名工作人员所说，"如果没有现成的危机，他会自己制造一场危机"。弗雷泽认为澳大利亚人娇生惯养、缺乏斗志、沾沾自喜，需要摆脱对公共资源的依赖，投身于严峻的竞争之中。他尽可能地削减政府规模，但他习惯于进行干预，确保强势领导地位。纯朴的个人主义与本能的保守家长主义发生了冲突。

弗雷泽在 1977 年和 1980 年大选中击败了失去信任的工党。1983 年，选民抛弃弗雷泽，将选票投给了新任工党领袖鲍勃·霍克。霍克作为罗德斯学者曾到牛津大学从事研究。除此之外，他与弗雷泽毫无共同之处。一位个矮，另一位个高；一个讲话带有刺耳的本国口音，另一个口齿清楚。弗雷泽生硬，霍克温和；前者循规蹈矩，后者则是改过自新的酗酒者和玩弄女人的老手；前任总理将行使权力视为本职，新任总理将争取公众支持作为自己神圣的使命。霍克出生在一个公理会教徒的家庭，在澳大利亚工会理事会工作，1970 年成为这个工会组织第一位从基层直接升任会长者。也许还有一些另外的会长候选人，但他们都不能像他那样具有在工会会员和雇主之间居间调停、解决纠纷的本领。在进入议会争夺领导权之时，霍克放弃了他的大部分不良习惯。一个讲究穿戴的花花公子，摇身一变为大权在握的政客，端坐在气派的长桌后面，身后摆放了一个假的书架，喋喋不休地宣称要实现国家和解。

两位领导人都致力于解决国家的紧迫问题。他们在国外遇到了战略难题，在国内经历了紧张状态：环境状况恶化、家庭发生破裂、无家可归者出现在街头、罪案时有发生。在传统的稳定因素缺失的情况下，

插图 9.1：在导致工党政府被解职的 1975 年宪法危机中，看守政府总理组织群众集会。自由党领袖马尔科姆·弗雷泽向墨尔本的一群支持者挥手致意。(Melbourne，Age，1975)

政府寻求恢复国家凝聚力和重新确定国家目标的方法。其中最重要的举措是修复国家经济，而当时的经济已经不能保证实现可靠的增长和正常的就业。随着长期繁荣的结束，世界经济的增长率很低且不可靠，失业率居高不下。澳大利亚还面临着一个特别的难题：对商品出口的依赖，使之在由先进制造业和服务业主宰的全球经济中的竞争力越来越弱。它本身的工业乃是基于进口替代，因此严重依赖关税保护措施，但这又会让它落后于更加富有创新能力的竞争者们。

从 20 世纪 70 年代世界经济的动荡之中，一种新的世界经济秩序逐步浮现。它涉及金融市场的发展,资本流动性的日益增长,以及随着亚洲国家开始工业化带来的新参与者的出现。对发达经济体而言,这将带来从劳动密集的工厂生产,向高科技信息和服务产业的转变。数字革命将开启信息流动,连接资本市场并允许出现跨越国界的供应链,从而使封闭和内向型的经济体承受更大的压力。

公共生活受到商界需求的左右,达到了前所未有的程度,经济学家们获得了空前的权威。有关股票指数和货币汇率的报道成为每日新闻的必报内容。市场词汇成为公共政策的语言,进入社会生活的几乎所有方面:市场会促进竞争,奖励努力者;市场将约束和惩罚任何一种未能维护公平竞争环境的不当行为。一种新的神学——新自由主义横空出世,澳大利亚的对应名称是经济理性主义。令人称奇的不是这些经济学家有能力将人类行为的几乎所有形式都归入三段论,而是断言除了市场逻辑之外没有任何其他的推理方式。

弗雷泽政府通过处理通货膨胀来寻找解决国家经济困难的良方。如果价格和工资能够降低,利润就会重新产生,经济活动就能重新启动。削减政府开支能够减少政府债务,降低公共部门对储蓄的需求,调低利率,刺激私人投资的增加。在过去30年里,公共收入和开支与国民生产总值同步增加。现在成立了一个内阁委员会,被称为"剃刀帮"(Razor gang),以缩减政府项目和开支。通货膨胀确实下降了,但到1978年失业人数超过了40万人。与此同时,政府取消了对外资投资的限制,以为出口工业解决资金问题。肉类和小麦取代羊毛成为农业主要的出口商品,但最主要的海外收入来自能源和矿产。能源价格的迅速上涨,使澳大利亚成为主要的煤炭供应国,石油、天然气和铀矿石的销售量增加。西澳大利亚州和昆士兰州都开采新矿,为亚洲提供矿产品。

在世界经济几近停滞之时,将澳大利亚发展为矿石开采场,是一个颇有风险的战略。能源以外的大宗商品在世界贸易中的份额不断下降,价格也持续走低。新的资源工业创造的就业岗位相对较少,况且这些项目使用了节省劳动力的技术,而且通过推高汇率促进采矿业繁荣,则增加了其他行业的压力。制造业之所以面临困境,可追溯到惠特拉姆政府在 1973 年施行的削减关税举措。由于制造业局限于国内市场,技术滞后,设计缺乏前瞻性,使得从事服装、鞋类、大型家电和其他家居用品的生产商无法与进口产品竞争。1982 年,随着出口增长在一场新的经济衰退中告一段落,加之干旱对农业生产造成的损害,政府放松了对公共支出和货币供应的严格控制。通货膨胀再度出现、工资飙升以及失业率再攀新高,导致弗雷泽政府在 1983 年大选中败北。

工党上台后推行的另一种战略是基于该党与工会的特殊关系。根据与澳大利亚工会理事会进行谈判达成的协议,工人放弃增加工资,以换取增加就业岗位。合作将取代冲突,通过共同努力使国家重上正轨。堪培拉全国经济峰会在大选后的一个月之内举行,使得以上协议合法化,戏剧性地摆脱了正式的政治运作。在开幕讲话上,新任总理将经济危机与 1942 年的战时紧急状态联系起来,并称这再次要求"人们联合起来,共同努力,为达成共同的目标和共享的收益而一起奋斗"。国家的当选代表从议会大厦隐退,为商界和工会领袖们让出地方,以达成协议:工会同意限制工资的增加,资本家则同意重新实行统一确定工资的制度。政府对工薪族的忍让作出补偿:恢复公共医疗保险和改善其他社会福利。政府推出其他计划,确保重点工业,如钢铁业和汽车制造业的健康发展。

这份协议作为就业战略,发挥了作用。在 80 年代剩余的时间里,新产生的工作岗位达 150 万个,失业率由 1983 年的 10%以上,下降到 1989 年的 6%多一点。为增强竞争力,工党政府实施了其他变革措施。1983 年底,政府放弃了对澳元的支持,改为由市场决定其价值。此外,政府还取消了外汇交易限制,减少对国内银行的控制,允许外国银行与本国银行进行竞争。如果说协议是确保工业合作以重建澳大利亚经济的"胡萝卜",那么解除金融管制就是驱使经济前进的"大棒"。推动这些变革的人物是财政部部长保罗·基廷,他洋洋自得地宣称:"我们是战后第一代打造真正开放的澳大利亚经济的政治家和经济管理者。"

随着金融管制放开,澳大利亚的经济运作情况就取决于国家外汇交易商不可靠的判断。由于外债的迅速增加和贸易赤字的持续存在，澳元的币值到 1986 年下降了 40％。此时的外债有一半是公共债务，另一半是私人债务，共占国民生产总值的 30％，而汇率的每一次下降都导致了债务的加重。1986 年 5 月，基廷宣称："我们必须让澳大利亚人真正、真实和认真地了解，澳大利亚的国际债务是多么的沉重。"他警告说，如果不降低成本和改善贸易，"我们将会沦为第三流的经济体……一个香蕉共和国"。

这个说法令全国受到震动，因为澳大利亚似乎像其他白人移民社会一样，面临着走上毁灭之路的危险。如它们那样，澳大利亚在大宗商品出口繁荣的基础上，创造了舒适的生活环境和很高的生活水平，但这种商品需求不再稳定可靠。如它们那样，澳大利亚模仿欧洲文明，但两名经济史学家此时的判断是"现代澳大利亚经济实际上并不很像'欧洲模式'"。他们认为澳大利亚经济类似加拿大经济，但效率更低。澳大利亚大部分先进技术依赖进口，以满足规模不大的人口的需要，而且其舒适的生活仰仗于自然资源的开采。"在生产的三大经典要素中，土地是偷来的，资本是借来的，劳动生产率是低下的。"

基廷发表的关于香蕉共和国的讲话，为听众准备了休克疗法：削减公共开支、进一步限制工资，促使澳大利亚工商业更多地参与国际竞争。在实施了解除金融管制之后，政府开始逐渐降低保护本国工业的关税，启动改变统一确定工资制度的谈判。随着这些放松管制的措施的实施，澳大利亚联邦自成立以来就维持其存在的基础不复存在。澳大利亚殖民地的核心要旨——由强大的国家保护生活水平让位于自由市场运行，这一切都由工党处理。

解除澳大利亚社会管制原则的运动，援引了大量的国外先例。在长期繁荣告终和凯恩斯主义重振经济的管理方法遭挫之后，世界普遍出现了向右转的潮流。20 世纪 70 年代末英国保守党和美国共和党在大选中的胜利，产生了保守党政府和共和党总统，他们动手打击工会、社会福利和混合经济。新右派渲染政府的失败，而不是市场的失败；谈论市场自由是自由的基础，而不是摆脱不稳定局面的自由。新右派的支持者以此来将他们与更早的、更注重实际的保守派区分开来。

新右派思想体系得到澳大利亚政策研究机构和智库的接纳,受到媒体评论员的推介,迅速融入公共政策。它对出口生产商和保护主义的其他反对者都有号召力。新成立的全国农场主联合会和显赫的矿业大亨,要求消除关税的沉重负担,取消固定工资制。公共福利的反对者对此表示支持,他们认为福利援助使得受益人陷入依赖状态,还使得官僚体系效率低下。律师们援用新右派观念,指称仲裁制度和统一确定工资制度造就了不健康的和乱伦的"劳资关系俱乐部"。主要雇主组织起初不同意解除劳动市场的管制措施,但由于澳大利亚工商界感受到了国际竞争的刺骨寒风,便转而对此表示支持。

关于新右翼政策对选举产生的影响,自由党—国家党联合政府的政客们则更加警惕。由于工党放松金融监管的诉求占据先机,自由党—国家党联合政府在 1984 年的提前选举中失利。随后一场民粹主义运动开始,目的是扶持专制的昆士兰州长——约翰·比耶尔克-彼得森(Joh Bjelke-Petersen)作为领袖参选,但在 1987 年再次败北。约翰向堪培拉的进军是一项无望的事业,但这迫使国家党的联邦领导人撕毁联合协议,转而支持他。这些人追随他于 1982 年将当时的乡村党更名为国家党。被排除在政府之外的自由党被迫屈服于长期的动荡局面,并在其下野期间五次更换党内领袖。

两大政党都支持转向新自由主义,高级官员、媒体和其他意见制定者的想法与此趋同。在他们看来,业已确立的控制经济的多种手段显然没有发挥作用,必须予以废除。澳大利亚民众根本不相信当时存在与过去彻底决裂的必要,因此他们同时也被排除在决策之外(最具标志性的是,那些缺乏组织影响力的民众缺席国家经济峰会),这削弱了民众对政治进程的信心。长期以来,两党成员在数量和忠诚度方面均呈下降之势,尽管工党在选举中的胜利让其领导人可以毫无顾忌地支配党内决策程序。自由党的困境更为深重,孟席斯时代的自由主义,以王冠和英国种族主义、爱国主义作为统一象征,已然是陈词滥调。同样地,他所倡导的公民道德,如个人自由和社会责任共担、积极进取与克勤克俭共生，也遭遇新自由主义、公共选择理论影响的对于人性的理解所发起的挑战。这些思想将公民重构为消费者，且认为一切皆为既得利益所造成的。工党对市场经济的拥护将自由党推向了右翼。因此，立场顽固的"强硬派"以牺牲"温和派"为代价，赢得了党内控制权，后者认为，基于维护国家利益的需要，可以进行市场干预。

大众有充分理由来抵制新自由主义共识。金融管制的放开使得澳大利亚的主要银行放宽了谨慎的限制。1985 年，15 家外国银行一并进入金融市场，渴望获得立足之地，就此引发了狂热的商贷浪潮。反过来，这又使得高杠杆率的投机者能够通过举债收购已成功经营的公司，从而实现掠夺这些公司资产的目的。在这个令人兴奋的财富掠取阶段，原本可用于研发和提高生产率的海外借款，却流入商业海盗们所掌控的围猎资金库内，以期来挑战商业准则的底线。正如一位金融记者所观察到的那样，"在澳大利亚历史上，从来没有如此多的钱被那么多不称职的人借贷给这么多不懂经营的人来支配"。这些冒险家们创造了纸糊帝国，建造了宏伟的豪宅，购买私人飞机和艺术收藏品，享受奢华娱乐，对政治捐款也十分慷慨。黄金时代俨然成为一个挥霍无度的镀金时代。

工党的政客们发现，这些随心所欲的现代大亨们远比旧时俱乐部和董事会的老财阀们更好相处。他们夸赞新来者的创业热情，并支持他们以荒谬的过高估价收购海外资产，以此证明澳大利亚企业更具外向性特征。政府允许房东从应税收入中扣除利息和其他物业支出的决定，加剧了信贷和资产价格的飙升。1985 年，基廷废除了这类负杠杆规定，称其为"荒唐的举措"，认为这些规定导致资本从生产部门被剥离。1987 年，他却恢复了之前被废除的负杠杆规定，导致房价在接下来的两年里上涨了 60%，从而加剧了通胀。

由于弃用了各种经济控制手段，政府只能通过不断提高官方利率来减缓通货膨胀，到 1989 年，利率水平接近 18%。经济难以从令人眩晕的高度实现软着陆，随之而来的经济衰退击垮了雄心勃勃的企业家们，连同两家州级银行、数家商业银行以及一些建房互助协会都受到影响。同时,四大银行中有两家被迫进行资本重组。由于成千上万的小企业陷入破产,因此不只金融业受损,多个行业均遭受重创。对此,财政部部长态度强硬地辩称:"这是澳大利亚必须经历的一场衰退。"

1992年,失业率再度攀升,已突破11%。以新的贸易和投资模式重振澳大利亚经济的举措提高了生产力,澳元贬值有助于农产品、先进制造业和服务业出口的增长,但持续的贸易赤字和巨额外债依然存在。与19世纪80年代和20世纪20年代的公共债务相比,此时大部分债务属于私人债务,但使用效率更低。澳大利亚仍然依赖国际资本,容易受到经济繁荣和萧条周期轮回的影响。与战后政府调控经济时期相比,在市场主导时期,经济增长率不升反降,不平等现象加剧,经济脆弱性加深。在20世纪80年代,其他国家开始实施新自由主义经济政策后也出现类似情况。

不过,工党政府实施的取消管制的过程相当温和。工党将新自由主义经济政策与政府社团主义的举措相结合,力求在市场运作中保住其社会空间。与工会达成的协议提供了一些社会保护,与英国和美国的情况不同,澳大利亚确保了较低的失业率,确定了最低工资标准,对需要救助对象的救助力度也更大。在接受新右派经济观点的同时,工党仍然希望能够避免其无情否定对弱者的责任的做法。

与玛格丽特·撒切尔一样,保罗·基廷坚持认为别无选择。1990年他确认有必要"消除政府官僚对市场运作的干预",他给出的选择十分苛刻:澳大利亚要么"面对世界市场的现实",要么"遁入过去的错误政策"。对于迅速改变澳大利亚的变革,能够反映这种现实的关键词——全球化既是诊断结果,也是治疗处方。澳大利亚以博学著称的学者巴里·琼斯在他的《沉睡者的激醒》(Sleepers Wake)中,对这些变革作出了预测,指出国家的未来是在后工业化世界中的囚徒困境。澳大利亚可以适应于信息时代的挑战和机会,或将面临失去就业的未来。台式电脑可能是20世纪80年代意义最为深远的技术创新,琼斯知道它将改变人们的工作方式。他把计算机化比作避孕措施:两者都旨在"消除人的存在"。琼斯在霍克政府中担任科学部长,他使得"聪明国

227

家"这个术语流行开来，这种国家注重琼斯所看重的创新、警觉和适应性。但在 1990 年，琼斯未能进入政府部长名单。

到这个时候，基廷的反乌托邦选择看上去有可能成为现实。那些曾经提供可靠就业的行业正在消失。服装和鞋类制造商不再能够与廉价的进口货竞争，白色家电商品正在由东南亚低成本工厂输入，个人计算机取代了城市商业大楼中的那些打字员和工作人员。这些计算机由硅谷设计，在海外组装。到 20 世纪 80 年代末，制造业就业人数下降了17%。然而，本可以消除衰退的高新科技产业的发展，却一直不够稳定，令人失望。相反，四分之三的劳动力受雇于服务行业，并出现两极分化：一方面是高薪的管理和专业职位，另一方面是低薪、利用兼职和临时安排来增加灵活性的就业岗位。雇主们不准备维持大量的全职劳动力。那种对职业的期望——一生从事一个职业、获得有价值的经历、能够体面地退休，早已是明日黄花。对于经理和专业人士而言，在一个相同的岗位上待上几年时间，就等于是承认失败。

公共部门也发生了类似的变化，如劳动部门着手进行改革，使其更能对应政府的目标。1984 年的立法废除了各项旨在提高私营部门程序的公共管理效率的传统方法，如机构策划、项目预算、工作表现评估及"最佳实践"的基准设定。其后，政府转向以合同模式提供服务。在此模式中，各公司投标竞争以获准提供服务。1995 年，一项全国性竞争政策要求联邦、州和地方政府等所有公共机构在其商业活动中与私营部门平等竞争。到那时，澳大利亚联邦公共服务部门已在十年间裁减了 7.6 万名员工。合同模式将公众成员视为客户或顾客，虽然公众选择提供者或质疑服务质量的能力受限，但众服务供应商们将供给更多选择。新的公共管理理念将政府设想为"掌舵而非划桨"，注重服务设计而非服务管理，倾向于通用管理技能而非专业技能。随着就业条件的变化，以及对结果的新关注，旧时公共服务模式强调的专业精神、公正性和道德标准大打折扣。

新秩序在国家议会中表现明显。1927 年，当联邦议会从墨尔本搬到堪培拉时，参众两院议员们在一座简约的临时建筑中办公，包括图书馆、酒吧和餐厅以及少量的办公室。首先,总理和其他部长们也把主要办公室搬进了这座建筑,为容纳越来越多的议员,必须扩建这座建筑,但所有人仍继续在中央大厅与公众开展交流。新议会大厦于1988年启用,将公共区域与议员私人工作区相分离,以免公众随意造访工作区,同时在这个宏伟建筑的中心象征性地设置了一个独立的部长侧翼。这座建筑占地32公顷,拥有4 500多个房间,耗时7年建成,是自雪山工程之后最大的建筑项目。政府部长们在富丽堂皇的"堡垒"里,与大批顾问一起共同处理国家事务。

与此同时,政府要求企业运营公司化,实现企业效益最大化。从1991年开始,联邦陆续出售大型企业,包括联邦银行和澳航,各州开始出售水、气、电等公用事业,以及公共交通、银行和保险业务。这些收入一般用于减少公共部门的债务,但由于政府不再有收入来源,因而,上述所有私有化措施也难以完全改善其资产负债表。高管薪酬、股票期权和其他激励措施使这些企业的经理们富裕起来,他们通常借助削减成本和裁员来获取奖金。因为许多负责运营公用事业的企业属于自然垄断性企业,所以需要建立监管机构监管其私有化,以便更好地维护公众利益。这些机构在履行其职责方面大费周章。

变革的主要负担落在那些最没有能力承担的人们肩上。加工业就业岗位的萎缩,对居住在大城市工厂附近的中年移民工人的影响最大。重工业的衰落打击了诸如新南威尔士州纽卡斯尔和沃隆贡、南澳大利亚州怀阿拉和伊丽莎白这样的工业中心。小城镇工厂的关闭给乡村居民造成更大的压力,因为随着农业人口的减少,学校、医院、商店和银行也关闭了。这些小加工厂曾因开展利润较低的业务,可享受到大公司提供的交叉补贴,但如今大公司不再提供补贴,而承担服务义务的公共机构也不再提供这种所承诺的服务。就业队伍进行重组:将低技术雇员排除出去,以非全日制工人和临时工取代全日制工人,这对青年人尤其不利。毕业生可找到的工作越来越少,所以青年人的失业率一直居高不下。在20世纪80年代,参加工作的比率也有上升。妇女参加有薪工作的运动在60—70年代形成强劲的势头,非全日制工作方式的日益普及对此很有帮助。保护男性主劳力的歧视性做法正在消失。然而，许多家庭发现必须有两份收入才够用，因为家庭生活的经济压力越来越大。有孩子需要抚养的单亲家庭在 1974—1987 年之间增加了 1 倍，占家庭总数的六分之一，最有可能陷入贫困。

霍克政府对未能恢复充分就业和消除贫困感到不安。1987 年，总理在竞选中轻率地许诺"到 1990 年，绝没有任何澳大利亚儿童会生活在贫困之中"，这令他十分困窘。工党坚持推行社会福利制度，但对接受直接救助者实行更为严格的财产和收入核查。重点放在创造就业机会和就业培训之上，结果学校的辍学率迅速下降，大学有了相应的扩展。学校课程作了调整，目的是将教育功能定位为技术培训，更加注重职业教育的效果。

政府花费更长的时间将其改革范围扩展到高等教育。在联邦政府承担了教育部门的财政责任之后，大学开始迅速扩张。随着越来越多的毕业生寻求继续深造，以及对专业知识的需求不断增长，在 1955 年到 1975 年间，入学人数增加了 9 倍。在随后的公共开支削减中，大学也未能幸免，人们对大学过于学术化的价值取向提出了质疑，但似乎无人知晓该如何改变这种取向。十多年来，这种状况一直停滞不前。随后，新部长约翰·道金斯（John Dawkins）走马上任。他之前曾发起公共部门改革，于 1987 年开始担任扩展后的就业、教育和培训部的部长。道金斯以极快的速度将师范学院和其他培训机构提升到单一国家体系中的大学地位。为了恢复增长，他引入了一种学生收费制度，即依据毕业后的收入情况具体支付。他还开启了一项并校进程，用以创建多校区的大型大学；通过新的筹资安排以强化问责制；要求大学用垂直制管理取代以前的学院制管理；并希望大学重新调整教学和研究方向，以重建国际竞争力。

所有这一切改革都伴随着对学者的严厉批评，认为他们养尊处优、享有特权，而大学则是脱离现实的"僵化的、缺乏适应能力的机构"。道金斯不屑与副校长们协商，且蔑视他们的抵抗。"所有大学都极度愤怒"，全国性高校机构的负责人警告说，"如果他们认为我们是一群没用的暴徒,他们最好再仔细斟酌一下。"事实上,副校长们依然享有更大的权力、机会和报酬,甚至一个热心的大学委员会很乐意为其提供新的住所、豪华轿车和专用司机,只有接到其为出访边远省份而提供直升机和飞行员的要求时才予以回绝。

新公共政策的主要牺牲品是对平等的追求。1945年之后的30年里,社会民主党派政府致力于减少由资本主义制度所产生的收入和财富的不平等,而工人们则利用充分就业来改善自己的命运。随着经济长期繁荣的结束,政府先前的努力宣告失败。因此,在20世纪80年代,世界各地的贫富分化加剧。凭借保留的公共福利制度,澳大利亚继续缓解弱势群体的困境。虽然救助支出更少了,但更多的钱花在了真正需要的人身上。然而,这种有限的再分配手段未能遏制收入另一端日益加剧的不平等。

由于工资被冻结,利润比例上升,富人更富。管理层给自己加工资,在房地产和金融市场上大发横财。他们越来越不愿意与其他人分享财富,采取避税手段尽量减少对公共收入的贡献,更加明目张胆地炫耀其富有。管制放开的政策措施,不仅废除了将个人纳入相互承担责任的制度框架,而且摧毁了保持社会团结的精神。失业者不断受到恶意中伤,被称为不愿工作的"混福利的家伙",一种阴暗的心理在这里表露无遗。相互依存的弱化和个人主义的蔓延损害了爱心、责任和牺牲的美德,导致自私自利泛滥成灾。

20世纪80年代,政治丑闻不断,削弱了人们对公共生活的信心。在昆士兰州,比耶尔克-彼得森自诩为法律的化身,其贪污腐败行为一直没有得到遏制。直到竞选国家公职失败后,他才收手。一个调查委员会花费近两年时间才揭露出行政体系内的滥用职权。总埋因健康状况不佳而逃脱法律制裁,他那贪赃枉法的副手在被起诉之前就去世了,但三名部长和警察局长被定罪和判处监禁。1983年至1988年担任西澳工党总理的布赖恩·伯克(Brian Burke)与企业家建立了密切的联系,致使该州被媒体称为"西澳大利亚有限责任公司"(WA Inc.)。在1987年股市崩盘、股票交易市场随之惨淡后,他宣布辞职。但在1992

年,他被皇家委员会从驻爱尔兰和罗马教廷大使的职位上召回。该委员会发现,商界名人对他控制的本党募集竞选资金贡献巨大。伯克和他的副手都为此服刑。在新南威尔士州,为同僚提供特殊待遇成为风尚,首席治安官、监狱部长甚至高等法院法官都牵涉其中。

澳大利亚以媒体所有权高度集中而出名。1986 年霍克政府允许组建国家电视网络之后,这种情况进一步加剧。1987 年,艾伦·邦德(Alan Bond)以 10 亿美元的价格从克里·帕克(Kerry Packer)手中买下了第九频道。当邦德的商业帝国崩溃之时,帕克又以 2 亿美元的价格夺回了控制权,并声称:"一个人的一生只能遇到一个艾伦·邦德。"1987 年,鲁伯特·默多克(Rupert Murdoch)收购了一度由其父控制的报业集团,从而拥有了这个国家大部分都市报的所有权。这两位是 20 世纪 80 年代末澳大利亚最富有的媒体大亨(默多克不在其中,因他为在美国进行媒体扩张而加入美国国籍),随后一个鲁莽的政客公然藐视这些超级大亨。当时,霍克政府正在制定媒体所有权新规定,一位内阁成员质问总理:"为何不直接告诉我们你的哥们想要什么?"媒体的作用应当是监督政府行为,这样选民才能确保他们推选出的代表承担责任。但如今,媒体大亨的商业利益与政府政策存在直接的利害关系。

体育本身就是一种巨大的产业。1977 年,克里·帕克买下了该国顶尖板球运动员的有关权限,让他们穿上色彩鲜明的服装,将这种休闲游戏变成令电视观众狂热的视觉表演。后来,其他体育行规屈服于同样的商业压力下,旋即形成了面向全国观众的国家性赛事。竞赛提供了媒体产品,体育俱乐部变成了公司,体育英雄变成了娱乐明星。由于业余选手和职业运动员之间的差别,体育比赛鼓励业余参赛者胜于非职业参赛者,鼓励他们享受比赛而非为获取奖金而来。现在,专业精神蜕变为成功的代名词,体育偶像则沦为兴奋剂、操纵比赛和涉及性行为不端指控的牺牲品。

20 世纪 80 年代最臭名昭著的公司盗贼是一个英国移民——艾伦·邦德。他起初在珀斯靠写招牌谋生。他于 1983 年进入房地产开发行业,并支持帆船协会获得罗得岛州举行的美洲杯帆船赛冠军,由此结束了美国雄踞一个多世纪的霸主地位,他作为资金提供者一举成名。这艘获胜的澳大利亚帆船就像一只拳击袋鼠,船队的队歌是一首由"工作男人"(Men at Work)乐队创作的流行歌曲《澳洲大陆》(Down Under)——受到《巴里·麦肯齐历险记》(*The Adventures of Barry McKenzie*)的启发应运而生,充满自夸和狂野,将澳大利亚标榜为一个啤酒流淌、男人烂醉的国度。这是澳大利亚臆想出来的场面壮观的比赛场景。因为美国媒体几乎不关注这场比赛,尽管里根总统给美国船员发送电报说"南希和我将支持你们"时,只是为了让澳大利亚人欣喜一番。鲍勃·霍克宣称:"如果有人因为今天没来上班而被老板解雇,那这个老板就是个废物。"当他穿着印有民族主题的夹克出现在皇家珀斯游艇俱乐部时,一下子激发了国民热情,这件夹克现在被保存在澳大利亚民主博物馆。帆船队凯旋后,邦德和他的妻子一同参加了游行,游行队伍穿过珀斯的主要街道,两旁挤满了欢呼的人群。一个当地人声称:"这些人就是我们的君王。"

　　为了四年后的美洲杯卫冕成功,衰落的港口城市弗里曼特尔开展了大规模重建工作。在此之前,悉尼、墨尔本和布里斯班开始把各自的海滨区域改造为让人赏心悦目的所在。出于对市中心居住人口和商业需求减少的担心,这些城区改造项目由各州政府推动。他们希望通过建造文化中心、升级体育场馆、举办大型活动,以振兴休闲旅游业。布里斯班和墨尔本的南岸,以及悉尼的达令港都是这次改造项目的实例。一位历史学家指出,酒店、酒吧、电影院、游乐园、购物中心、赌场等"现代购物文化的杂乱堆砌"充斥在城市古老的商业经济大动脉的前端。房地产开发商为商业模式转化作出贡献,他们将办公室、仓库和工厂改造成昂贵的公寓,并开始建造50层以上的高层住宅楼。随着"无限视野"说辞而来的是如今被吹捧为"无限生活方式"的理念。澳大利亚的生活方式推崇的是郊区家庭住宅,这种生活方式的特色是拥有室内恒温泳池、水疗中心、健身房、礼宾服务和高安全对讲机系统,为城市时髦人士量身打造。衡量这种变化的标准是,墨尔本巨大的赌场和娱乐综合体占据了亚拉河南岸的两个街区,而此前墨尔本一直坚决反对开设

插图 9.2:鲍勃·霍克在艾伦·邦德的帆船上享受胜利的喜悦。在霍克赢得大选的这一年,这艘帆船赢得美洲杯。(West Australian Newspapers Ltd)

赌场。

邦德在 1987 年卫冕美洲杯的行动受挫,而那一年股市的崩盘使他损失惨重。因此,到 1990 年,破产接管人开始仔细审查他的剩余资产,努力偿还债权人和股东的资产。不像其他一些逃到海外的企业家,邦德本人被关进了监狱。但在 1989 年,那些曾吹嘘他具有商业头脑的金融记者开始质疑邦德的偿付能力时,邦德在国家美术馆发表了充满挑衅性的讲话,那时他的部分艺术收藏品正在此地展出。他声称自己十分喜爱法国印象派画家,这些画家大胆而富有创造力,也经常受到"批评和嘲笑"。他们也是枪打出头鸟倾向的受害者,这种倾向在澳大利亚继续有增无减。一个同样大胆的参与债务洗牌的投资者也不甘示弱,他收购了第七频道网络,然后发起了对米高梅(Metro-Goldwyn-Mayer)的收购,并寻求规避西班牙债权人,也抱怨高收入阶层在澳大利亚没有希望了。

邦德充分利用了那些绘画作品和术语。崇尚平等主义的澳大利亚人曾习惯于抨击那些高高在上的人物,而这种合理的不敬行为被誉为一种民族美德。在惠特拉姆政府执政的最后一年,当政府追求更充分平等的努力受挫时,一位前自由党总理发出新论调:"这个国家需要高人,而且是更多的高收入阶层高人。"到了 20 世纪 80 年代,这个词的含义已经完全丧失贬义性。在工党上台的同一年,一家商业杂志开始大肆赞美那些出现在其年度富豪榜上的人们,和那些鼓舞人心的奋斗经历。高收入阶层此时俨然成为国宝,几乎在其探索的每一个领域内都被大肆宣扬。1984 年,有人将成功的澳大利亚女性称颂为"高人"。由于声望、财富和权力的不平等是事业与成就之间的必然联系,所以为了获取成就,澳大利亚人被要求摆脱嫉妒心理。

在 20 世纪 80 年代,澳大利亚拆除了保护一个规模不大的贸易经济不受外来冲击的大部分制度性壁垒。几乎没有人对澳大利亚殖民地精神的消失感到痛心。批评家抨击殖民地精神庇护行业利益集团、祖护低效率现象和扼杀创新苗头。他们认为最重要的是这种精神不可能存在下去了,因为全球化正在剥夺主权国家政府抵御市场力量的能力。工党政府中的一些阁员要求将改革进程嫁接到平等主义传统之中,确保维持生活水平的能力。这个诉求在管制放开和控制其效应的能力逐渐丧失之后遭到削弱。到这个十年结束的时候,澳大利亚已经脱离了过去的轨道,移向波涛汹涌的全球市场,更加暴露无遗,也更加容易受到侵害。

经济和社会政策上的向右转,与国际上冷战的加剧同时发生。在美国兵败越南之后,与苏联实现一定程度的缓和,军事开支的削减和 20 世纪 70 年代后期一系列耻辱性的倒退接连发生,美国产生了一位新总统——罗纳德·里根,决心对抗共产主义的邪恶帝国。在玛格丽特·撒切尔的鼓动下,美国继续进行武器竞赛。澳大利亚挺身而出,坚决支持第二场冷战。马尔科姆·弗雷泽一再发出警示，反对苏联海军在印度洋的存在；支持美国扩大在澳大利亚的通信设施；为反对苏联干涉阿富汗，他试图阻止澳大利亚参加 1980 年莫斯科奥运会。

因此，弗雷泽欢迎里根的当选，完全支持他重振美国实力地位的举措。另一方面，弗雷泽与撒切尔的关系要冷淡得多，部分原因是在英联邦内部关于南非白人至上主义政权的争论。弗雷泽严厉抨击种族隔离政策，将人权作为外交政策的一个重要因素。此外，外交政策中还有一个地区因素。弗雷泽将中国作为对抗苏联的一个盟友。他先于华盛顿访问北京，支持中国在 1979 年针对越南的军事行动；支持中国和日本与东南亚国家建立松散的联盟关系，以遏止苏联的威胁。这样，澳大利亚也与东盟建立起密切的关系，将它作为主要的地区舞台，凸显了与印度尼西亚的不睦关系。

20 世纪后半期，澳大利亚最为邻近、人口最多的邻国成为最为迫近的威胁。在强烈反帝的艾哈迈德·苏加诺任总统期间，印度尼西亚于 1962 年吞并了新几内亚的西半部，随后又于 1963 年与马来西亚联邦发生对抗，引发了对反西方斗争的担心。1965 年，苏哈托（Suharto）将军采取行动镇压印尼共产党，屠杀数十万共产党人，缓解了这种担心，但苏哈托的腐败和专制政权，在好战性方面一点不弱。1975 年，印度尼西亚入侵原葡萄牙殖民地东帝汶，随后又野蛮地镇压了当地居民和新几内亚省居民的反抗。惠特拉姆政府和弗雷泽政府卑鄙地接受了这些侵略行为。在与印尼方面就划分帝汶海床中丰富的石油蕴藏地进行谈判时，霍克政府还对这些行为加以掩饰。

经济的突出地位，深刻影响了外交和国内政策。1987 年，外交部与贸易部合并。随着世界经济力量平衡的转移，贸易模式增加了区域导向：到 1984 年，跨太平洋贸易额超过了跨大西洋贸易额。20 世纪 80 年代，当欧洲经济停滞不前时，韩国、中国台湾、中国香港和新加坡这"四小龙"则实现快速增长。印度尼西亚和马来西亚沿着相同的工业发展道路前进。中国打破了计划经济的约束，大张旗鼓地行动起来。

澳大利亚增加与亚洲的贸易（到 20 世纪 80 年代末，与亚洲的贸易占澳大利亚进出口的一半),但澳大利亚的市场份额正在下降。随着欧洲和北美贸易集团加大进入亚洲市场的力度,澳大利亚很有可能被排挤出这个市场。如果这样,亚洲新工业化国家将超越澳大利亚生活水平,早些时候,言辞锐利的新加坡总理李光耀(Lee Kuan Yew)曾嘲笑澳大利亚人注定要成为亚洲地区"贫穷的白人垃圾",这十年里,这句话始终在耳畔回响。政府为准备 1986 年新一轮国际贸易谈判,以高度智慧创建了凯恩斯农业生产者集团,但要使美国在农业方面实行自由贸易更加困难。1983 年,澳新两国签署协定,建立更紧密的经济联系。

为发挥独立的作用,澳大利亚在地区内外采取积极的行动。加雷斯·伊万斯在 1987 年后担任外交部部长,与 40 年前的前任部长伊瓦特一样活跃于国际舞台上。他推动了柬埔寨问题的解决,向柬埔寨和其他冲突地区派遣维和部队,促进核军备的解除,总体上充当了国际好公民的改革者角色。国防政策转向地区性,外交政策援引了将澳大利亚作为一个可与其他国家结盟,可在国际论坛上施加影响的"中等国家"的想法。和其他领域一样,澳大利亚在这些诉诸国家力量的领域内,"不自量力"很快成为全国热词。这种愿望始终受到限制,因为霍克政府将西方联盟放在首位,这在冷战的最后阶段意味着对美国强大霸权的无条件支持。因此,美国在澳大利亚的通信基地被神圣化,其重要性在新一代战略武器的时代愈加重要。美国军舰无论是否携带核武器,都可以自由进入澳大利亚港口。

1986 年,新西兰政府拒绝美国军舰进入本国港口,里根政府中止了根据《澳新美安全条约》对这个放肆无礼的偏远国家承担的责任,澳大利亚坚定地站在美国这个更强大的盟国一边。《澳新美安全条约》至关重要,并不是因为该条约为澳大利亚的安全提供保障(这在帝汶危机中得到了清楚的展示:对于美国而言,印尼比澳大利亚更为重要),而是因为它为澳大利亚提供了西方盟国的成员资格,因此澳大利亚有权得到美国技术和情报。这就是中等国家需要承受的负担。

之后,在 20 世纪 80 年代末,第二次"冷战"随着共产主义阵营的崩溃而结束。苏联经济重视重工业,无法进行调整以适应于新信息产业的需要。为了与美国不断增加的军事开支保持平衡，苏联从不健全的经济体系中拨出更多的资源，挤压了人民的生活水平。苏联人不再坚持其信仰，也没有被吓倒。东欧的非暴力革命和叶利钦在苏联推翻戈尔巴乔夫的行动引发了连锁性的反应：死板的中央统治制度、强制推行的僵硬意识形态和普遍存在的腐败及犬儒主义，统统不复存在。20世纪资本主义与社会主义的激烈斗争宣告结束。随之消失的不仅有共产党国家走入死胡同的计划经济式社会主义，而且有西方工人运动推行的更为温和的集体主义式社会主义。

有人在这场胜利后再次宣告意识形态甚至历史的终结。但在这之后，澳大利亚政治上的意识形态分歧更为尖锐。自由党—国家党联盟在1990年又一次在大选中败北，于是转向一位滴酒不沾的经济学家约翰·休伊森，他很快提出了彻头彻尾的新右派政策，包括递减税制、进一步削减公共部门、加速取消关税壁垒和放开劳动市场。工党总理霍克不再情愿推动进一步的变革，总理职务令他心力交瘁，于1991年底被基廷赶下台。

虽然推动实现全民共识的是霍克总理，但在80年代实现目标长远的改革方案的是财政部部长保罗·基廷。基廷出生于悉尼郊区的工人阶级家庭，父亲是锅炉制作工。他在15岁时就离开学校，到工党的机构中去接受培训。基廷与工党资深人物杰克·朗(Jack Lang)建立了友谊，加深了他对工党的部落传统的欣赏。他在1969年赢得议员选举，年仅25岁；而他在所处派别中的资深地位确保他在1983年获得了财政部部长的职位。基廷善于学习，很快就熟悉了财政部的工作，并很快就超出了该部的主管范围。他最早一批公开声明中有一项是指出弗雷泽政府的前任财政部部长掩盖了政府的预算赤字规模。

这位前任就是约翰·霍华德(John Howard)，比基廷年长5岁，在离基廷出生地仅几公里之外的一个相当舒适的居住区长大成人。他在自由党内的政治生涯也与基廷颇为相似，只是到堪培拉的时间要比后者迟5年。霍华德弥补了失去的时间，1977年被弗雷泽提拔为财政部部长，有"娃娃财长"("Boy treasurer")之称。他的父亲是汽车维修站的东主,霍华德本人在自由党内跟在前辈后面,沾染上了厌恶工会的习气,推崇自由企业精神。他主张弱化政府的作用,但不知道如何在不激怒工商界的情况下做成这件事。不过,霍华德听从弗雷泽的旨意,在选举前出台了政府预算。他从1985年起出任反对党领袖,其立场向新右派靠拢。但是,自由党和国家党依然在解除管制问题上存在分歧。霍华德在社会问题上出现了保守主义的误判,导致他在1989年失去了反对党领导权。这个认真而笨拙的人物似乎在追求最终目标方面遇到了失败。许多人将他一笔勾销,但基廷并不是这样。

这位首相担心自己等待的时间已经过于长久。严重的经济衰退有可能造成选民的反弹,还有可能让自由党和国家党的联盟从他带来的变革中坐收其利。当时,世界经济正进入一个持续繁荣时期。随着通货膨胀的纾解、财政政策的掌控、自由浮动汇率的实施和贸易保护主义的降低,澳大利亚的生产商从强劲的需求中获利。自1991年,基廷继续推进深度改革,包括加强竞争法,放宽集中确定工资制度,以及引入全民养老金制度。

与此同时,基廷运用总理一职提供的机会和休伊森的新右派观念重新打造自己。他不再是具有战斗精神的经济理性主义者,而是称职的总管,赞成政府承担更多的责任。他坚持认为:"当澳大利亚选择了开放性经济之时,国家就投入无数的竞争中去。"但是,承受接连不断变革的能力取决于基廷所说的"社会构造"的适应力。那些将会繁荣的国家均"实行社会民主制度,政府使社会行动起来,而且后货币主义和后共产主义时代富有效率的经济与内容广泛的社会政策美妙地融合在一起"。在作出这些决断的时候,

插图9.3:保罗·基廷在1996年的竞选活动中,历数其执政期间的成就。(National Library of Australia)

239

基廷越来越多地回溯到坚忍不拔和追求成功的民族传统之上，诉诸工人运动的忠诚本能去关注弱者。"这是真诚信仰者的胜利"，他在1993年选举中击败休伊森时发出了这样的感言。

基廷回溯过去是为了向前看。当传统工业的关闭使工党丧失工人阶级选民的时候，当工会会员人数和行动能力走向衰落之际，工党越来越依靠社会运动联合的支持。多元文化主义、环保主义和土著运动对政府的大选命运至关重要。

当工党在1983年上台时，它通过各种手段与移民社区建立密切的关系。惠特拉姆拥护多元文化主义，但他也减少接收移民，对难民毫无兴趣。另一方面，弗雷泽见证了新移民的扩张和多元文化服务的扩展。此外，弗雷泽还欢迎1975年西贡陷落后逃离越南的难民，尽管这些难民被时任澳大利亚工会理事会主席的鲍勃·霍克指责为插队移民。到1983年，越南移民已达15万人，这缘于一项重大的移民政策调整，这一年亚洲移民的数量增加到所有移民的38%。

霍克政府在努力发展与亚洲更紧密关系的过程中，坚持了同样的政策。1984年，历史学家杰弗里·布莱尼（Geoffrey Blainey）声称，亚洲移民的水平令公众难以接受，霍克政府为此进行了辩护。布莱尼被指责为种族主义者，这深深地刺痛了他。对此，他回应说，政府傲慢自大，对普通澳大利亚人的感受无动于衷，澳大利亚人对移民涌入郊区感到不安。他警告说，很快就会发生种族骚乱。他进一步宣称多元文化主义已经变得"狂热"和"分裂"，这与其他种族产生分歧。起初，自由党维护两党联盟支持多元文化的立场。但在1988年，当布莱尼重申他的警告，认为澳大利亚变成"一群部落"时，他得到了约翰·霍华德的支持，后者作为反对党领袖，建议放慢亚洲移民的入境速度，以保持社会凝聚力。

工党与环境保护运动建立起密切关系的承诺更不可能实现。该运动起源于20世纪60年代末，旨在保护荒野遗址不被采矿、伐木和筑坝等发展项目以及其他为工会成员提供就业岗位的工程项目所破坏。随着年轻的专业人士被动员起来，以保护他们的市中心社区不受重建的影响,这种环境运动已经蔓延至城市。该运动倡议者还在新南威尔士州将一个建筑行业工会联合会发展为盟友,帮助一群妇女拯救悉尼的时尚郊区——猎人山附近仅剩的最后一块空地。但这个建筑行业工会联合会由共产党领导,基廷深受右翼工党的实用主义学派影响,他曾在1981年公开讥讽左派:"宽广的自然地块,长着很多的树,让我们回到巴尔曼(Balmain)去编织柳条筐去吧。"

由于战后时期取得的伟大胜利都是一场虚幻,因此长期繁荣衰落与开发成本提高同步出现。雪山管理局(The Snowy Mountains Authority)将流向东南海岸的河流调回灌溉内陆平原,造成这里的土壤被海水侵蚀;西北海岸的奥德河已实现筑坝灌溉,但虫害杀死了大部分作物。政府科技组织向野兔发起生物战,但没被杀死的兔子继续返回争夺牧草。人们对政府指导经济增长的能力丧失了信心,同时也对科学控制自然的能力产生了相似的怀疑。

政府拟议了一个水力发电项目,对此环境保护者发起拯救塔斯马尼亚河流域自然美景的环保运动,这成为一个转折点。1982年,抗议者占领了富兰克林大坝遗址,在1983年的联邦选举中,工党采取措施防止其建设,承诺将通过立法给予该地区世界遗产地位。后来,在保护昆士兰北部的丹特里雨林和其他荒野地区问题上,工党采取了同等措施。随着环保组织的成员人数剧增让工党相形见绌,新南威尔士州右翼格雷厄姆·理查森(Graham Richardson)开始从事环保工作,并成为一名狂热的环保主义者。他的绿色战略获得了澳大利亚自然保护基金会(Australian Conservation Foundation)的支持,赢得了小党派的优先选票,从而使工党在1990年的选举中获胜。

事实证明,土著政策的进程更为曲折。马尔科姆·弗雷泽发现种族歧视和高夫·惠特拉姆一样令人厌恶,1975年法案规定,禁止政府动用联邦的对外事务权力来取消任何不一致的州措施。第二年,弗雷泽颁布了由惠特拉姆发起的《北领地土地权法》,此外,他还成立了一个土著发展委员会,为土地购买、住房开发和土著企业发展提供资金,这表明两党在支持土著自决问题上达成了共识。要在改善澳大利亚土著人现实处境上达成自由共识极为困难,因为这要求在消除明显歧视的同时,还要采取措施将他们视为存在特殊需要和拥有特定权利的人民。

插图 9.4:20 世纪 80 年代早期,一场阻止塔斯马尼亚水电委员会在富兰克林河上建坝的运动,标志着环境价值压倒开发价值的胜利。照片中原始野外风景催生了一种绿色的情调。(Peter Dombrovskis,West Wind Press)

从 1976—1996 年,澳大利亚原住民人口从 15.6 万增加到 35.2 万,其中部分原因是更多的澳大利亚人认为自己是土著人和托雷斯海峡岛民后裔。随着对土著历史兴趣的高涨,人们对"被偷走的世代"的了解也与日俱增,一些土著人主动或在得到了相关帮助后在一系列出版物中分享他们的生活故事。1987 年,在珀斯郊区成长的艺术家兼作家萨莉·摩根(Sally Morgan)创作了叙事小说《我的天地》(*My Place*),其中讲述了由沉默和规避的童年,到发现家庭世系来源的过程,而这部作品就是这个过程的结晶。

这本书成为畅销书,将一种耻辱重新塑造为一种荣耀:"最初的对知识的尝试性探求已经变为精神上和情感上的朝圣之行。我们现在具有土著意识,并为此而自豪。"伴随着音乐、电影、戏剧、舞蹈、艺术和文学的文化复兴,这种土著人认同得以宣扬,并获得了受众的广泛好评。

澳大利亚中部的土著艺术家使用丙烯颜料将传统知识展现在画板和画布上,还有一些艺术家重新使用树皮颜料,用以制作手工艺品。其中最具影响力的是剧作家杰克·戴维斯;作曲家吉米·奇(Jimmy Chi),代表作为《新的一天》(*Bran Nue Day*,1990);作家鲁比·兰福德·吉尼比(Ruby Langford Ginibi),著有《别带走你的爱》(*Don't Take Your Love to Town*,1988)。一个来自阿纳姆地的土著组合尤茶印迪(Yothu Yindi)同时用英语和土著语演唱,受到各国听众的欢迎。澳大利亚土著人创造出了强有力的象征符号,由黑色、金色和红赭色组成的土著旗即其中之一。在20世纪90年代,公众会议常以一位土著长老致辞"欢迎来到我们的国家"为开幕仪式,这种现象变得极为普遍,然后由一位非土著的澳大利亚人对此回应,承认开会的场所是这个国家原始居民居住的地方。土著人的语言得以复兴,土著人的名字开始恢复。

插图 9.5:一架澳航飞机喷涂上了土著装饰图案,表明公众认同土著文化是国家的鲜明标志之一。(Qantas Airways Limited)

尽管公众的兴趣和同情与日俱增,但事实上,澳大利亚原住民要克服根深蒂固的劣势是极其困难的。他们的收入水平低于其他人口,健康状况不佳，死亡率更高。土著人的犯罪率也更高。政府设立了一个调查土著居民在羁押期间死亡的皇家委员会，这只是当时为纠正这些不平等现象而采取的举措之一。

事实证明，土著人要求政治自决则更有争议性。尽管政府支持了一系列国家、区域和地方层面的原住民组织成立，以提供就业和各种基础服务。但是，原住民要求自我管理，政府要求所有用于原住民组织的公共资金均实行责任制管理，前者的要求与后者的期望背道而驰。前足球运动员查理·帕金斯(Charlie Perkins)是1965年自由之行(1965 Freedom Ride)的组织者，他也成了土著事务部的第一位土著秘书。他自称，从此必须"脚踩铁丝网的两边"谨慎前行。争取土地权运动也与澳大利亚北部矿业的迅速扩张需求产生了冲突。1980年，西澳大利亚州州长查尔斯·库尔(Charles Court)派遣了一支庞大的警察护送队随钻井机车队同行，为其提供2 500公里路程的安全保护，并协助其前往农坎巴地区的一个牧区。尽管在永戈拉人看来，钻探石油会侵扰他们的圣地，但他们的反对声并未得到重视。在昆士兰，比耶尔克-彼得森坚持不懈地抵制土著人声张的土地权，甚至发表要求废除土著保护区的言论："我们不希望将他们安置在那些变成黑皮肤人种的国家之中。"

弗雷泽抨击这些行动，在1983年的选举期间，工党着手准备国家土地权利的立法工作。在准备过程中，工党提议国家土地权利应包括对采矿项目保有否决权，这遭到西澳大利亚的强烈反对。为此，采矿业发起了一场诋毁土著所有权的宣传运动；甚至一位矿业高管声称资本主义和采矿业是"神圣秩序的一部分"，而他也威胁要对教会的批评采取法律行动。珀斯一位电台主持人告诫道："谁知道呢？也许他们会宣布你所处街道和房子都是神圣之地。"霍克政府对这一运动的妥协引发了土著代表的谴责，政府被迫放弃了相关举措。与此同时，土著人与其他地区澳大利亚人展开谈判并达成一项契约的希望也破灭了。谈判的支持者称该契约为马卡拉塔(Makaratta)，这个词来自阿纳姆地区的永伦古人，以此减弱先前的观念所引发的担忧，即人们认为，一旦签订条约就意味着独立国家出现。但实际上，双方没有达成契约。

1988 年,为避免土著人抗议活动破坏白人定居澳洲 200 周年纪念,霍克再度尝试谈判。同年 6 月,他在澳大利亚中部举行的巴隆加文化节上向土著领导人承诺：将着手起草一份协议。然而兑现承诺又遇到了阻力,直到 1991 年,政府才成立了一个土著和解委员会(Council for Aboriginal Reconciliation),致力于在 20 世纪末达成一项协议。1989 年,新成立的民选土著居民和托雷斯海峡岛民委员会(Aboriginal and Torres Strait Islander Commission)也燃起了土著人的希望,但最终却破灭了。尽管该委员会满足了土著人建立一个代表机构的长久期盼,但它仍处于部长层级的行政控制和白人管理者的监督之下。

1992 年 6 月,法院裁定支持埃迪·马博(Eddie maabo)提出的要求,即托雷斯海峡(Torres Strait)的墨尔群岛(Mer islands)人民享有土著所有权,打破了这种僵局。法院发现,土著人的所有权并没有随着英国对澳大利亚主权的确立而消失,除非对皇家土地授予有效的所有权,否则土著人的所有权将继续有效。法官们如此描述英国殖民统治的后果："散布于整个大陆,剥夺、贬低、毁灭了土著居民,并留下了难以言说的耻辱遗产",这种言论向澳大利亚人发起了挑战。由于这一决定需要立法机构澄清土著人所有权的范围,以及如何主张和行使这种所有权的问题,所以在 1993 年选举筹备时期,这也向政府提出了一个具有爆炸性的话题。

基廷回应了这一挑战。他声称："马博裁定是历史赋予我的一手好牌,我绝不会放弃。"基于土著居民的所有权要求,州政府和地方政府要求联邦政府减少插手处置;土著人聚集在北领地的伊娃谷(Eva Valley)召开了澳大利亚历史上规模最大的土著领导人集会,坚持要求维护他们的权利。矿业和牧区利益集团刻意发起反对运动,自由党—国家党联盟趁机再度宣称,澳大利亚人将失去他们的家园。经过漫长而艰难的谈判,立法确认了土著人所有权的存在,并建立了一个土著所有权法庭,这样权利主张者就能够与未让渡的公有土地建立持久的相关性。

1992 年底,在马博裁定的敦促下,基廷在悉尼郊区雷德芬公园向土著人听众发表了最著名的演讲。最初人们对他的诚意表示怀疑，总理在一片嘘声中开始演讲。但当他坦率地宣布，对1788年以来发生的所有事件负责时，在场的人都沉默了：

> 我们占领了传统的土地，破坏了传统的生活方式。我们带来了疾病和酒精。我们犯下了谋杀罪。我们把孩子从母亲身边夺走。我们施行了歧视和排斥。这一切都归咎于我们的无知和偏见。

每说一句自我检讨之后，听众的掌声就越来越响。在承认"澳大利亚非土著人"对原住民所处的现实困境负有责任时，总理还提醒听众，澳大利亚已"向我们伸出援手"。澳大利亚接纳了英国的穷人，给予被驱逐的爱尔兰人一个新开端，使其免受欧洲和亚洲战事的威胁和迫害。如果有可能建立"一个繁荣且非常和谐的多元文化社会，我们肯定能找到正确方法以解决那些困扰第一批澳大利亚人的问题"。

按照澳大利亚公共生活的尺度，基廷以非同寻常的口才发表演说，通过渲染民族神话来复兴其精神。其助手是演说撰稿人唐·沃特森，一位具有怪才的历史学家，与喜欢说大白话的总理形成了互补。他在演讲中时常援引海外作战中的牺牲，这个做法引起更多的争议。他所援引的这些事例是要表明：民族英雄主义为帝国盲从付出了代价，因此他号召与英国切断最后的帝国联系纽带，建立澳大利亚共和国。同时，共和制问题将向前看的工党与向后看的自由党区分开来，向文化方面倾注了创造性活力，将多元文化社会的多样性作为民族力量来驾驭。

基廷的民族主义具有扩张性特征。他竭力使澳大利亚"具有竞争性、外向性和无偏见性"，让澳大利亚人有信心在全球化经济浪潮中进退自如，并将澳大利亚的命运与亚洲相联系。他所做出的一项巨大成就：将亚太经济合作组织扩大为一个主要的区域性论坛。该合作机制由他的前任于1989年发起，当时仅作为经济部长们举行会议的平台，但基廷把它变成了一个国家领导人之间的定期聚会,并劝服克林顿总统,"美国也应该加入"。在他的领导下,与亚洲接触成为一个反复出现的主题,他甚至提出,伙伴情谊关系可以被理解为一种亚洲的价值观。一些亚洲领导人却另有看法。印尼统治者认为来自澳大利亚媒体的批评之声是一种不敬之举,而对于人权的先入之见表明这个白人国家仍恪守西方价值观。澳大利亚被拒绝加入东盟——另一个主要的区域论坛,其试图推动亚太经济合作组织成为一个更广泛的区域集团的意愿遭到马来西亚总理马哈蒂尔(Mahathir)的阻挠。基廷沮丧地形容他的对手是冥顽不化之人,但于事无补。

在 1993 年大选获胜之后,基廷将主要精力放在他的"宏图大志"之上。评论家指责他不再关注经济改革,基廷闻之则更加怒不可遏。与此同时,自由党则转向一位前领导人——约翰·霍华德。这一次,他避免了 80 年代导致他失败的那种自我吹嘘的强硬立场,并从休伊森的直率天真之举中吸取了教训。霍华德利用选民对工党政府与日俱增的不满,掩其锋芒,尽可能避免成为受攻击的目标。他还利用了艰难的经济转型所造成的不良后果,尤其是收入差距拉大的效应。1982—1994年,10%收入最高者的周收入增加了 100 澳元,10%收入最低者的周收入增加了 11 美元(得益于工党的福利支出),而两者之间的占 80%的收入者却在苦苦挣扎。基于这个十分奇特的统计数据,自由党—国家党联盟提出了同样意义含糊的名称——"中澳大利亚"(Middle Australia)。这是对孟席斯的"被遗忘者"的旧词新用,孟席斯的本意是要重振保守主义传统,而这个在地理上并不存在的"中澳大利亚"是一个研究咨询人员的发明产物。

在 20 世纪 80 年代后期霍华德担任自由党领袖之初,他提交了一份政策文件,封面上有一幅理想化家庭的绘画:身着西装的丈夫、端庄高雅的妻子和两个衣着整洁的孩子站在漂亮的住宅前,周围是绿树成荫的前花园和白色的栅栏。这个体现郊区安逸生活的场景,再现了孟席斯将家庭作为家庭生活统一标志的做法。而在 80 年代,那种男主人负责养家、女主人只管打理家务并育有子女的家庭,只占各类家庭的五分之一。霍华德这种笨拙的再现做法，忽略了男女双方各有工作但没有婚姻关系的同居者家庭、同性恋情侣家庭、单亲家庭、双亲同时工作养活子女的家庭和由夫妻加上前次婚姻的子女组成的混合家庭。20 世纪 40 年代建造的房屋低调简单，而 20 世纪 80 年代的住宅则是唯物主义的象征。孟席斯的"被遗忘者"是白澳的产物，而霍华德的白色尖桩篱笆被视为否认了种族多样性。家庭精神唤起了家庭的神圣性，但周日不再是礼拜日，这归因于交易时间的监管措施被取消。

基廷讥讽霍华德是生活在过去的人物，企图将澳大利亚倒退到 20 世纪 50 年代僵硬的循规蹈矩社会中去。不过，许多澳大利亚人并不赞同总理有关变革优越性的观点。这些人中包括经济改革的受害者，因为工党政府强调经济增长的政策并没有改善老工业地区的失业结构性问题，而 20 世纪 90 年代初的严重经济衰退则抹去了创造就业的可能性。然而，这场经济衰退的到来是源自政府对基本上不受控制的金融体系之下利率的依赖。房贷支出的大幅度增加，令许多借贷过多的购房者陷入恐慌和贫困之中。政府作为经济管家的权威受到损害。1983年全国经济峰会达成了一项共识，并曾通过与工会领导人达成的协定，以及将高峰机构纳入社会运动而得到支持。不过，该共识正在陷入破裂，峰会所存在的问题极为严重。

霍华德利用这种不满，将基廷描绘为高高在上的傲慢之人。他将澳大利亚中产阶级说成是"澳大利亚的主流人物"，称其利益受到了女权主义者、环境主义者、种族游说集团、土著行业和知识分子这些"喧嚷的少数集团"的忽视。这些少数集团旨在绑架政府为其特殊利益服务。霍华德干得更为出色，他在澳式词汇中找到了一个描写不屈不挠者的专业名词——"斗士"（Battlers）。在年长者中间，"斗士"这个词十分流行，表示对那些不甘命运安排而自强不息的弱势群体精神的肯定。斗士的原型是向不幸命运发起挑战的斯多噶主义者，霍华德扩大了不幸命运者的范围，将愤愤不平的大多数人都包括在内，引起了人们的共鸣。这位重新振作起来的自由党领袖将那些斗士的现实困境与工党

"精英"的恣意妄为并列,形成对照。他强调国家利益,提出自由党一国家党联盟将"为我们所有人"行使执政权。这句口号在 1996 年大选中对工党大本营的诸多选民很有号召力,结果两党联盟在大选中获得了压倒性的胜利。

第十章 出路(1997—2020 年)

1985 年,约翰·霍华德在赢得自由党领导权几个月后宣称:"时间站在我这一边。"他确信工党试图通过与工会达成协议来重建经济的努力注定要失败,并预期国家偿付能力危机会持续加剧,选民会转向那些准备好将同等改革活力投入劳动力市场的政治家(如里根和撒切尔那样的政治家)。十年后重掌自由党领导权后,霍华德利用了近期衰退所造成的经济困难,尖锐发问:"仅持续了五分钟的经济回暖却带来了耻辱、否定和失落,澳大利亚人民不能理解他们为什么要忍受这些痛苦?"

事实上,经济走入上行轨道已持续 25 年之久。20 世纪 80 年代经历的痛苦转型使生产率在随后 10 年里得到显著提高,而 1990—1991 年的经济衰退最终解决了通货膨胀的问题。在新世纪,中国似乎对能源和金属保有永无止境的需求,而澳大利亚搭乘了这趟顺风车。随着矿产出口激增、外资投资规模创纪录以及移民人数居高不下,澳大利亚人的生活水平再次提高,与最富裕国家生活水平相当。这种异乎寻常的繁荣在很大程度上依赖于各种外部环境的偶然组合,如优惠的贸易条件和该国丰富的资源所吸引的创纪录的外资规模,但这些意外收获提高了人们对未来的预期。受益者挥霍无度,为向其提供帮助,两党联盟政府用额外的收入来减少高收入者的税收,并资助他们接受私立教育和医疗保健。即使在资源贸易繁荣的顶峰时期,一位著名经济学家也担心他所称的"大澳大利亚人的自满"正在削弱改革欲望,使公共政策再次成为利益集团的俘虏,而当富矿资源枯竭之时,这种自满情绪也会阻碍为保持竞争力所需进行的持续变革。这位学者连同其他人一起敦促政府采取行动,以解决城市拥挤、医疗费用上升、社会排斥、福利依赖和全球变暖等众多问题。

约翰·霍华德拥护经济自由主义和社会保守主义。他是第一个打破自由党保护主义和混合经济承诺的自由党领导人,也是自称保守主义者的第一人。最初,他支持斗士们反抗那些虚张声势的特权阶层,以此来维护家庭和国家的传统价值观。为此,他一上任就解散了服务于女权主义和多元文化主义的政府机构,并向企图摧毁民族身份象征的世界主义知识分子开战。

霍华德对学者、教师、艺术家、澳大利亚广播公司(Australian Broadcasting Corporation),以及司法部门,都进行了严厉的抨击。在最初的抨击中,他采用了一种愤愤不平的口吻,更像是民粹主义而非保守主义。在第一个任期早期,总理就表现出了勇气,在塔斯马尼亚旅游中心阿瑟港发生屠杀事件后,他实施了更严格的枪支管制措施,但他仍在寻觅语言和意象表达,以将他所继承的勤奋工作和自力更生、稳定的家庭价值观、基督教道德、对君主政体的尊重以及对自己国家的自豪感,都投射到澳大利亚21世纪并不和谐的生活模式上。早期的道具是他清晨散步时穿的澳大利亚运动服,这是他第一次去乡间小屋时养成的日常锻炼习惯。他是一个顽强而自律的人,摆脱了前任的狂妄自大和一些同僚的贪婪,他每一刻都清醒地致力于政治。

霍华德任期长达11年,仅次于孟席斯。霍华德既缺乏孟席斯那种天然的权威感,也没有长期任职的霍克的亲民形象,然而他竟能长期任职,这可谓成就非凡。在20世纪80年代担任反对党领袖时期,他遭遇了耻辱性失败,并从中吸取了施政管理方面的经验教训:他巧妙地行使权力,控制内阁,且几乎没有受到联盟伙伴——国家党日益式微的不良影响。由于不信任报业传媒,他适应了电子媒体更为迅捷的新闻播报周期,他在对讲电台上有特殊才能,这使他能够直接与他的斗士们交谈。尽管霍华德赢得了 4 次选举，击败了 5 名反对派领导人，他还是花费了很长时间才得以稳固其地位，其执政早期则充满争议。

在 1996 年大选的前夕，霍华德宣布他的目标是看到一个"舒适轻松"的澳大利亚民族。他的政府不会是一个意识形态的政府，而是一个致力于"实际效果"的政府，能"响应澳大利亚人民的本能呼唤，而不是强加给他们一些新的东西"。但他统治的这个国家，许多人并不像他那样热衷于经济自由主义和社会保守主义，而且他顽强抵制压力、在他认为的最重要的事情上毫不让步。他这种固执的禀赋令人惊讶，而坚持政治正确即是其中之一。

在 1996 年大选前，自由党推选了一名小企业主角逐昆士兰州的联邦选区，该选区被认为是工党的安全选区。该候选人在当地报纸上发表一份信函之后，自由党撤回了对她的支持。这封信声称土著人受到优待，声称"政府向他们提供资金、设施和机会"，而辛苦工作的澳大利亚白种人却要为此付出代价。她缺乏优雅的风度、对政治一无所知且蔑视政治规则，然而对于那些心中满是愤恨、正在苦苦挣扎的工业区选民来说，她却具有不可抗拒的吸引力。结果，她借助这些选民赢得了联邦选举中的最大规模倒戈，成功当选众议员，她就是波林·汉森（Pauline Hanson）。

6 个月后，汉森的首次演讲发挥了她作为搅局者的优势，"我来到这里不是作为一个老练的政治家，而是作为一个经历过生活挫折的女性"，作为一个"想让这个国家保持强大和独立的普通澳大利亚人。"她传达的主要信息是"所有澳大利亚人的平等"，这意味着要终结包括多元文化主义、亚洲移民等在内的"反向种族主义"（她说，"我们有被亚洲人淹没的危险"）和"土著政策"。这篇演讲稿由加入她阵营的右翼政治人物撰写，遭到广泛批评，但霍华德没有谴责她。反之，他对过去 6 个月来澳大利亚发生的一项巨大变化表示欢迎，认为人们感觉到自己能够更自由、更公开地表达感受。尽管外国媒体对汉森的偏执进行了激烈批评，但他仍坚持这一立场。即使她组建了自己的政党，并在 1988 年的昆士兰州选举中获得了足够的支持，推翻了当地的两党联盟，霍华德仍旧拒绝党内发出的呼声,即让她推举的候选人在当年底的联邦选举中垫底。凑巧的是,当时波林·汉森的单一民族党已经分崩离析,她失去了自己的议席,但她还会卷土重来。她代表那些毫不松懈、充满愤怒的斗士们说话,霍华德并不想疏远这些人。

总理的另一个误判源于对工会根深蒂固的敌意,而且允许工会获得具有法律约束力赔偿的劳资关系制度也使其心生仇隙。由于政府在参议院缺乏多数席位,他在 1996 年不得不通过立法来缩小这些工业奖励的范围,并鼓励使用个人合同。尽管澳大利亚工会理事会曾通过协定密切参与工党政府的经济改革,但从 1983—1996 年,工会成员占比从接近工人总数的近一半下降到 31％。大型矿业公司已经安抚了皮尔巴拉地区的矿业工人,全国农民联合会(the National Farmers' Federation)正在攻击好斗的肉类工人联盟。

技术变革正在削弱另一个工会堡垒——航运业的工人力量。在以往,每个主要港口都有成千上万的人把成捆的羊毛和成袋的小麦堆放在船上的货舱里,而现在传送带将铁矿石、铝土矿和煤炭装上货轮,再运往日本、韩国、中国的冶炼炉,而起重机操作员则将装满制成品的钢制集装箱运入仓库,再通过电脑条形码将货物运往最终目的地。尽管如此,澳大利亚海事联盟(MUA)的成员覆盖范围未受重大波及。1997年,政府与全国农民联合会和一家装卸公司一起制定计划来搞垮澳大利亚海事联盟。一群从军队中招募的罢工破坏者被空运到迪拜接受训练。1998 年 4 月 7 日晚,这些安保人员戴着头罩,用皮带牵着狗,进入国内各港口驱逐该工会的国有成员。

对此,劳动关系部长彼得·里斯(Peter Reith)感到欢欣鼓舞,而之前,他否认对该计划知情,“今天,政府果断地采取行动,彻底恢复了海滨秩序”。他言之过早。罢工纠察队阻止运输货物,法院则要求工人复工。尽管澳大利亚海事联盟不得不接受削减劳动力规模,且被迫放弃一些业务范围,但它所受到的威胁却赢得了公众的同情。里斯在讲话时有个不妥当的习惯,当他要表达似是而非的否认之前,总用“坦白讲”这种短语作为开场白。他自夸的海滨改革遭遇可耻的失败,他震惊之余随即向总理递交了辞呈。霍华德回复道："在任何情况下，你的辞职都不会获准。"因此，他继续留任。但 3 年后，他在另一场争议中试图掩饰真相被抓现行。

插图 10.1：1998 年码头工潮时期，一名私人保安端坐在弗里曼特尔港货物码头的一个简陋的棚子内。处于恐吓的目的，工会公布了主要战事劳资关系中令人不安的照片。（Tony McDonough）

在选择土著事务部长时，约翰·霍华德的目光投向了悉尼和墨尔本以外的地方，之所以如此的理由是"在那些城市里，负罪感太强烈了"。他已经采用了历史学家杰弗里·布莱尼（Geoffrey Blainey）的一句话，来驳斥"黑臂章"（Black armband）的历史观，并谴责那些陷入"无休无止、吹毛求疵"的人，正是他们让澳大利亚历史成为"一种强迫性的、强烈的国家罪恶感和羞耻感的根源"。对于工党政府在回应高等法院马博案的判决时所制定的土著所有权法案，他也持反对态度。他批评高等法院在 1996 年 12 月作出的裁决，即牧区租赁权未必能抵消土著人所有权。这并不奇怪，其他人走得更远。全国农民联合会主席宣称："我认为这个裁定已终结了土著人的和解"，而国家党领导人预言，"需要一桶又一桶灭火剂"。霍华德再一次由于参议院缺乏多数席位而陷入困境，他不得不就收回土地权利的立法问题，进行漫长的谈判。

与此同时,由上届政府委托开展的关于土著儿童被驱逐的调查报告《将他们送返家园》(Bringing Them Home)发布。该调查由人权和平等机会委员会主席与土著和托雷斯海峡岛民委员会社会公正专员米克·多德森(Mick Dodson)负责实施。经调查取证数百名土著人后,他们发现从1910—1970年间,约十分之一到三分之一的土著儿童被强行迁移,其中大多数受到强迫或胁迫。他们建议政府和参与儿童强行迁移的教堂公开道歉,有四个州立即致歉,昆士兰和西澳大利亚紧随其后,分别在1999年和2001年对此公开致歉。然而,联邦政府拒绝道歉。当《将他们送返家园》被摆上台面后不久,霍华德在一个和解会议上现身,对这些儿童遭受的创伤,霍华德表达了他的悲痛之情,但他坚持认为,不能让这一代人为上一代人的行为负责。一些受过侵害的土著听众站起来背对着他,但他警告说,"象征性的姿态和夸大其词的承诺"于事无补,转而又威胁谴责"那些将澳大利亚的历史描绘成帝国主义、剥削和种族主义的可耻记录的人"。尽管有一些人强调这样做很重要,但他还是告诫部长们不应该参加和解委员会为支持这些建议而组织的游行。只要霍华德在位,政府方面就不会表达任何道歉与和解意向。

尽管他保证要给予澳大利亚人一种轻松舒适的生活,但在政府创立之初就躁动不安。政府首先解雇了三分之一的公共服务部门负责人,并任命一位企业高管主管总理办公室相关事务。公共服务减少,资产进一步被出售,更多的公共服务实现外包。霍华德执意住在位于悉尼港北岸基里比利总理官邸的决定,使他与堪培拉的敌对关系更加复杂,这个官邸是在墨尔本还是政府所在地时被收购的,但现在则是悉尼已成为新的决策地的象征。

大幅削减公共开支后,第一个预算收缩的沉重后果落在福利接受者、土著居民、大学和艺术行业从业者身上。新任财长偶然在账目上发现了一个黑洞,这为总理的言论提供了辩护,但总理的信誉却因他试图区分核心承诺和非核心承诺而受损。此后,政府保持了预算盈余,并将削减债务作为优先事项,同时颁布了一项章程,赋予联邦储备银行在制定货币政策方面更大的独立性,但要求它保持低通胀。1997 年底东南亚证券市场的崩盘以及其后该地区严重的经济衰退,都为这些政策提供了依据。新市场的出现抵消了亚洲客户对澳大利亚出口产品需求的下降,在新市场运行中,澳元贬值也带来了竞争优势。澳大利亚财长彼得·科斯特洛(Peter Costello)甚至夸口说,他已为澳大利亚经济"建起了防火墙"。

在 1998 年 10 月的选举中,霍华德承受着巨大的压力。他将税制改革作为竞选的中心议题,提出要征收购物与服务方面的间接税,彰显其领导地位。工党的新领袖是高大、和蔼、正派的金·比兹利,得到选民的广泛支持,因为他们已经对政治上的对抗感到厌倦。霍华德再次采取主动进攻策略,指责他的竞选对手缺乏作出艰难决策的"绝招"。大选十分激烈,占微弱多数的选民支持工党,但选民的分布对两党联盟有利,再次在议会赢得足够的多数议席。

霍华德在第二任期仍继续推行其所承诺的经济措施:税制改革、全面出售澳大利亚电讯公司、进一步放松劳资关系监管、进一步提高福利待遇。这又一次需要与身份独立的参议员进行长时间的谈判,致使政府做出巨大让步。商品和服务税继续征收,并给予减免和补偿。出售澳洲电讯的份额进一步受到限制,其中有一半股份掌握在公众手中。新上任的就业服务部长托尼·阿博特(Tony Abbott)生性好斗,他试图更改预防不公平解雇的立法,尽管进展甚微,但却收紧了领取失业救济金的资格审查,也告诫求职者不要过于"自命不凡"。政府已经取消了先前大部分失业者培训项目,以新的"以工代赈"取而代之,即要求年轻的失业者参与承担社区服务项目。现如今,政府将"相互责任"原则推广到其他领取救济的群体,尽管如此,领取救济者仍在增加。在 20世纪 90 年代初,有 150 万处于工作年龄的澳大利亚人领取收入补贴;到 90 年代末,这一数字已升至 260 万,占劳动力总数的 20%。

霍华德总理还着手绘出其前任设想的"宏伟蓝图"。处于基廷这幅蓝图突出位置的,是彻底独立的澳大利亚共和国。在 1996 年大选中,霍华德设法将这个问题中性化,他的做法是给全国国民就此作出决定的机会。尽管霍华德出任总理时是一个君主主义者,但他的政党甚至他的部长中的共和主义者,占有相当大的比例。这个势头似乎不可阻挡,需要霍华德运用全部政治权术去加以阻止。他针对共和主义者的两大弱点大做文章。第一个弱点是主张共和制的组织构成,其中占支配地位的是社会名流。其对共和制的狂热宣扬之举,被贬称为精英阶层疏远斗士之现实关切的典型例证。第二个弱点是共和主义者对于最低限度共和国的主张。该主张只是简单地以总统取代君主,以及对现存宪法作相应的微调。更进一步的做法是要反思责任政府原则、以削弱立法部门为代价来加强行政部门的权力,这一点将会令普通公民不寒而栗。共和主义者的核心观点就是诉诸民族偏见:澳大利亚不应当由一个外国人来担任国家元首。但既然澳大利亚籍的总督已经在行使国家元首的职权,那么君主主义者就能够将与共和主义者的辩论引入有关宪法的晦涩难懂的争辩之中。

霍华德兑现了召开宪法大会(Constitutional Convention)的承诺,大会代表的一半通过选举产生,另一半则通过任命产生。这个做法已经比一个世纪之前联邦大会代表通过选举产生的做法大为倒退。霍华德欢迎这些“立场各异的澳大利亚人”来到堪培拉。经过两个星期的激烈角力,大会代表以微弱的多数通过了共和主义者的提议:由联邦议会两院的联席会议选举总统,赞成票需达到三分之二以上。总理并没有就此罢手。首先,他宣布要为这部《宪法》起草一个导言,连同挑选国家元首的新程序一道提交考虑。在一位志同道合的诗人的帮助下,他完成了一个极为平庸的导言,但激发起同道者的斗志,拒绝承认澳大利亚土著对土地最先占据的事实,对政治正确性作了无端的抨击。经过进一步的角力之后,霍华德于 1999 年 11 月将这个导言和最低限度共和制提交全民公决,均遭到否决。

在拒绝对政府系统的变革方面,还出现了新的波折。当霍华德于 1996 年开始执政时,他所继承的还包括上一年任命的总督。这位总督就是原最高法院法官威廉·迪恩爵士(Sir William Deane)。迪恩为人温文尔雅,充满同情心和正义感,经常出席公共典礼和内地的聚会。他在这些场合发表的一些演讲触怒了保守派人士，包括他对无家可归者、失业者和被家庭抛弃者的同情。"对我国是不是一个真正民主国家的终极考验，"他宣称，"就在于我们如何对待我国公民中最为贫困和最弱势的群体。"

2001 年迪恩的任期结束后，总理精心任命了更顺从的继任者。第一位是圣公会大主教，这个人选导致澳大利亚政教分离原则的扭曲。这位总督因先前对教会内部性虐待案件的处理结果而遭到批评，被迫引咎辞职。第二个是一位退休军官，他远离是非，但似乎也屡屡缺席重大庆典，而总督本该代表国家出席。在外国政要访问、国家重大事件的纪念仪式甚至参加国葬这些重大场合，都是总理代为行使国家元首的职责。

由于未能成为共和国，澳大利亚越来越远离它所继承的政府制度。国家元首的礼仪权力和象征权力已经落到总理手中。直到王室来访不再具有重要意义之后很久，君主制在澳大利亚仍然保持着它的力量，其原因在于存在着两种普遍的情感：一种是对政治和政客的玩世不恭，另一种是通过超越自身来象征民族国家的必要性。随着主要政党成员数量以及活力的减少，犬儒主义愈演愈烈。地方分支机构在制定政策或选择联邦议会候选人方面完全失去了发言权，这些候选人现在都是从那些在政党机器中担任学徒的野心家队伍中被选拔出来。总理们远离不体面的议会政治，越来越倾向于总统风格。在 20 世纪 40 年代的工党政府中，没有人觉得有必要通过自己崇拜的领袖来识别自己。但现在，有义务向权力的源泉表达敬意。新总理们在自己的办公室里召集了由顾问、媒体经理和门卫组成的庞大团队来监督部长及其部门工作，以高度个性化的方式直接向公众发出呼吁，并保持一种永久的竞选模式。在这种转变过程中，他们玷污了自己篡夺的礼仪角色。

在第一个任期内，霍华德政府试图清除基廷在国内外留下的政治遗产。两党联盟尤其批判工党在亚太地区建立更紧密关系的主张，并谴责那种认为澳大利亚的命运取决于亚洲的说法。陷于风暴中的波林·汉森威胁要打乱外交政策的重新调整，并由于对亚洲移民的尖锐

第十章 出路(1997—2020年)

批评登上了移民来源国的新闻头条,似乎有"白澳政策"卷土重来之势。政府被迫派遣外交部长访问亚洲,再次向邻国保证汉森的言论不能代表澳大利亚国民。

政府对其他区域组织毫无兴趣。霍华德缺席了南太平洋论坛召开的半数会议,对巴布亚新几内亚和更小的太平洋岛国正面临着日益增长的困难漠不关心。他回避将澳大利亚视为"国际好公民"的观念,而是重申对国家利益的"务实追求"。尽管支持通过新的世界贸易组织继续推进贸易自由化,但澳大利亚拒绝接受1997年京都会议所设定的温室气体排放目标,并对联合国相关论坛持批评态度。工党主张在国际事务中奉行多边主义路径,而两党联盟则强调双边主义路径和国家主权。

1997年的亚洲经济危机迫使澳大利亚采取更为积极的举措。澳大利亚参与了国际货币基金组织(IMF)的纾困计划,并接受该组织对金融援助所附加的严格条件。对于印度尼西亚,这些条件包括取消食品补贴和实行价格控制。1995年,该国只有11%的贫困人口,但到1998年近一半人生活在贫困中,不断升级的动乱迫使苏哈托总统在当年5月宣布辞职。他的继任者无力制止社会暴力,任由军队采取暴力镇压手段,包括在东帝汶的残酷镇压。该岛的西半部曾是荷兰殖民地,于第二次世界大战结束时并入印度尼西亚共和国,但东半部一直是葡萄牙殖民地,于1975年被武力强行并入印尼。国际货币基金组织提供援助的条件之一就是给予东帝汶更大的自治权,但是由印尼军队提供武器的当地武装组织强化恐吓行动,以阻止独立趋势。1999年9月,联合国授权派出一支1万人的国际部队登陆以恢复秩序,澳大利亚提供了指挥官和大部分兵员。

这一行动得到了广泛支持,许多澳大利业人自愿帮助重建这个破碎的新国家。政府还因行动迟缓而受到批评,但政府一直担心向陷入困境的印尼政府施加更大压力可能引发不良后果,而工党在先前处理这个问题后,也很难声称自己占据道德优势。霍华德对美国没有提供更大的援助感到失望,但他听任澳大利亚充当美国"警长"在该地区的"副手",就此铸下大错。马来西亚总理借此将澳大利亚拒之东盟大门

259

之外，而此时东盟已扩大至北方的亚洲大国——中国、日本和韩国等①。在东帝汶事件后，霍华德坚称："我们已经不再纠缠我们是不是亚洲国家、在亚洲的国家、卷入亚洲的国家，或神话般的东亚半球的一部分，因此只需要做'我们在这个地区需要做的事'"。

印尼对澳大利亚挥之不去的怨恨产生了进一步的后果。它的群岛分布在从亚洲大陆到澳大利亚北部海岸的海上航线上，在20世纪的最后几十年里，新的族群开始追溯澳大利亚先民沿群岛而下的航路。20世纪90年代末，中东和阿富汗的暴力冲突引发了一波寻求庇护所的迁徙浪潮，而印尼对此毫无帮助。但印尼并没有阻止难民迁徙，而是允许船主们将难民带到破旧的船只上，前往澳大利亚领土之上。船民人数很少，1999年为3 300人，2000年为2 900人，但政府认为他们是"插队者"，将"人口贩运"视为澳大利亚主权和安全的威胁。解决这个问题需要国际合作，但澳大利亚与联合国机构围绕国内人权和难民问题不断发生争执。2000年，澳政府宣布，在从联合国获取信息时，它将采取"一种更经济和有选择性的方式"，"在处理澳大利亚与条约体系的互动方面，要采取更加有力和富有战略性的路径"。

2000年，新税制实施之时恰逢澳元贬值（次年年初澳元汇率跌破50美分）。造成这两个变化的原因是石油价格上涨，这引发了更普遍的不满情绪。澳大利亚的经常账户仍然存在巨额赤字，外债不断累积；仍然依赖大宗商品出口，新技术工业明显落后。由于缺乏国际知名品牌，其生产商被限制在全球供应链的较低水平。当两家矿业龙头企业公司——必和必拓（BHP）和康锌矿业公司（Conzinc Riotinto）与其他国际公司合并，并将其总部迁至伦敦时，民众议论再起，认为澳大利亚将沦为公司分部经济体。就在2001年底大选日益逼近时，自由党主席向党内同事发出警告：政府给人们的印象是"苛刻、狡猾、脱离民众以及不愿倾听"。

---

① 原文如此。中日韩并非东盟成员国，而是与东盟建立了"10＋3"合作机制。目前，有包括中日韩澳在内的10个对话关系伙伴。——译者注

工党仍在竭尽全力表明本党是一个令人信服的选择，但发现自身面临着一场局势紧张的选举。2001 年 9 月 11 日，美国世贸中心被毁，布什政府发动反恐战争，霍华德立即表示支持入侵阿富汗。两周前，澳大利亚陷入了一场自身的戏剧性军事危机。当时，一艘挪威集装箱船"坦帕号"营救了一艘漂浮的印度尼西亚渔船上的 433 名乘客，其中大部分是阿富汗人。"坦帕号"船长驶往基督岛，这是位于爪哇岛以南的澳大利亚领土，但澳政府不准"坦帕号"船长登陆。处境艰难的乘客与船员比例为 16∶1，船长在近海处抛锚停泊。澳大利亚特种部队奉命控制了这条船。一些寻求庇护者被新西兰收留，大多数被送到瑙鲁小岛屿上一个特别建造的收容中心，一些人后来被送到巴布亚新几内亚领土马努斯岛的另一个收容营。这就是"太平洋解决方案"——由总理想出来的令人不寒而栗的名称，显然他没有意识到希特勒曾经宣布过一个对本国"无用"公民的解决办法。

"坦帕号危机"成为世界各国媒体的头条，立即招致挪威方面的批评，澳政府就此与联合国秘书长发生争论，而且印尼总统拒绝接听澳总理的电话。太平洋解决方案由总理办公室直接操办，针对基督岛进行特别立法，使之处于澳大利亚移民法的管辖范围之外，使堪培拉的举措完全不受法院监督的影响。这些寻求庇护者被严格隔离。国防部长的新闻秘书向国防部下达指令：任何包含寻求避难者"个人形象"的照片或其他资料都不准公开。

这场危机也将大选变为有关边界控制的辩论。工党最初拒绝支持特别立法，然后又做出让步，里外不讨好。政府趁机宣布，当一艘海军舰艇靠近另一艘满载非法移民的船只时，船上的非法移民将儿童扔下船。在这一说法受到质疑后，国防部长彼得·里斯（Peter Reith）坚称这是"铁定事实"，并发布了一张男人、女人和孩子在水中挣扎的照片。这张照片发生在大选之后，事发当时，一艘澳大利亚海军舰艇牵引一艘残破的船只，在其沉没时拍下此照片。

"9·11"事件所造成的恐惧和不确定性因素凸显了边界控制问题。当两架飞机撞向纽约世贸中心大楼时，霍华德总理正在华盛顿参加《澳

插图 10.2:"所谓事实就是孩子被扔进水中",国防部长在 2001 年大选前夜坚持这样认为。照片显示男人、女人和孩子在水中挣扎,但澳大利亚海军"阿德莱德号"用了 1 天多时间才发现了疑似非法入境船只 04 号。从照片可以清楚地看出,这艘船已经在下沉。(Australian Government Department of Defence)

新美条约》签订 50 周年的纪念活动。他原定于恐怖袭击发生的当天访问五角大楼。他迅速决定澳大利亚支持反恐战争,并准备将其与打击非法移民联系起来。在投票日前不久,总理谈到庇护寻求者时说:"你不知道他们是否与恐怖分子有联系。"选举日早晨,在报纸上出现了整版广告,霍华德握紧拳头,宣布"我们决定谁可以来到这个国家"。他再度获胜,其议会多数的地位得到进一步加强。

反恐战争开始于对阿富汗的进攻,并在 2002 年初布什总统在国情咨文中谴责"邪恶轴心"之后得到扩大。霍华德支持美国新的先发制人的防御原则,并不顾本地区的敏感性,在当年年底宣布:澳大利亚还将考虑向邻国派兵,打击威胁国土安全的恐怖分子。当时,一个恐怖组织在印尼巴厘岛的一家夜总会对游客进行了爆炸袭击,200 名遇难者中有 88 名澳大利亚人。

2003 年 3 月,澳大利亚加入了美英解除伊拉克武装的军事行动,一支澳军分遣部队参加了为时 3 个星期的推翻萨达姆·侯赛因政权的战事。一年前,霍华德在美国国会发表演讲时宣称:"在世界上,美国找不到比澳大利亚更好的朋友了。"公众根本不相信这个"自愿联盟"应该撇开联合国,但在伊拉克被征服后,反战抗议就归于平静。随后,政府无力用发现大规模杀伤性武器来为开战理由辩护,与美国和英国相比,这在澳大利亚的争议要小得多,因为澳是紧随美英行事。而且,由于霍华德顶住美国要求派遣更多军队出征的压力,所以对伊拉克军事占领的暴力反抗并没有使澳政府受到什么损害。

在第三次选举胜利后,约翰·霍华德不再那么担心内阁出现失误,他更擅长修复棘手的政策领域。与他那些鲁莽的内阁同事相比,总理不会听天由命。例如,在有关儿童落水事件的声明中,他很谨慎地添加了一个限定条件,即"他得到信息时才得知儿童已被扔下海"。纠正这一错误信息的报告显然已送到总理办公室,但似乎并没有送达给他。一位政治评论员指出,霍华德善于使用"狗哨政治"(dog whistle)向一群选民传达其他选民听不到的信息。

他并非唯一在政治觉醒时代发迹的政治领袖。那些像亨利·博尔特或查尔斯·考特一样作风强硬的州长很少能长期在位。1992 年,杰弗里·肯内特凭借"重新打开维多利亚的商务大门"而大获全胜,并着手推进全面改革。但两届任期届满之后,选民们对他的激情四射感到厌倦。1995 年至 2005 年,鲍勃·卡尔担任新南威尔士州工党政府州长,是一位新派的领导者,处事谨慎小心,善于思考,注重中间立场。面对 2001 年媒体对法律与秩序的强烈反弹,他撤换了他的警察部长和警务专员,实施强制审判制。他在日记中满意地写道:"左派(公民自由论者)和右派(受到打击的州反对党)的咆哮。"由于政府在管理卫生、教育和交通服务方面遇到的问题越来越多,卡尔退休了。同样地,1998—2007 年担任昆士兰州总理的彼得·比蒂(Peter Beattie)也通过先发制人地引导批评者谴责替罪羊,安然度过了多次失败。

插图 10.3：2001 年大选前夕，约翰·霍华德在国家
新闻俱乐部演讲，坚称"谁来到这个国度由我决定。"
（National Library of Australia）

到新世纪初，工党取得了在所有州和领地的执政权力，这种政治布局给僵硬的联邦体制造成了新的紧张状态。联邦政府掌握财政拨款大权，寻求对各州处理事务方式的更大控制权。1992 年，工党设立了澳大利亚政府理事会（the Council of Australian Governments），霍华德政府对其通过谈判取得的缓慢变革感到不耐烦，准备对州政府负责的卫生、教育和其他领域采取单方面举措。其结果是重复权力模式导致的低效率和抨击对象的转移。社会评论家警告说，人们对政府的不信任和幻灭感正呈现加剧之势。他们看到了政府在承担公共福祉方面的倒退，并指出民众与其代表之间的鸿沟变得如此之宽，以致威胁到国家政治制度的合法性。一位持怀疑态度的政治科学家指出，政治疏离并不新鲜，也并非这个国家所特有的。他指出，与政客信任度的下降相对应的是，人们对律师、医生和其他专业人士的信心也在下降。但在澳大利亚的历史上，政府的角色已经深深地融入历史进程中，所以其信任感的丧失令人难以接受。

与他人相比，著名的电台脱口秀主持人艾伦·琼斯（Alan Jones）更会利用人们的怨恨情绪。这些自称为"奋斗街"冠军的庞大听众带给他非凡的影响力。霍华德很高兴出现在琼斯的早餐节目上，因为这使他可以不经记者过滤，而直接表达观点。但主持人会强加给总理大量建议，甚至一名总理办公室人员被指派去跟进琼斯的要求。琼斯会指示他自己的工作人员，"拨通约翰·霍华德的电话，提醒一下，是谁给他投票"。由于他没有公开软广告中所宣传公司的支付款项，琼斯曾两次受到广播管理局的调查。当管理局负责人曾向写信赞赏琼斯一事被众人周知后，该负责人引咎辞职。

2005 年，琼斯在悉尼郊区克罗努拉的海滩上煽动种族冲突，引起了进一步的关注。一家小报记者援引当地救生员和来自西郊的黎巴嫩裔年轻人的斗殴事件，后者宣称要在下个礼拜日去炫耀力量。琼斯怒斥这些"讨厌我们国家和传统的"败类，并大声宣读了警务人员的复仇呼吁："本周日，郡里的每个澳洲人都会前往北克罗纳拉动手痛击黎巴嫩人和外国佬（the Leb and Wog）。"数千人响应号召，攻击那些类似黎巴嫩人深色肤色的无辜人士。由于现在超过五分之一的人口都是在国外出生，所以克罗纳拉发生的骚乱似乎有可能导致澳大利亚出现自 20 世纪以来最严重的种族冲突。事实上，当政府决意把恶魔装回瓶子之时，克罗纳拉危机就再未发生。广播当局再次谴责琼斯，总理再度为其辩护，称赞他是一名"出色的播音员"，从不鼓励偏见，只是表达了大部人的想法。但随着移民人数再次上升，到 2007 年达到了 18 万人的新纪录时，霍华德已经放弃了早先对多元文化主义的反对。当被问到为何发生改变时，霍华德简单地回复到："你必须顺应潮流。"

由于经济的繁荣和工党内部的不稳定，政府在第三个任期内遭到了批评。溯其历史，工人运动对议会领袖表现出了非凡的忠诚。按照传统，议会领袖可以选择离职的时间。霍克是第一个通过议会党团投票推翻本党领导人的人；也是第一位通过同样方式被罢免的工党总理。1996 年后工党在野时所推进的四项改革，则标志着团结精神的崩溃。2003 年，马克·莱瑟姆（Mark Latham）成为工党领袖，表明该党处于绝望之境。他相当强势、能言善辩，最重要的是，他给那些厌倦选择的选民们带来全新的感觉，而他那刚愎固执、性情暴躁的秉性需要慢慢暴露出来。莱瑟姆立即在民意调查中处于领先，霍华德在接下来的一年里花费大量时间来打击、削弱对方。霍华德赢得了 2004 年 10 月的大选，这是他第四次获胜，可能也是最令人信服的一次胜利。两党联盟扩大了在众议院的多数地位，且在 20 多年来首次在参议院获得多数席位。由于控制了立法机关的参众两院，政府能够顺利制定立法措施，而此前参议院屡屡阻挠或修改立法。

上帝想要毁灭谁，就先给他参议院的多数席位。约翰·霍华德可能已经预感到了冒险的危险性，他告诫兴高采烈的同事们戒骄戒躁。他们要么就是对历史无知，要么就是不听信霍华德的忠告，一些资深部长们很快摆出趾高气扬的做派。由于掌握了绝对的立法权，他们不再需要就更具争议性的措施进行谈判，并很快就忘记了验证其正当理由。霍华德本人也难逃对其政治谋略的吹捧，沉溺于大获全胜的飘飘然中。在他的第三个任期内，他为澳大利亚从过度的批判反省中摆脱出来而感到高兴："作为一个民族，我们已不再纠结认同问题。"在他的第四个任期内，他开始以一种毫无必要的挑衅方式给民族认同下定义。

早些时候，政府曾将学校资金向私营部门倾斜；此时，政府加强了对公立学校的意识形态攻击，指责它们是以牺牲"价值观"为代价来追求进步的教育实验。2004 年，联邦政府对公立学校的支持是以举行升旗仪式为条件的，并于 2006 年引入了学校牧师。这种介入本来会使最初的几代澳大利亚人感到困惑，对他们来说，政教分离是教派分裂的必然结果。天主教少数派被封闭在自己的宗教学校里，新教多数派确保公立学校保持世俗。但是在澳大利亚，宗教活动正在减少，尤其是在新教徒中，古老的宗派偏见已经消失。托尼·阿伯特是新一代天主教积极分子之一，他将其精力从 B. A. 桑塔玛利亚（B. A. Santamaria）讨伐转向通过两党联盟进入议会政治。这是重新调整的标志，因此在当地的卫理公会教堂长大成人的约翰·霍华德，在 1998 年桑塔玛利亚去世时，认为应该为他安排国葬。

墨尔本大主教乔治·佩尔发表了颂词。佩尔身材魁梧、威风凛凛，当教会面临着适应变革的压力时，他一度是天主教正统教义的严格执行者。同年,他拒绝与天主教徒中男女同性恋、双性恋和变性者的彩虹运动的成员举行圣餐。他坚持认为,"同性恋对健康的危害比吸烟严重得多"。甚至在梵蒂冈无视当地天主教徒的关切,任命佩尔为大主教之前,他在巴拉腊特工作时的同事们因性虐待他们所照顾的儿童而被定罪。州长杰夫·肯尼特拒绝了皇家委员会的要求,但他告诉佩尔:"如果你不解决,我来解决。"因此,佩尔任命了一名高级律师来处理投诉人的问题,并向受害者提供了有限的赔偿,条件是对和解协议必须保密。2001 年,在佩尔调任悉尼后不久就遭到了指控,约翰·霍华德声称他完全相信佩尔无罪。

他们两人都坚信,世俗人文主义正在侵蚀犹太教—基督教传统,将整个西方文明置于危险之中。这些术语出自美国,在 20 世纪 30 年代,作为对抗反犹太主义的一种路径,犹太教—基督教进入公共话语空间,此后被用来反对持无神论的共产主义,由于其在冷战中保卫了西方文明并随之焕发新活力。在 20 世纪末出现的"文明冲突"中,犹太教和基督教被迫联合起来反对伊斯兰教(亚伯拉罕的第三大信仰),而与此同时,西方文明必须抵御存在于高等教育领域内的虚无主义知识分子所发起的信仰威胁。霍华德将协助佩尔建立一所天主教大学,他认为通过向天主教学校灌输"精神和宗教价值观"来实施的特别资助计划具有合理性。

政府利用其在议会的多数席位,完成了对澳洲电讯(Telstra)的私有化,加强了反恐措施,收紧了领取福利的条件,并对劳资关系进行了全面的改革。最后一项措施是迄今为止最具争议的。劳资关系委员会(Industrial Relations Commission)被剥夺了制定最低工资标准的权力,并不得行使修订仲裁和批准劳资协定的职能,集体谈判也受到了严格的限制。政府主张采用个人合同制,只保留了含有最基本条件的内容。而且,政府还对 100 名以下雇员公司取消了不公平解雇的保护措施。所有这些政策措施均被囊括至 762 页篇幅的《工作选择法》(Work Choices)内,尽管其中充斥着禁止和处罚的条文规定,但它仍被誉为最终解除劳动力市场监管的法案。作为回应,工会理事会组织发起"你的工作权利(Your Rights at Work)"的示威游行。在电视广告中,该理事会戏剧化地展现了被剥夺保护的临时工和兼职工人面临的困境。得益于保障经济良好发展的承诺,霍华德已经赢得了四次大选,而此时看来,这种经济利好似乎把工薪阶层排除在外。《工作选择法》成为埋在选民心中的一颗定时炸弹。

这个时代已不再适合约翰·霍华德,因为经济自由主义和社会保守主义从来就不是一对稳定的组合,它们正朝着不同的方向发展。正如汉森所言,许多社会保守派都反对开放型经济。那些在澳大利亚农村努力劳作的人或退休人员,均希望从政府得到支持。许多依赖政府提供医疗保健、教育和老年护理等基本生活服务的人发觉,当这些基本服务被商业化后,他们享受到这些服务的难度增加。相反,那些专业人士在蓬勃发展的服务行业(尤其是金融业)内获得了长足的发展机遇,十分中意这种市场变化。受益于自身技能,他们能够去国外工作,其收入足以负担出国旅行,并使他们拥有国际化生活方式。对于不同的意见表达,他们并不会受其所困,因此,一年一度的悉尼男女同性恋狂欢节成为世界上最盛大的同性恋节日,并与各种社会进步运动协调发展。

环境保护运动即是其中之一,由于气候变化,环境保护主义者在新世纪初汲取了新动力。澳大利亚站在美国一边,拒绝批准有关温室气体排放的《京都议定书》,但是在2006年国会选举中,美国选民抛弃了与澳大利亚志同道合的共和党政府。阿尔·戈尔(Al Gore)创作的纪录片《难以忽视的真相》(*An Inconvenient Truth*)引起世人对全球变暖问题的日益关注。国际社会指责美澳为环境问题的"国际弃儿",霍华德对此不屑一顾,反而嘲讽道:"我不会从电影中获取政策咨询。"但当鲁伯特·默多克(Rupert Murdoch)宣布他自己也相信气候变化时,情况则完全不同了。澳总理的确听取了默多克新闻媒体集团的政策建议。因此,他承认这一威胁真实存在,并开始寻找一条中间道路:既能减少温室气体排放,又能保护资源产业。大多数澳大利亚人不需要别人说教就能相信气候正在变化,部分原因是全球普遍变暖造成的长期干旱。为了减缓干旱灾情,政府出台了对水资源使用的严格限制。所以,在 2007 年 1 月,联邦政府试图接管澳东南部的河流系统,但遭到州政府的抵抗而作罢。

2007 年 6 月,一份关于北领地土著儿童遭到性虐待的报告发布。霍华德希望借此机会再度挽回势头。政府宣布该事件为国家紧急事件,派出士兵、警察和医疗队检查儿童的受虐证据。几乎没有人质疑保护土著家庭的健康和福利的必要性,但在采取干预措施的同时,政府实施了远超自我管理范围的深刻变革:禁止土著饮酒、克扣一半福利拨款,以确保这些钱都用于满足儿童所需。经过 11 年的"实际和解",此次事件已清楚地表明了和解的失败。正如总理后来承认的那样,当他最终在宪法上承认澳大利亚原住民是"这个国家的第一批定居居民"时,他发现土著问题是一个"挑战"。

大选前发布的预算案并没有给政府带来任何喘息机会。到 2007 年,联邦税收占国内生产总值的比例已从霍华德上任时的 22.8％升至 24.6％,这削弱了他自称是经济自由主义者的说法。政府再一次将大宗商品繁荣所创造的盈余用在对选举敏感的利益集团。在解决运输和通信容量限制问题上,政府出现明显失误,致使道路拥堵,轮船在拥挤的港口大排长龙,延缓了数字技术的应用。在一个前所未有的繁荣时期,政府却对健康、教育和科研投入不足,这令人震惊。

总理还面临着一个令人不安的新对手,即前外交官、曾担任家乡昆士兰州公共服务部门负责人陆克文(Kevin Rudd)。他在媒体面前活力充沛、口齿伶俐且冷酷无情,如同一个更年轻、更有活力的霍华德。陆克文的自我宣传并未获得工党同僚的青睐,但他于 2006 年被选为工党领袖,听任他在履行政府竞选承诺方面自由发挥。反之,他与工党运动几乎毫无共同点:他要求澳大利亚工会理事会的秘书(此人在 2007 年进入议会)必须去"工会化",否则将不能成为部长。但陆克文确实借用了近期澳大利亚工会理事会在反对《工作选择法》中使用的口号——"工作家庭"。研究发现,虽然大多数澳大利亚人认为经济在日趋繁荣,但他们并不认为自己过得更好。陆克文频繁使用这句口号,以至于

2007年底负责报道大选的记者们都在计数他使用该称呼的次数，以防止打瞌睡。

霍华德在2007年的选举中彻底失败，就像基廷在1996年经历的惨败一样。投票走向的一次重大的摇摆使得工党获得多数党地位。总理丢失了自己的席位，这是少有的耻辱。他的几位资深同僚，包括科斯特洛在内，暗示他们将退出政坛。陆克文就任总理后迎合国内变革要求的氛围，批准《京都议定书》，关闭海外收容营以终止"太平洋解决方法"，并代表政府向"被偷走的一代"(Stolen Generations)道歉。

与前任黔驴技穷的困窘相比，这位新总理则胸有成竹。时间似乎也站在了他一边：全球金融危机迅速爆发，而公共债务水平较低的澳大利亚却能够通过刺激措施安然度过危机，这让他得以宣布新自由主义的终结。与美国相比，澳大利亚受金融危机的影响较小，因为其监管机构对银行的监管更为密切。一波海外银行倒闭和国际流动性冻结的浪潮给澳大利亚带来被卷入其中的威胁。财政部的建议是通过恢复消费者信心来逃避衰退风险，并且要"尽快、尽力行动，并让每个家庭受益"。据此要求，政府以现金形式向经济体内注入600亿美元，同时推进学校建筑、公共住房和住房隔热材料等重大项目。刺激举措取得了成功：2008年第四季度，澳大利亚经济略有收缩，随后恢复增长，但失业率升至5.8%，之后又出现回落。其代价是造成了一个巨大而持久的预算赤字，这几乎没有给新举措预留操作空间，尤其当2009年政府在开始实施估值为300亿美元的全国宽带网络建设工程时，感受到了预算赤字的压力。

由于澳大利亚在教育领域的公共支出远落后于最发达的国家，陆克文和他的教育部长茱莉娅·吉拉德(Julia Gillard)都决心加大对中小学和大学的财政支持，并提升教育成效。同样地，澳大利亚教育成效也落后于最发达的国家。他们扩充大学的入学名额，并建立了一个新的权威机构来设置更好的课程。作为学生时代的奖学金领取者，吉拉德推崇填鸭式算术和语文的测试形式，但这种做法疏离了教师们。如果学校建设的150亿美元中能有一小部分用以改善教师职业地位和生活条件,这笔钱会花得更值。此外,仓促上马的建筑项目引发了多方投诉,同时住宅隔热层方案达不到行业安全标准,致使数人丧命。

　　在原住民政策、难民和气候变化这三个方面,陆克文承诺要比上届政府做得更好。但举步维艰。按照处理原住民事务的习惯做法,政府对之前的失败尝试深表遗憾,并提出新的解决办法——将基于证据而不是意识形态。对北领地"应急事件"的审查结果好坏参半,政府继续以非歧视的方式进行干预。政府恢复了一个有代表性的原住民机构,但对该机构提供服务的范畴保留了控制权。这项工作是在"缩小差距"名义下,由联邦各部门与各州的对应部门共同负责,利用一套卫生、教育、就业和其他领域的业绩指标进行。

插图 10.4：2006 年,陆克文(Kevin Rudd)赢得了澳大利亚工党(Australian Labor Party)的领导权,朱莉娅·吉拉德(Julia Gillard)担任他的副手。他们在第一次新闻发布会上露面,一年后他们以决定性的选举胜利将霍华德政府赶下了台。(亚当·卡尔,维基百科,2006)

　　这种政策假定澳大利亚原住民是弱势群体,需要通过外部环境来弥补其经济和社会资源方面的不足,而非将他们视为拥有独特身份、遗产和所有权的民族。

　　新代言人向老一辈原住民领袖发起挑战，形势随之发生转变。诺埃尔·皮尔森(Noel Pearson)成长于北昆士兰约克角半岛的希望谷路德教会(Lutheran mission of Hope Vale)，于20世纪90年代成为原住民的雄辩代言人。他尊崇高夫·惠特拉姆，钦佩保罗·基廷，尖锐批评拒绝承认土地所有权的保守派运动。但到了2007年，对于原住民事务陷入僵局，他感到绝望，于是联系霍华德，相信只有保守派才能解决这个问题。皮尔森支持对北领地的干预，因为他认为"被动福利"陷入酒精引发的暴力和家庭破裂的循环中，正在摧毁土著社区。他声称，"白人的负罪感"造就了土著人的受害者心理，他呼吁政府应采取"合理的激励措施"，即让原住民为自己的生命承担责任，并参与"实质经济"的发展进程。这些辩驳以及皮尔森批评进步派是捍卫土著利益的假朋友的言论，被鲁伯特·默多克的全国性报纸接受，影响力越来越大。

　　在处理难民问题上，陆克文政府寻求一种更人道的方式。政府关闭了设在瑙鲁和马努斯岛的海外处理设施，承诺加快确定难民身份的认定进程，改善监禁条件。其目的是消除前政府制定的难民政策中存在的惩罚特征，但自从2009年以来，新抵达难民数量急剧上升，他们被羁押在澳大利亚基督岛上一个拥挤不堪的收容所内。陆克文坚决禁止难民进入澳大利亚大陆地区。

　　他对气候变化的处理手段更不光彩，他坚称："这是我们这代人所面临的最大的道德挑战。"在收到经济学家罗斯·加诺特(Ross Garnaut)的综合报告后，陆克文于2008年底承诺政府将通过碳排放许可交易计划来减少温室气体排放。该计划没有达到加诺特建议的减排目标，而是向排放大户提供了大量补偿。这样一来，政府两头不讨好，既没有达到环保人士的要求，也得罪了商界和绿党，而此时默多克的媒体集团的态度发生转变，开始否认气候变化。由于支持率不高，陆克文推迟了减排实施计划，而当2009年底在哥本哈根举行的气候变化会议上，参会各国未就具有约束力的碳排放削减目标达成一致，他失去了推行减少碳排放计划的勇气。到那时为止，他已遭到了采矿业的围攻。在对税制改革进行了相似的全面评估之后，政府财政部长就此次审查提出了一个计划:对矿产和能源部门加收一项新税。2010 年,由于资源产品繁荣将该行业的收入推高到前所未有的水平,政府突然出台这项举措,部分目的是缓解"双速"经济所产生的压力。

2005 年,铁矿石价格低于 30 美元/吨,到 2010 年上半年则攀升至150 美元以上。西澳大利亚皮尔巴拉地区挖掘量超过 200 吨的机械化铁锹正在将红矿土装入巨型卡车,经破碎机碎化和筛分机分拣后,被装上长达 2.5 公里的货运列车托运至港口,再装到运载力达 10 万吨以上的轮船上。采矿业高度机械化,所使用的大部分机械依赖进口。该行业的雇佣劳力不到 20 万人,其中许多人时常搭乘飞机来往于居住地,这种产业模式几乎对当地产业没有提供支撑。采矿业的快速增长和高收入推高了工资水平和澳元价值,给农业、旅游和教育等其他出口部门带来了压力,并威胁到出口贸易型制造业的生存能力。

插图 10.5:1997 年,这个距离卡尔古利 220 公里的日山坝金矿露天开采坑开始作业,深达 440 米。大多数矿工从这个条件恶劣、干旱、与世隔绝的矿村里飞出飞进。通过地下开采,该矿已生产了 600 万盎司黄金。(维基百科,Calistemon,澳大利亚日出坝金矿露天矿坑,https://commons.wikimedia.org/wiki/File:Sunrise_Dam_open_pit.jpg, licensed under CC by 3.0,https://creativecommons.org/licenses/by-sa/3.0/deed.en)

新税制的宣布引发了必和必拓公司和力拓矿业集团之间的广告大

战。这激起了两位大亨——安德鲁·福里斯特（Andrew Forrest）和吉娜·莱因哈特（Gina Rinehart）——的狂热抗议，两家公司都依靠借入资本来维持运营。福里斯特与皮尔森在福利依赖问题上观点一致，他为促进原住民就业所做的努力得到了陆克文政府的支持。莱因哈特不仅从父亲朗·汉考克处继承了大量矿区土地，也继承了其父的政治观点。这两名最富有的澳大利亚人，一同参加珀斯滨海大道的抗议活动，佩戴着珍珠项链的莱因哈特带领人群高喊"削减赋税"。

陆克文对碳排放许可交易计划不当处理致使反对党领袖马尔科姆·特恩布尔（Malcolm Turnbull）下台。在进入议会 4 年后，特恩布尔曾以无可挑剔的资历担任领导一职。他曾是罗德奖学金获得者，因在一桩著名的法庭案件中羞辱了英国权贵而年少成名。在担任克里·帕克（Kerry Packer）的法律顾问后，他转变职业成为商业银行家和风险投资家，同时领导了共和党运动。特恩布尔毫不掩饰他对小人物的蔑视。尽管他的许多同事并不认同，他仍坚持有必要采取行动应对气候变化，但在托尼·艾伯特（Tony Abbott）宣布科学不过是"一派胡言"之后，他无法得到同事的支持。由于艾伯特是该党有史以来选出的最无情的消极领袖，在 2009 年底特恩布尔下台后，一名自由派人士大声疾呼："全能的上帝，我们做了什么？"

资源税砸了陆克文的饭碗。各种关于他苛求下属的报道广为流传，但令劳动部意外的是，一个曾承担过高级管理工作的人居然会获得"混混队长"（Captain Chaos）的绰号。尽管他要求"详细的方案细节"，但当内阁部长和部门负责人在清晨时分被召集参加紧急会议时，却只能等在总理办公室门外，此时他却在处理其他更为紧迫的问题。陆克文因任命国家首位女总督昆汀·布莱斯（Quentin Bryce）而广受好评，而后却对她发号施令。由于矿工运动削弱了陆克文的公众形象，他似乎要下台了。当朱莉娅·吉拉德（Julia Gillard）在 2010 年 6 月宣布要对其发起挑战之时，在试探了党团核心人物的态度后，陆克文提出辞职。

吉拉德的所作所为极为险恶。尽管担任副手时，她曾帮助陆克文掩饰过错,却在毫无预警的情况下将他推翻。而事实上,她与陆克文内阁时期每一项重大决定都息息相关,她为何如此就更加难以解释。"我相信一个好的政府正在迷失方向",这是她能想到的最好的借口,但这并没有阻止心怀怨恨的陆克文策划报复。为了寻求合法性,她立即举行了选举。吉拉德平庸至极的宣言"勇往直前"(Moving Forward)无助于她的竞选大业,陆克文不断向媒体爆料,使她丧失了强劲势头。工党的得票率跌至 38%,即使赢得绿党(获 12%选票)的支持,工党也未能获得议会多数席位。吉拉德向绿党和众议院的独立议员承诺将组建少数派政府,这种局面阻碍了她之后的政策选择。

她已经与大型矿业公司就修改资源税进行谈判,后者做出让步,承诺将大幅降低产能。这种税收损失加上政府对卫生、教育和社会福利支出方面做出的新承诺,意味着之前将预算恢复到盈余的反复承诺退回了前期估计数,政府债务攀升至 1 500 亿澳元。她还排除了征收碳排放税的选项,但根据她与绿党在选举后所达成协议的要求,政府需采取行动应对气候变化。因此采用了碳定价方案,该方案起初对碳排放实行固定的价格,随后过渡到市场交易机制。即使征税、定价和交易之间存在再多的语义差别,也不能驳回对政府失信的指责。在难民政策上的让步也招致类似指责。随着新近入境难民人数的增加,反对派强烈要求采取更强硬反制措施,政府在澳大利亚建立了新的收容中心,不久后即争取恢复使用海外处理的方式。东帝汶拒绝与之合作,高等法院也排除了与马来西亚达成协议的可能性,避难者再次被监禁在瑙鲁和马努斯岛。

澳大利亚首位女领导人朱莉娅·吉拉德遭受了前所未有的人身攻击。她的衣着和身材、未婚未育,都成为攻击者可用的中伤之词。艾伦·琼斯(Alan Jones)称其为"骗子",称其父因羞愧而死。琼斯指出"女士们正在破坏局面",并提议把她塞入垃圾袋扔进海里。国会大厦外举行的反对征收碳排放税集会上,托尼·艾伯特(Tony Abbott)也加入进来,正好站在一块写着"抛弃女巫"的布告栏前。在承受了两年如此遭遇后,当艾伯特指责她无视一名倒戈支持政府的自由党议员发送的带有性别歧视的电子邮件时，她勃然大怒。这名议员在倒戈后选择支持政府。她的反驳以"我不会接受这个男人关于性别歧视以及厌恶女性的说教"开场，虽令人震惊，但与她平日精心准备的演讲稿中那令人不快的深思熟虑相比，这种直截了当实属罕见。

由于对立媒体的批判和持续低迷的民意调查，工党的排名出现震荡。2012年2月，陆克文发动了仓促的挑战，随即被彻底击败，但他仍不止步。作为反对派领导人，艾伯特再三强调一个基本信息：他将"终止浪费、清偿债务、停止加税、阻止船民"。作为大学拳击冠军，他仍向耐力比赛项目进发，且毫不留情。作为一名前神学院学生，他以绝对道德的观点提出批评意见。因此，人们一再声称吉拉德政府的表现差强人意，而他的声明后来被广泛报道，认为"总理应该成为一个诚实的女人"。2013年6月，工党以微弱多数决定重新任命陆克文，这体现出了工党的绝望程度。他虽给出许多新承诺，但却无力阻挡式微之势。当年9月的大选，选民出现大幅摇摆，结果有利于自由党与国家党组成的联盟，而工党的支持率跌至选民的三分之一。因此，新政府在众议院拥有绝大多数席位，但要确保立法获得通过，还得依赖8位独立参议员中至少6位的赞同票。

其中3位参议员来自帕尔默团结党(Palmer United Party)，这是一个拥有广泛利益的商业巨头所创立的政党。克莱夫·帕尔默(Clive Palmer)是昆士兰"白鞋帮"(White-shoe brigade)中的一员，他曾支持彼得森，并从中受益。他身材高大，整日夸夸其谈，为自己杜撰了很多传奇故事，甚至假称他小时候曾坐在毛主席腿上。帕尔默惯于为所欲为，还将住宅区迁入旅游胜地居住，买下了阳光海岸的库伦度假村，并在那里的球场安装了恐龙电子模型。为此，澳大利亚高尔夫协会(Australian golf association)被迫迁移了比赛地点。他获得了大量采矿权，在合并后的昆士兰自由国家党中表现突出。该州总理以牺牲自我利益为代价支持吉娜·莱因哈特提出的煤矿开发计划。在此之后，帕尔默组建了自己的政党。该党成员广泛，包含了其他行业从业人员：射手、渔民、汽车爱好者和基督教原教旨主义者。但没有一个人能像帕

插图 10.6：从 2009 年起担任反对党领袖的托尼·艾伯特(Tony Abbott)就是一个喜欢炫耀的运动者。他活跃在当地的冲浪救生俱乐部，设立了一年一度的"波利踏板"自行车赛，为慈善事业筹集资金，并经常参加跑步和三项全能运动。(https：//commons. wikimedia. org/wiki/File：Tony_Abbott_competing_in_the_Lake_to_Lagoon_in_Wagga_Wagga. jpg, cropped, licensed under CC by 3. 0，https：//creativecommons. org/licenses/by-sa/ 3. 0/au/deed. en)

尔默那样厚颜无耻且资金充裕。

很少会有一个新政府能以如此之快的速度迷失方向。艾伯特在选举期间明确承诺：不会削减医疗、教育和养老金支出，但自由党—国家党联合政府在 2014 年 5 月的第一个预算上就这样做了。财政部长扩大了财政赤字，宣布福利时代已经结束，澳大利亚人必须强壮有力，而不是弱不禁风。这项预算提议没有通过公平性测试，许多措施在参议院被否决。政府还削减了土著居民和托雷斯海峡岛民的项目预算。艾伯特与诺埃尔·皮尔森关系密切，上任后他立即把土著事务转移到自己的部门负责。他还用一个非代表性机构取代了先前的代表性机构，其负责人沃伦·穆丁(Warren Mundine)曾担任过安德鲁·福雷斯特

(Andrew Forrest)的土著事务顾问。该机构始终致力于缩小差距,但当没有出现任何差距缩小的迹象时,穆丁认为应把该项任务交付私营部门负责。福雷斯特曾为艾伯特政府评估原住民政策,呼吁应进行重大行政改革以替代公共部门制定的"小儿科"政策。

自由党—国家党联合政府对庇护政策做出严厉改革,大获成功。艾伯特上任后任命陆军副参谋长负责边境主权保护行动(Operation Sovereign Borders)。据此,这些运载庇护者的船只被迫调头返回。澳大利亚海军船只闯入印度尼西亚水域制造了外交危机,而那些被拘禁在马努斯岛庇护者发声抗议,则引发巴布亚新几内亚警察和军队强硬的回应。尽管部长暂停了定期召开的新闻发布会,表面上是为了维护行动安全,但实质上是为了其宣布国家的边界处于不安全状态。与喜欢在国际舞台上表演的陆克文和在国际论坛上不善夸夸其谈的吉拉德相比,托尼·艾伯特对本地区以外的事务几乎毫无兴趣。但有个例外,2014 年 7 月,马航 MH17 航班在乌克兰上空被击落后,他曾在 20 国集团(G20)会议上威胁要当面羞辱弗拉基米尔·普京。对此,俄罗斯人不得不追究他意在何处。在澳式足球规则中,这意味着用正面冲撞来压制对手,而在艾伯特自己的橄榄球规则中,这只不过是和他对视后的一声抱怨。在当年晚些时候,艾伯特在布里斯班举办 G20 会议被证实是如此风平浪静。

到此时,矿业繁荣的投资阶段即将结束,矿产和能源价格的急剧下跌减缓了经济增长速度。2014 年,澳元汇率也下跌了,但在此之前,当地生产成本增高终结了汽车行业的蓬勃发展,福特公司宣布将于 2013 年 5 月停止运营;在政府断然拒绝支持请求后,随后几个月通用汽车和丰田公司也做出了同样的决定。随着这些工厂和其他工厂的关闭,失业率上升,政府信心动摇。政府在民意调查中支持率严重落后,由于艾伯特本人不受公众欢迎,而被要求不得在 2014 年 11 月的维多利亚州和 2015 年 1 月的昆士兰州的州选举中露面。他习惯于发号,自称"队长命令",这让自由党—国家党联合政府的不满情绪上升。2014 年,他重新恢复了帝国时代册封爵士的传统做法,并在 2015 年澳大利亚日那天,宣布年迈的王室配偶菲利普亲王将被册封为澳大利亚爵士。在绝望中,自由党的目光转向马尔科姆·特恩布尔(Malcolm Turnbull)。

特恩布尔立即参加了选举,并在 2016 年仅以一票优势成为议会多数后,险胜上台。他从一开始就在党内受到以下保证的束缚:维持边境保护,并避免为碳排放定价。结果越来越令人失望,这样一个具有正派本能的聪明人,竟然受制于右派强硬人士的偏见。面对自由党—国家党联合政府另一个症结——同性婚姻问题,他采用邮寄公投的方式,得到明确支持,议员也各凭良心投票,最终获得了压倒性的多数赞同,在法律上承认同性婚姻与其他婚姻平等。尽管许多组织通过展示彩虹旗来宣示对这种变化的支持,但不满对执政联盟内顽固分子的迂回处理方式,因为这会迫使性少数群体(LBGTQI,即 lesbian、gay、bisexual、transgender)遭受诽谤。

总理还必须解决一个由朱莉娅·吉拉德于 2013 年设立的皇家委员会披露的一些机构卷入性虐待的问题。该委员会在每个州的首府举行了长时间的听证会,听取了涉及教堂、学校、孤儿院、青年组织、体育俱乐部甚至国防部队中,所发生的骇人听闻的虐待事件的陈述。2017年 12 月公布的最终报告包含了对天主教巴拉瑞特教区的犯罪者及其掩盖行为的调查结果。乔治·佩尔(George Pell)曾三次出庭作证,其中时间最长的一次举证,是借助与梵蒂冈的视频连线呈现的。自 2014年以来,他一直负责梵蒂冈的财务工作。随后,维多利亚警方指控他性侵。由于对 2019 年的定罪不服,他向高等法院提起上诉的请求,并得到了支持,但他的权力和声誉俱毁。同样地,在 2017 年 12 月,总理屈从公众压力,专门成立了皇家委员会,以调查银行、养老金和金融服务行业的不当行为。由前高等法院法官主持,在这项调查中,薪酬丰厚的首席执行官们承认,为了换取利润,他们采取了一系列手段,不惜丧失诚信,报告还严厉批评了金融监管机构的不作为。

两个问题终止了特恩布尔的总理生涯。第一个是他试图通过一项包括减排的计划来应对不断上涨的能源价格。但因为本国对外出口了大量天然气,因而对于能源问题,国内用户难以理解。第二个是高等法院裁决后的一系列补选问题(即拥有双重国籍的议员没有资格在议会中任职)。反对意见引发新的挑战,从中产生了一位新总理——斯科特·莫里森(Scott Morrison)。身为前旅游业高管,莫里森为自己设定了一个普通人的形象:一位住在郊区的父亲,穿着橄榄球联盟俱乐部的球衣,头戴一顶棒球帽,善用"这样如此之好""敢试敢为,机会均等"这样的口头禅。出乎意料的是,他在 2019 年的选举中击败了不受欢迎的工党领袖,回归至约翰·霍华德那种为主流群体说话的、高度个性化的演讲风格。这种状况延续到华盛顿举办的一场国宴上,唐纳德·特朗普化用布什总统对霍华德的称呼"钢铁之侠",将莫里森称为"钛人"。莫里森的能量还有待检验。

在 21 世纪前 10 年里,一位接一位的总理不得不在国际会议上向同行们做自我介绍,澳大利亚被誉为"民主世界的政变之都"。每次领导人更迭都被粉饰为政见不合,这无法掩盖个人的竞争天性,以及国会议员的反复无常的忠诚,他们预测决定选举胜利的最佳机会,并依此改变支持对象。对复杂问题作出理性反应将会使收益大打折扣,温和的竞选口号必然会导致失败、逃避和绝望。政治上的秩序失衡并没有扰乱现有政党的统治地位。与欧洲很多国家不同,那里的选民已从中左翼和中右翼转向选择民粹主义,而这里自由党一国家党联盟与工党仍稳控大局。他们的党员人数呈下降之势,政党生活了无趣味,且在近 40 年的初选中,双方都未能获得多数选票。

第三党开始出现了,其中绿党的势头最为强劲。起初,他们是一场社会运动的组织发起者,后来付诸议会政治。到 2010 年,他们的得票率达到 13%,在市中心选民区对工党产生威胁,并在参议院 75 个席位中获得 9 个。但随着这种政治影响力的增长,绿党在选举中的实用主义倾向与那些老牌政党趋同,而支持吉拉德政府协议的举动加剧了纯粹主义者和实用主义者之间的紧张关系。下议院的单一议员选举制度与强制投票制,一起保护了澳大利亚政治的卡特尔性质。

这种性质使得那些继续扰乱公众良知的政策都陷入困窘。虽然大堡礁白化的珊瑚是全球变暖的明显证明,但澳大利亚在碳减排问题上

插图 10.7：在 2018 年 8 月 22 日的一次新闻发布会上，斯科特·莫里森（Scott Morrison）搂着马尔科姆·特恩布尔（Malcolm Turnbull）喊道：“这是我的领袖，我为他雄心勃勃！”两天后，特恩布尔被推到一边，为新领袖莫里森（Morrison）让位。（亚历克斯·艾林豪森@Nine Publishing Co.）

仍停滞不前。寻求庇护者被继续关押在离岸收容中心，并被诬蔑为国家安全的威胁。自“9·11”以来，政府在国内监视、拘留、保密和镇压方面权力大涨，远超“二战”期间为应对国家安全威胁所必需的权力。与原住民的和解之路已开启 30 多年，时至今日澳大利亚仍在苦苦寻觅，远未达预期目的。2017 年，土著居民和托雷斯海峡岛民代表齐聚乌卢鲁，发自内心地郑重声明，呼吁将原住民的声音载入宪法，并成立马卡拉塔委员会（Makaratta Commission）监督执行与政府达成的各项协议。特恩布尔政府宣布禁止这两项提议：“政府认为针对宪法代表机构实行如此激进的改革，不会得到实质性支持。”

经济学家通常不会轻言繁荣，而澳大利亚的经济学家们倾向于从悲观的角度预测公共政策的执行结果。然而在 2013 年，有一位经济学家回顾了这个国家所取得的非凡成就。他在《澳大利亚为何繁荣》一书中解释道，在过往 200 年时间里，澳大利亚政府作出了正确决策。这个国家丰富自然资源不是促使其繁荣的充分理由,毕竟其他资源丰沛型国家常出现资源错配的失误。澳大利亚的繁荣归功于制度安排,让它能够抓住历史机遇。这个国家未在2007—2008年全球金融危机中采取过度偏激措施,因为后者很可能扼杀进一步的行政创新能力。然而,尽管最近又出现了经济增长放缓迹象,但仍持续增长。失业率和通货膨胀率都很低。由于对外贸易在国内生产总值占比为40%,国际收支出现盈余。部分原因是养老基金投资积聚了大量外国资产,使得澳大利亚有可能改变其作为债务国的历史地位,而变为债权国。

经济繁荣仍依赖资源出口,2018年资源出口占总出口量的58%,其中有一半出口到中国。因此,这个国家的命运在很大程度上依赖于新兴国家对原材料的持续需求。服务业主导着国内经济,同时制造业占国内生产总值比例已萎缩至仅6%,低于建筑业。人口的高增长率推动了建筑业的发展。自2000年以来,人口从1 900万增长到2 500万,创造了对更多住房和更多基础设施的强劲需求。这一增长反过来补偿了大量的退休人员,使澳大利亚能够避免与人口老龄化相关的成本增加。因此,这个国家是由经济增长推动的,让它推迟做出艰难的决定。的确,可以这么说,澳大利亚陷入了增长陷阱。

经济增长的一半源于自然增长,另一半源于移民,因此超过四分之一的澳大利亚人出生在海外。英国和新西兰仍然是主要的移民来源国,但现在中国和印度紧随其后,越南、菲律宾和马来西亚也占了相当大的比例。在几年前,悉尼的人口就超过了500万,墨尔本在稍晚也达到了这样的人口规模。在这两个城市中,外国出生的移民占到了40%以上,其中有四分之三的人口出生于中国、中国香港和越南。因各大学招收到大批海外学生,使得这些门户城市特有的国际感变得十分突出。大学教育本身肯定处于一个增长陷阱中,并依赖这些国际学生所支付的费用来弥补国内收入的不足,不得不建造奢华的新大厦来吸引和容纳这些学生。现在,教育和培训项目雇用了近100万人,规模较大的大学拥有5万多名学生,其员工人数超过福特时代鼎盛时的大型制造公司。

资源型经济繁荣在一定程度上降低了东南地区的人口密度：这种人口流动主要为国内移民,昆士兰现在拥有全国五分之一的人口,而吸引英国移民的西澳大利亚只有十分之一。后工业时代的南澳大利亚和塔斯马尼亚的经济增长都比较缓慢。只有 25 万人居住在广阔的北领地。原住民人口已达 70 万,尽管大多数与非原住民有社会交往,而绝大部分选择居住在城市或附近的地区中心。

由于 70％的人口集中在首府城市,澳大利亚仍然是城市化程度最高的国家之一,同时 85％的人口居住在距离海岸 50 公里以内的地区。随着城市发展,人们的居住方式被重构。一些因城市成本上涨而被拒于房地产市场之外的人,搬到了成本更低的地区城镇,而一些经济上有保障的退休人员和寻求"海景"的家庭,则搬迁到风景如画的沿海地区。在城市里,那些收入较低的人由于生活成本上升而迁往远郊,在那里,人们负担得起住房,但缺乏服务,而通勤成本则缩小了选择空间。

其他人则选择搬到更大、更豪华的"麦氏豪宅"(McMansion),这些豪宅建在更令人向往的地点。2008 年,新住宅的平均楼面面积达到 243 平方米,这些豪宅空间更大,配有豪华厨房、游戏和剧院间,每间卧室都有浴室。近郊的联排房屋和别墅也被扩建,面对着朴素的街道景观拔地而起。这里变为城市专业人士的栖息地,狭窄街道的每一个角落都有咖啡馆,狭窄街道本身则变身为复杂的交通线和自行车道的迷宫。随着城市的整合,更多的高层公寓出现了,现在占据了所有住宅建筑的一半之多。市中心和海滨地区变成了吃喝玩乐的户外场所,在那里,夜幕降临只会增加人们的活动内容。

尤其是在悉尼和墨尔本,近来的经济增长致使城市过度拥挤。两座城市的公共交通系统已达到极限,道路拥挤不堪,而不断修建新的高速公路只能暂时缓解压力。每天上下班的平均通勤时间超过 60 分钟。住房成本的上升降低了自置居所的拥有率,公共住房存量下降,超过 50 万户家庭承受租金压力。这对那些依赖福利资助的人影响明显,因为失业津贴长期低于基本生活费用。就"澳大利亚贫困"现状,澳大利亚社会服务委员会(Australian Council of Social Services)开展了调查工作,发现 2015 年有 300 万澳大利亚人生活在贫困线以下。

人际关系越不稳定,人的寿命越长。随着社会变迁,抚养子女的家庭变为少数而非常态,早期以家庭为核心的生活方式发生变化。现如今,孩子们不再步行上学,为了追求优质教育资源,他们乘车去更远的地方求学。他们不再嬉戏于后院或街道,因为庭院变小,而街道则更危险。放学后,孩子们会选择上网,而那些更富有的家庭的孩子更可能去上音乐课或练习曲棍球,而不是玩游戏。在这种家庭生活里,时间成为稀缺品,因为成功的事业需要长时间工作,电话需要一直保持开机,时刻处于工作状态。

插图 10.8：位于墨尔本西郊的温德姆市(Wyndham)的人口在 21 世纪第 2 个 10 年翻了一番,超过 25 万人,但每户平均只有 3 人。大多数居民开车上下班,公共交通和其他设施落后于人口增长。

邻里社区已经被因兴趣和生活方式一致而形成的社区替代。女性的劳动参与率正在与男性劳动参与率接近并趋于平等,而她们在地方志愿组织上所花费的时间则更少。就像汽车增强了机动性,互联网也促使享有共同兴趣的人跨越距离限制,联结在一起。活跃的退休人员越来越多地参与志愿服务,青年人也参与进来,他们中一些人为此效力,一些人是为从学校教育到就业过渡时期的履历增添砝码。现在四分之三走出校门的人完成了中等教育,超过三分之一的人获得了学位,因此从业之初的竞争就非常激烈。

富裕引发消费增长。《我的厨房规则》(*My Kitchen Rules*)和《减肥达人》(*The Biggest Loser*)这样的电视节目大受追捧表明了澳大利亚人对食物的热爱。三分之二的成年人有超重或肥胖问题。他们开始戒烟、戒酒,对吸食毒品更加警惕,但依然对卡路里和咖啡因上瘾。2002 年播出的电视喜剧《凯丝和金姆》(*Kath and Kim*)夸张地演绎了这种"放纵"的后果。凯丝是一位社会地位不断上升的单身母亲,住在墨尔本远郊的一栋海滨别墅里,她的女儿金姆不断地自我放纵。两人都沉迷于购物、媚俗和信口开河。凯丝爱慕凯尔——一个美食家屠夫,也是都市美男。与金姆分居的丈夫在康皮特城(Computa City)打拼,渴望成功,但最终没落至一家甜甜圈店工作。《凯丝和金姆》改编自一个古老话题——新贵们的无知和愚昧。在这样一个很多人都得以功成名就的国家引起了特殊共鸣。最富有的澳大利亚人用豪宅、豪华游艇和私人飞机来炫耀成功,这些新贵们则用自己的方式加以效仿。正是在这个时期,澳大利亚超级富豪们登上了世界财富排行榜,2012 年,吉娜·莱因哈特(Gina Rinehart)被评为世界上最富有的女性。紧随其后的是大公司的首席执行官们,他们薪酬水平提升至平均收入的 100 倍以上。

社会不平等现象在 20 世纪有所下降,但从 20 世纪 70 年代中期出现加剧趋势,并在全球金融危机前夕趋于平稳。虽在 21 世纪头十年,家庭收入每年增长 4% 以上,但从此以后就停滞不前了。与此同时,由于工会的衰落削弱了自身的议价能力,致使低收入者收入持续低迷。目前,家庭收入最高的五分之一家庭的收入额是收入最低的五分之一家庭的 5 倍,后者最不可能实现就业,依赖社会福利的程度也最高。但最富有的五分之一人群拥有的资产百倍于最贫穷的五分之一人群。税制改革有利于富豪们的财产承袭,这个群体在废除 1979 年遗产税上受益最多,随后是所得税规模的扁平化、租赁房产负扣税的恢复以及资本利得税的减少。

同时,加之那些富人能够积累和巩固资产的金融手段,使得这种两极分化对一个曾以平等主义精神为傲的社会产生了深远影响。在 20世纪中期，这些被认为是覆盖范围广泛的公民性服务的一部分，如医疗保健和教育、司法享有权、共享公共空间和平等互敬等，而现在富人则通过金钱购买优越待遇。另一个后果是，这些特权将世代相传，从而降低社会流动性。

有许多国际标杆可以说明为何澳大利亚对新移民仍然具有强大吸引力，因为该国接近联合国人类发展指数和性别发展指数的最高排位。澳大利亚在自由、个人安全和预期寿命方面得分很高，数个城市经常被评为世界最宜居城市之一。同时，它地域辽阔、阳光明媚，且轻松随意。社会学界分析认为，与其他大多数发达国家相比，澳大利亚人更为乐观，因为他们善于适应变化，对未来不确定性保持积极心态，但同样有分析发现，人们普遍怀念更简单、更悠闲的往日时光。

在该国应对 2019 年夏季肆虐澳大利亚东南部乡镇的森林大火时，这些乐观品质表露无遗。以前发生的火灾虽夺走了更多的生命，毁坏了更多的财产，但这次火灾的持续时间和凶猛程度前所未有。由于气候变暖，空气干燥，火灾季节开始早，结束晚，所以通过控制燃烧来降低燃料负荷量的机会减少。当地志愿者在其他国家消防员的帮助下与大火搏斗，各地筹集了大量资金来帮助灾民渡过难关，而农村社区则捐赠了食物、衣服和牲畜饲料。

2020 年初，当新型冠状病毒(COVID - 19)袭击澳大利亚时，民众恐慌性地购买卫生纸，其坚韧和富有同情的品质表现得不再明显。这是一种全然不同的威胁，病毒让人们彼此隔离，而非团结起来。

这两个危机都提醒人们关注人类统治的后果：人口过度增长、能源和资源被肆意消耗、生物多样性丧失以及人类在致命性病原体面前的脆弱性增加。这些威胁的规模和速度都在迅速增长，然而，这些威胁的原因至今无法确定，进而难以达成共识。或许，从更长的时间跨度来看，更好地了解历史，将有助于人类对此作出适当反应。

文 献 导 读

参 考 书 目

Jaynie Anderson (ed.), *The Cambridge Companion to Australian Art* (Cambridge: Cambridge University Press, 2011).

Australian Dictionary of Biography, 18 vols (Melbourne: Melbourne University Press, 1966 – 2012).

Frank Crowley and Peter Spearritt (gen. eds), *Australians: A Historical Library*, 5 vols: *A Historical Atlas*, *A Historical Dictionary*, *Events and Places*, *Historical Statistics*, *A Guide to Sources* (Sydney: Fairfax, Syme and Weldon Associates, 1987).

Brian Galligan and Winsome Roberts (eds), *The Oxford Companion to Australian Politics* (Melbourne: Oxford University Press, 2007).

John Hirst, Graeme Davison and Stuart Macintyre (eds), *The Oxford Companion to Australian History* (rev. edn, Melbourne: Oxford University Press, 2001).

Historical Records of Australia, 33 vols (Melbourne and Canberra:

Library Committee of the Commonwealth Parliament, 1914 – 25); 3 vols (Melbourne: Melbourne University Press, 1999 – 2013).

David Horton (gen. ed.), *The Encyclopaedia of Aboriginal Australia*, 2 vols (Canberra: Aboriginal Studies Press, 1994).

James Jupp (gen. ed.), *The Australian People: An Encyclopedia of the Nation, Its People and Their Origins* (rev. edn, Cambridge: Cambridge University Press, 2001).

Stephen Murray-Smith (ed.), *The Dictionary of Australian Quotations* (rev. edn, Melbourne: Mandarin, 1992).

W. S. Ramson, *The Australian National Dictionary: Australian Words and Their Origins* (Melbourne: Oxford University Press, 1988).

概　　要

Alan Atkinson, *The Europeans in Australia, A History* (Melbourne: Oxford University Press, vol. 1, 1997; vol. 2, 2004; Sydney: UNSW Press, vol. 3, 2014).

Alison Bashford and Stuart Macintyre (eds), *The Cambridge History of Australia*, 2 vols (Cambridge: Cambridge University Press, 2013).

Geoffrey Bolton (ed.), *The Oxford History of Australia* (Melbourne: Oxford University Press, vol. 2, 1992; vol. 3, 1988; vol. 4, 1986; vol. 5, 1990).

Ian Breward, *A History of the Churches in Australasia* (Oxford: Oxford University Press, 2001).

Donald Denoon and Philippa Mein-Smith, with Marivic Wyndham, *A History of Australia, New Zealand and the Pacific* (Malden, Mass. : Blackwell, 2000).

Alan D. Gilbert and K. S. Inglis (gen. eds), *Australians: A Historical Library*, 5 vols: *Australians to 1788*, *Australians 1838*, *Australians 1888*, *Australians 1938*, *Australians from 1939* (Sydney: Fairfax, Syme & Weldon Associates, 1987).

Jeffrey Grey, *A Military History of Australia* (3rd edn, Cambridge: Cambridge University Press, 2008).

Patricia Grimshaw, Marilyn Lake, Ann McGrath and Marian Quartly, *Creating a Nation* (Melbourne: McPhee Gribble, 1994).

Peter Pierce (ed.), *The Cambridge History of Australian Literature* (Cambridge: Cambridge University Press, 2009).

Simon Ville and Glen Withers (eds), *The Cambridge Economic History of Australia* (Cambridge: Cambridge University Press, 2015).

第一章　肇始之初(5 万年前—1600 年)

N. G. Butlin, *Economics and the Dreamtime: A Hypothetical History* (Cambridge: Cambridge University Press, 1993).

Josephine Flood, *The Original Australians: Story of the Aboriginal People* (Sydney: Allen & Unwin, 2006).

Joelle Gergis, *Sunburnt Country: The History and Future of Climate Change in Australia* (Melbourne: Melbourne University Press, 2018).

Billy Griffith, *Deep Time Dreaming: Uncovering Ancient Australia* (Melbourne: Black Inc., 2018).

Peter Hiscock, *Archaeology of Ancient Australia* (New York: Routledge, 2008).

Ian Keen, *Aboriginal Economy and Society: Australia at the Threshold of Colonisation* (Melbourne: Oxford University

Press, 2004).

Harry Lourandos, *Continent of Hunter-Gatherers: New Perspectives in Australian Prehistory* (Cambridge: Cambridge University Press, 1997). Ann McGrath and Mary Anne Jebb (eds), *Long History, Deep Time: Deepening Histories of Place* (Canberra: ANU Press, 2015).

D. J. Mulvaney and Johan Kamminga, *The Prehistory of Australia* (Sydney: Allen & Unwin, 1999).

Stephen J. Pyne, *Burning Bush: A Fire History of Australia* (Sydney: Allen & Unwin, 1992).

Mike Smith, *The Archaeology of Australia's Deserts* (Cambridge: Cambridge University Press, 2013).

第二章　新来者(约 1600—1792 年)

Alan Atkinson, *The Europeans in Australia*, vol. 1: *The Beginning* (Melbourne: Oxford University Press, 1997).

J. C. Beaglehole, *The Life of Captain James Cook* (London: A. and C. Black, 1974).

Inga Clendinnen, *Dancing with Strangers* (Melbourne: Text Publishing, 2003).

Alan Frost, *Botany Bay: The Real Story* (Melbourne: Black Inc., 2009).

John Gascoigne, *Encountering the Pacific in the Age of Enlightenment* (Cambridge: Cambridge University Press, 2014).

Chris Healy, *From the Ruins of Colonialism: History as Social Memory* (Cambridge: Cambridge University Press, 1997).

E. L. Jones, *The European Miracle: Environments, Economies and Geopolitics in the History of Europe and Asia* (3rd edn, Cambridge: Cambridge University Press, 2003).

Grace Karskens, *The Colony: A History of Early Sydney* (Sydney: Allen & Unwin, 2009).

Shino Konishi, *The Aboriginal Male in the Enlightenment World* (London: Pickering & Chatto, 2012).

Ged Martin (ed.), *The Founding of Australia: The Argument About Australia's Origins* (Sydney: Hale & Iremonger, 1978).

Maria Nugent, *Captain Cook Was Here* (Cambridge: Cambridge University Press, 2009).

Bernard Smith, *European Vision and the South Pacific* (2nd edn, Sydney: Harper and Row, 1985).

W. E. H. Stanner, *White Man Got No Dreaming: Essays, 1938 - 1973* (Canberra: ANU Press, 1979).

Nicholas Thomas, *Discoveries: The Voyages of Captain Cook* (London: Penguin Books, 2004).

第三章　强制时期(1793—1821 年)

Alison Alexander, *Tasmania's Convicts: How Felons Built a Free Society* (Sydney: Allen & Unwin, 2013).

Graeme Aplin (ed.), *A Difficult Infant: Sydney Before Macquarie* (Sydney: UNSW Press, 1988).

Tim Bonyhady, *The Colonial Earth* (Melbourne: Miegunyah Press, 2000).

James Boyce, *Van Diemen's Land* (Melbourne: Black, Inc. , 2008).

Frank Broeze, *Island Nation: A History of Australians and the Sea* (Sydney: Allen & Unwin, 1997).

Kay Daniels, *Convict Women* (Sydney: Allen & Unwin, 1998).

Brian Fletcher, *Landed Enterprise and Penal Society: A History of Farming and Grazing in New South Wales Before 1821* (Sydney: Sydney University Press, 1976).

Alan Frost, *Botany Bay: The Real Story* (Melbourne: Black Inc. , 2011).

Lucy Frost and Hamish Maxwell-Stewart, *Chain Letters: Narrating Convict Lives* (Melbourne: Melbourne University Press, 2001).

J. B. Hirst, *Convict Society and Its Enemies: A History of Early New South Wales* (Sydney: Allen & Unwin, 1983).

Janette Holcomb, *Early Merchant Families of Sydney: Speculation and Risk Management on the Fringes of Empire* (Melbourne: Australian Scholarly Press, 2013)

Robert Hughes, *The Fatal Shore: A History of the Transportation of Convicts to Australia, 1787 – 1868* (London: Collins Harvill, 1987).

K. S. Inglis, *The Australian Colonists: An Exploration of Social History, 1788 – 1870* (Melbourne: Melbourne University Press, 1974).

Grace Karskens, *The Colony: A History of Early Sydney* (Sydney: Allen & Unwin, 2009).

David Neal, *The Rule of Law in a Penal Colony: Law and Power in Early New South Wales* (Cambridge: Cambridge University Press, 1991).

Stephen Nicholas (ed.), *Convict Workers: Reinterpreting Australia's Past* (Cambridge: Cambridge University Press, 1988).

Cassandra Pybus, *Black Founders: The Unknown Story of Australia's First Black Settlers* (Sydney: UNSW Press, 2006).

John Ritchie, *Lachlan Macquarie: A Biography* (Melbourne: Melbourne University Press, 1986).

L. L. Robson, *The Convict Settlers of Australia* (Melbourne: Melbourne University Press, 1965).

L. L. Robson, *A History of Tasmania* , vol. 1 (Melbourne: Oxford University Press, 1983).

A. G. L. Shaw, *Convicts and the Colonies: A Study of Penal Transportation from Great Britain and Ireland to Australia and Other Parts of the British Empire* (London: Faber, 1966).

第四章　刑释年代(1822—1850 年)

Alan Atkinson, *The Europeans in Australia* , vol. 2: *Democracy* (Melbourne: Oxford University Press, 2004).

Alan Atkinson and Marian Aveling (eds), *Australians 1838* (Sydney: Fairfax, Syme & Weldon Associates, 1987).

Geoffrey Bolton, *Land of Vision and Mirage: Western Australia since 1826* (Perth: University of Western Australia Press, 2008).

James Boyce, *1835: The Founding of Melbourne and the Conquest of Australia* (Melbourne: Black, Inc. , 2011).

Ann Curthoys and Jessie Mitchell, *Taking Liberty: Indigenous Rights and Settler Self-Government in Colonial Australia* , *1830 - 1890* (Cambridge: Cambridge University Press, 2018).

Kay Daniels, *Convict Women* (Sydney: Allen & Unwin, 1998).

David Denholm, *The Colonial Australians* (Melbourne: Allen Lane, 1979).

Robert Dixon, *The Course of Empire: Neo-Classical Culture in New South Wales, 1788 - 1860* (Melbourne: Oxford University Press, 1986).

Heather Douglas and Mark Finnane (eds), *Indigenous Crime and Settler Law: White Sovereignty after Empire* (London: Palgrave Macmillan, 2012).

Lisa Ford, *Settler Sovereignty: Jurisdiction and Indigenous People in America and Australia 1788 - 1836* (Cambridge, MA: Harvard University Press, 2010).

Robert Foster, Rick Hosking and Amanda Nettelbeck, *Fatal Collisions: The South Australian Frontier and the Violence of Memory* (Adelaide: Wakefield Press, 2001).

John Gascoigne, *The Enlightenment and the Origins of European Australia* (Cambridge: Cambridge University Press, 2002).

J. B. Hirst, *Convict Society and its Enemies: A History of Early New South Wales* (Sydney: Allen & Unwin, 1983).

K. S. Inglis, *The Australian Colonists: An Exploration of Social History, 1788 -1870* (Melbourne: Melbourne University Press, 1974).

Terry Irving, *The Southern Tree of Liberty: The Democratic Movement in New South Wales Before 1856* (Sydney: Federation Press, 2006).

Dane Kennedy, *The Last Blank Spaces: Exploring Africa and Australia* (Cambridge, Mass. : Harvard University Press, 2013).

Bruce Kercher, *An Unruly Child: A History of Law in Australia* (Sydney: Allen & Unwin, 1995).

Ann McGrath, *Contested Ground: Australian Aborigines Under the British Crown* (Sydney: Allen & Unwin, 1995).

Kirsten McKenzie, *Scandal in the Colonies: Sydney and Cape Town, 1820 - 1850* (Melbourne: Melbourne University Press, 2004).

Roger Milliss, *Waterloo Creek: The Australia Day Massacre of 1838, George Gipps and the British Conquest of New South Wales* (Melbourne: McPhee Gribble, 1992).

Jessie Mitchell, *In Good Faith? Governing Indigenous Australia through God*, *Charity and Empire* (Canberra: ANU E Press, 2011).

Stephen Nicholas (ed.), *Convict Workers: Reinterpreting Australia's Past* (Cambridge: Cambridge University Press, 1988).

Douglas Pike, *Paradise of Dissent: South Australia*, *1829 – 1857* (2nd edn, Melbourne: Melbourne University Press, 1967).

Henry Reynolds, *Frontier: Aborigines*, *Settlers and Land* (Sydney: Allen & Unwin, 1987).

Henry Reynolds, *Fate of a Free People* (Melbourne: Penguin Books, 1995).

L. L. Robson, *A History of Tasmania*, vol. 1 (Melbourne: Oxford University Press, 1983).

Penny Russell, *Savage or Civilised? Manners in Colonial Australia* (Sydney: UNSW Press, 2010).

Lyndall Ryan, *The Aboriginal Tasmanians* (Sydney: Allen & Unwin, 2006).

Paul Sendziuk and Robert Foster, *A History of South Australia* (Cambridge: Cambridge University Press, 2018).

第五章　进步时代(1851—1888 年)

Alan Atkinson, *The Europeans in Australia*, vol. 2: *Democracy* (Melbourne: Oxford University Press, 2004).

Geoffrey Blainey, *The Rush that Never Ended* (5th edn, Melbourne: Melbourne University Press, 2003).

Geoffrey Bolton, *A Thousand Miles Away: A History of North Queensland to 1920* (Canberra: Australian National University Press, 1963).

Peter Cochrane, *Colonial Ambition: Foundations of Australian*

Democracy (Melbourne: Melbourne University Press, 2006).

Ann Curthoys and Jessie Mitchell, *Taking Liberty: Indigenous Rights and Settler Self-Government in Colonial Australia*, *1830 – 1890* (Cambridge: Cambridge University Press, 2018).

Graeme Davison, *The Rise and Fall of Marvellous Melbourne* (Melbourne: Melbourne University Press, 1978).

Graeme Davison, J. W. McCarty and Ailsa McLeary (eds), *Australians 1888* (Sydney: Fairfax, Syme & Weldon Associates, 1987).

Raymond Evans, *A History of Queensland* (Cambridge: Cambridge University Press, 2007).

John Ferry, *Colonial Armidale* (Brisbane: University of Queensland Press, 1999).

John Fitzgerald, *Big White Lie: Chinese Australians in White Australia* (Sydney: UNSW Press, 2007).

Lionel Frost, *The New Urban Frontier: Urbanisation and City Building in Australasia and the American West* (Sydney: UNSW Press, 1991).

Regina Ganter, with Julia Martinez and Gary Lee, *Mixed Relations: Asian – Aboriginal Contact in North Australia* (Perth: University of Western Australia Press, 2006).

David Goodman, *Goldseeking: Victoria and California in the 1850s* (Sydney: Allen & Unwin, 1994).

John Hirst, *The Strange Birth of Colonial Democracy: New South Wales*, *1848 – 1884* (Sydney: Allen & Unwin, 1988).

H. R. Jackson, *Churches and People in Australia and New Zealand*, *1860 – 1930* (Sydney: Allen & Unwin, 1987).

Beverley Kingston, *The Oxford History of Australia*, vol. 3 (Melbourne: Oxford University Press, 1988).

Stuart Macintyre, *A Colonial Liberalism: The Lost World of Three Victorian Visionaries* (Melbourne: Oxford University Press, 1991).

Ann McGrath, *'Born in the Cattle': Aborigines in Cattle Country* (North Sydney: Allen & Unwin, 1987).

Ian W. McLean, *Why Australia Prospered: The Shifting Sources of Economic Growth* (Princeton: Princeton University Press, 2013).

Ann O'Brien, *Philanthropy and Settler Colonialism* (Basingstoke: Palgrave Macmillan, 2015).

Henry Reynolds, *With the White People* (Melbourne: Penguin Books, 1990).

Andrew Sayers, *Aboriginal Artists of the Nineteenth Century* (Melbourne: Oxford University Press, 1994).

Geoffrey Serle, *The Golden Age: A History of the Colony of Victoria, 1851 - 1861* (Melbourne: Melbourne University Press, 1963).

Marjorie Theobald, *Knowing Women: Origin of Women's Education in Nineteenth-Century Australia* (Cambridge: Cambridge University Press, 1996).

Angela Woollacott, *Settler Society in the Australian Colonies: Self-Government and Imperial Culture* (Oxford: Oxford University Press, 2015).

第六章　民族重建(1889—1913 年)

Alan Atkinson, *The Europeans in Australia*, vol. 3: *Nation* (Sydney: UNSW Press, 2014).

Melissa Bellanta, *Larrikins: A History* (Brisbane: University of Queensland Press, 2012).

Geoffrey Bolton, *Edmund Barton* (Sydney: Allen & Unwin, 2000).

Judith Brett, *The Enigmatic Mr Deakin* (Melbourne: Text Publishing, 2017).

Verity Burgmann, '*In Our Time*': *Socialism and the Rise of Labor, 1885 - 1905* (Sydney: Allen & Unwin, 1985).

John Hirst, *The Sentimental Nation: The Making of the Australian Commonwealth* (Melbourne: Oxford University Press, 2000).

Helen Irving, *To Constitute a Nation: A Cultural History of Australia's Constitution* (Cambridge: Cambridge University Press, 1997).

J. A. La Nauze, *Alfred Deakin: A Biography*, 2 vols (Melbourne: Melbourne University Press, 1965).

Marilyn Lake and Henry Reynolds, *Drawing the Global Colour Line: White Men's Countries and the Question of Racial Equality* (Melbourne: Melbourne University Press, 2008).

Susan Magarey, *Passions of the First Wave Feminists* (Sydney: UNSW Press, 2001).

Ross McMullin, *The Light on the Hill: The Australian Labor Party, 1891 - 1991* (Melbourne: Oxford University Press, 1991).

Neville Meaney, *The Search for Security in the Pacific 1901 - 1914* (Sydney: Sydney University Press, 2009).

John Merritt, *The Making of the AWU* (Melbourne: Oxford University Press, 1986).

Anne O'Brien, *Poverty's Prison: The Poor in New South Wales 1880 - 1918* (Melbourne: Melbourne University Press, 1988).

John Rickard, *Class and Politics: New South Wales, Victoria and the Early Commonwealth, 1890 - 1910* (Canberra: Australian National University Press, 1976).

Michael Roe, *Nine Australian Progressives: Vitalism in Bourgeois Social Thought*, *1890 – 1960* (Brisbane: University of Queensland Press, 1984).

Tim Rowse, *Indigenous and Other Australians since 1901* (Sydney: UNSW Press, 2017).

Marian Sawer, *The Ethical State: Social Liberalism in Australia* (Melbourne: Melbourne University Press, 2003).

Gavin Souter, *Lion and Kangaroo. Australia: 1901 – 1919*, *The Rise of a Nation* (Sydney: William Collins, 1976).

Stuart Svensen, *The Shearers' War: The Story of the 1891 Shearers' Strike* (Brisbane: University of Queensland Press, 1989).

Stuart Svensen, *The Sinews of War: Hard Cash and the 1890 Maritime Strike* (Sydney: UNSW Press, 1995).

Jan Todd, *Colonial Technology: Science and the Transfer of Innovation to Australia* (Cambridge: Cambridge University Press, 1995).

Luke Trainor, *British Imperialism and Australian Nationalism: Manipulation*, *Conflict and Compromise in the Late Nineteenth Century* (Cambridge: Cambridge University Press, 1994).

David Walker, *Anxious Nation: Australia and the Rise of Asia*, *1850 – 1939* (Brisbane: University of Queensland Press, 1999).

第七章　国家牺牲(1914—1945 年)

E. M. Andrews, *The Anzac Illusion: Anglo-Australian Relations During World War I* (Cambridge: Cambridge University Press, 1993).

Robyn Archer et al. (eds), *The Conscription Conflict and the Great War* (Melbourne: Monash University Publishing, 2016).

Joan Beaumont, *The Broken Nation: Australians in the Great War*

(Sydney: Allen & Unwin, 2013).

Judith Brett, *The Australian Liberals and the Moral Middle Class: From Alfred Deakin to John Howard* (Cambridge: Cambridge University Press, 2003).

Barrie Dyster and David Meredith, *Australia in the Global Economy: Continuity and Change* (2nd edn, Cambridge: Cambridge University Press, 2012).

L. F. Fitzhardinge, *The Little Digger, 1914 -1952: William Morris Hughes, A Political Biography* (Sydney: Angus & Robertson, 1979).

Bill Gammage, *The Broken Years: Australian Soldiers in the Great War* (Melbourne: Penguin, 1975).

Bill Gammage and Peter Spearritt (eds), *Australians 1938* (Sydney: Fairfax, Syme and Weldon Associates, 1987).

Stephen Garton, *The Cost of War: Australians Return* (Melbourne: Oxford University Press, 1996).

Carolyn Holbrook, *Anzac: The Unauthorised Biography* (Sydney: NewSouth Publishing, 2014).

David Horner, *High Command: Australia and Allied Strategy, 1939 -1945* (Sydney: Allen & Unwin, 1992).

K. S. Inglis, *Sacred Places: War Memorials in the Australian Landscape* (3rd edn, Melbourne: Melbourne University Press, 2008).

Mark Johnston, *Fighting the Enemy: Australian Soldiers and their Adversaries in World War II* (Cambridge: Cambridge University Press, 2000).

Marilyn Lake, *The Limits of Hope: Soldier Settlement in Victoria, 1915 -38* (Melbourne: Oxford University Press, 1987).

Marilyn Lake, *Getting Equal: The History of Australian Feminism*

(Sydney: Allen & Unwin, 1999).

David Lee, *Stanley Melbourne Bruce: Australian Internationalist* (London: Continuum, 2010).

Stuart Macintyre, *The Oxford History of Australia*, vol. 4: *1901 – 1942: The Succeeding Age* (Melbourne: Oxford University Press, 1986).

Stuart Macintyre, *The Reds: The Communist Party of Australia from Origins to Illegality* (Sydney: Allen & Unwin, 1998).

A. W. Martin, *Robert Menzies: A Life*, vol. 1: *1894 – 1943* (Melbourne: Melbourne University Press, 1993).

Janet McCalman, *Struggletown: Public and Private Life in Richmond*, *1900 – 1965* (Melbourne: Melbourne University Press, 1984).

Janet McCalman, *Journeyings: The Biography of a Middle-Class Generation*, *1920 – 1990* (Melbourne: Melbourne University Press, 1993).

Neville Meaney, *Australia and the World Crisis 1914 – 1923* (Sydney: Sydney University Press, 2009).

Andrew Moore, *The Secret Army and the Premier* (Sydney: UNSW Press, 1989).

Fiona Paisley, *Loving Protection: Australian Feminism and Aboriginal Women's Rights*, *1919 – 1939* (Melbourne: Melbourne University Press, 2000).

John Robertson, *1939 – 1945*, *Australia Goes to War* (Sydney: Doubleday, 1984).

Michael Roe, *Australia*, *Britain*, *and Migration*, *1915 – 1940: A Study of Desperate Hopes* (Cambridge: Cambridge University Press, 1995).

C. B. Schedvin, *Australia and the Great Depression* (Sydney:

Sydney University Press, 1970).

Chris Waters, *Australia and Appeasement: Imperial Foreign Policy and the Origins of World War II* (London: I. B. Tauris, 2012).

第八章 黄金时代(1946—1975 年)

Michelle Arrow, *Friday on Our Minds: Popular Culture in Australia since 1945* (Sydney: UNSW Press, 2009).

Michelle Arrow, *The Seventies: The Personal, the Political and the Making of Modern Australia* (Sydney: NewSouth Publishing, 2019).

Bain Attwood, *Rights for Aborigines* (Sydney: Allen & Unwin, 2003).

Geoffrey Bolton, *The Oxford History of Australia*, vol. 5: *1942 – 1988: The Middle Way* (2nd edn, Melbourne: Oxford University Press, 1996).

Frank Bongiorno, *The Sex Lives of Australians: A History* (Melbourne: Black Inc., 2012).

Judith Brett, *Robert Menzies' Forgotten People* (Sydney: Macmillan, 1992).

Judith Brett, *Australian Liberals and the Moral Middle Class from Alfred Deakin to John Howard* (Cambridge: Cambridge University Press, 2003).

Nicholas Brown, *Governing Prosperity: Social Change and Analysis in Australia in the 1950s* (Cambridge: Cambridge University Press, 1995).

Ann Curthoys, A. W. Martin and Tim Rowse (eds), *Australians from 1939* (Sydney: Fairfax, Syme & Weldon Associates, 1987).

Graeme Davison, *Car Wars: How the Car Won Our Hearts and Conquered Our Cities* (Sydney: Allen & Unwin, 2004).

Barrie Dyster and David Meredith, *Australia in the Global Economy: Continuity and Change* (2nd edn, Cambridge: Cambridge University Press, 2012).

Graham Freudenberg, *A Certain Grandeur: Gough Whitlam in Politics* (Melbourne: Macmillan, 1977).

Anna Haebich, *Spinning the Dream: Assimilation in Australia 1950 -1970* (Fremantle: Fremantle Press, 2008).

Ian Hancock, *National and Permanent? The Federal Organisation of the Liberal Party of Australia , 1944 - 1965* (Melbourne: Melbourne University Press, 2000).

Jenny Hocking, *Gough Whitlam: His Time. The Biography*, vol. II (Melbourne: Miegunyah Press, 2012).

Marilyn Lake, *Getting Equal: The History of Australian Feminism* (Sydney: Allen & Unwin, 1999).

David Lowe, *Menzies and the 'Great World Struggle' : Australia's Cold War, 1948 -1954* (Sydney: UNSW Press, 1999).

Stuart Macintyre, *Australia's Boldest Experiment: War and Reconstruction in the 1940s* (Sydney: NewSouth Publishing, 2015).

Allan Martin, *Robert Menzies: A Life*, vol. 2: *1944 - 1978* (Melbourne: Melbourne University Press, 1999).

John Murphy, *Harvest of Fear: A History of Australia's Vietnam War* (Sydney: Allen & Unwin, 1993).

John Murphy, *Imagining the Fifties: Private Sentiment and Political Culture in Menzies' Australia* (Sydney: UNSW Press, 2000).

Scott Prasser, J. R. Nethercote and John Warhurst (eds), *The*

Menzies Era: A Reappraisal of Government, Politics and Policy (Sydney: Hale & Iremonger, 1995).

Eric Richards, *Destination Australia: Migration to Australia Since 1901* (Sydney: UNSW Press, 2008).

Shirleene Robinson and Julie Ustinoff (eds), *The 1960s in Australia: People, Power and Politics* (Newcastle upon Tyne: Cambridge Scholars, 2012).

Tim Rowse, *Nugget Coombs: A Reforming Life* (Cambridge: Cambridge University Press, 2002).

Tim Rowse, *Indigenous and Other Australians since 1901* (Sydney: UNSW Press, 2017).

Tom Sheridan, *Division of Labour: Industrial Relations in the Chifley Years, 1945 - 1949* (Melbourne: Oxford University Press, 1989).

Tom Sheridan, *Australia's Own Cold War: The Waterfront Under Menzies* (Melbourne: Melbourne University Press, 2006).

Gwenda Tavan, *The Long, Slow Death of White Australia* (Melbourne: Scribe, 2005).

第九章 整改时期(1976—1996 年)

Philip Ayres, *Malcolm Fraser* (Melbourne: William Heinemann Australia, 1987).

Stephen Bell, *Ungoverning the Economy: The Political Economy of Australian Economic Policy* (Melbourne: Oxford University Press, 1997).

Geoffrey Bolton, *The Oxford History of Australia*, vol. 5 (2nd edn, Melbourne: Oxford University Press, 1996).

Frank Bongiorno, *The Eighties: The Decade that Transformed Australia* (Melbourne: Black Inc. , 2015).

Judith Brett, *Relaxed and Comfortable: The Liberal Party's Australia* (Melbourne: Black Inc. , 2005).

Barrie Dyster and David Meredith, *Australia in the Global Economy: Continuity and Change* (2nd edn, Cambridge: Cambridge University Press, 2012).

Grant Fleming, David Merrett and Simon Ville, *The Big End of Town: Big Business and Corporate Leadership in Twentieth-Century Australia* (Cambridge: Cambridge University Press, 2004).

James Jupp, *From White Australia to Woomera: The Story of Australian Immigration* (Cambridge: Cambridge University Press, 2002).

Paul Kelly, *The End of Certainty: The Story of the 1980s* (Sydney: Allen & Unwin, 1992).

Robert Manne, *How We Live Now: The Controversies of the Nineties* (Melbourne: Text Publishing, 1998).

George Megalogenis, *The Australian Moment: How We Were Made for These Times* (Melbourne: Viking, 2012).

Meaghan Morris, *Too Late Too Soon: History in Public Culture* (Bloomington: Indiana University Press, 1998).

Mark Peel, *The Lowest Rung: Voices of Australian Poverty* (Cambridge: Cambridge University Press, 2003).

Nicholas Peterson and Will Sanders (eds), *Citizenship and Indigenous Australians: Changing Conceptions and Possibilities* (Cambridge: Cambridge University Press, 1998).

Susan Ryan and Troy Bramston (eds), *The Hawke Government: A Critical Retrospective* (Sydney: Pluto Press, 1993).

Peter Saunders, *Welfare and Inequality: National and International Perspectives on the Australian Welfare State* (Cambridge:

Cambridge University Press, 1994).

Paul Smyth and Bettina Cass (eds), *Contesting the Australian Way: States, Markets and Civil Society* (Cambridge: Cambridge University Press, 1998).

Hugh Stretton, *Political Essays* (Melbourne: Georgian House, 1987).

Trevor Sykes, *The Bold Riders: Behind Australia's Corporate Collapse* (Sydney: Allen & Unwin, 1994).

Graeme Turner, *Making It National: Nationalism and Australian Popular Culture* (Sydney: Allen & Unwin, 1994).

James Walter, *Tunnel Vision: The Failure of Political Imagination* (Sydney: Allen & Unwin, 1996).

第十章　出路(1997—2020 年)

Chris Aulich (ed.), *The Gillard Governments: Australian Commonwealth Administration, 2010 - 2013* (Melbourne: Melbourne University Press, 2014).

Chris Aulich (ed.), *From Abbott to Turnbull, a New Direction? Australian Commonwealth Administration 2013 - 2016* (Geelong: Echo Books, 2016).

Chris Aulich and Mark Evans (eds), *The Rudd Government: Australian Commonwealth Administration 2007 - 2010* (Canberra: ANU E Press, 2010).

Mark Davis, *The Land of Plenty: Australia in the 2000s* (Melbourne: Melbourne University Press, 2008).

John Edwards, *Beyond the Boom* (Melbourne: Penguin, 2014).

Wayne Errington and Peter van Onselen, *John Winston Howard* (Melbourne: Melbourne University Press, 2007).

Mark Evans, Michelle Grattan and Brendan McCaffrie (eds), *From

Turnbull to Morrison: The Trust Divide: Australian Commonwealth Administration 2016 – 2019 (Melbourne: Melbourne University Press, 2019).

Ross Garnaut, *Dog Days: Australia After the Boom* (Melbourne: Redback, 2013).

Paul Kelly, *The March of Patriots: The Struggle for Modern Australia* (Melbourne: Melbourne University Press, 2008).

Paul Kelly, *Triumph and Demise: The Broken Promise of a Labor Generation* (Melbourne: Melbourne University Press, 2014).

Andrew Leigh, *Battlers and Billionaires: The Story of Inequality in Australia* (Melbourne: Redback, 2014).

Robert Manne (ed.), *The Howard Years* (Melbourne: Black Inc. , 2004).

Paddy Manning, *Born to Rule: The Unauthorised Biography of Malcolm Turnbull* (Melbourne: Melbourne University Press, 2015).

David Marr, *Rudd v. Abbott* (Melbourne: Schwartz Publishing, 2013).

David Marr and Marian Wilkinson, *Dark Victory* (Sydney: Allen & Unwin, 2003).

Ian Marsh (ed.), *Political Parties in Transition?* (Sydney: Federation Press, 2006).

Ian W. McLean, *Why Australia Prospered: The Shifting Sources of Economic Growth* (Princeton: Princeton University Press, 2013).

George Megalogenis, *The Australian Moment: How We Were Made for These Times* (Melbourne: Viking, 2012).

Seamus O'Hanlon, *City Life: The New Urban Australia* (Sydney: NewSouth Publishing, 2018).

Noel Pearson, *Up from the Mission: Selected Writings* (Melbourne: Black Inc. , 2009).

Tim Rowse, *Rethinking Social Justice: From ' Peoples ' to 'Populations'* (Canberra: Aboriginal Studies Press, 2012).

Rodney Tiffen and Ross Gittins, *How Australia Compares* (2nd edn, Cambridge: Cambridge University Press, 2009).

Patrick Weller, *Kevin Rudd: Twice Prime Minister* (Melbourne: Melbourne University Press, 2014).

后 记

澳大利亚——一个在赤道另一边,随处可见奇异动植物的"蛮荒"国度。两个多世纪之前,英国人将西方文明硬生生地强加到这块与世隔绝的大陆之上,改变了澳洲土著社会的运行轨迹,创建了大英帝国又一个新的支脉。在英国人之前,西班牙和荷兰人已经来过这里,荷兰还将大陆的西半部命名为"新荷兰"。英国的库克船长不以为然,在大陆的东面航行探测一番之后,便以英国国王陛下的名义宣布这块大陆归英国所有,重新命名为"新南威尔士"。起初,英国君主和诸位大臣对这块遥远的化外之地并没有什么兴趣,只是到了北美13块殖民地宣布独立之后,英国严刑之下数以万计的罪犯无处可关,才想到了这个地方。虽说也有与其他西方列强在太平洋抗衡的战略考虑,但英国政府主要是将这块地方作为流放罪犯的刑惩地。随着一船船流放犯的到来,澳洲大陆开始改变面貌,尤其是自由移民的加入,更加速了新社会和新国家的孕育和诞生进程。这样在20世纪开启之时,就在浩渺的太平洋和印度洋的交汇处,紧挨亚洲的南缘,一个由欧洲移民创建的"西方"国家诞生于世。

澳大利亚是英国工业化和殖民化的直接产物。工业化使英国率先富裕强大起来,成为当时的一流政治、经济、军事强国,称霸世界。殖民化将整个世界纳入资本主义体系,成为西方殖民国家的原料来源、销售市场和剩余人口输出地。大英帝国的殖民地可分为三种类型：移民型殖民地、非移民型殖民地和二元型殖民地，澳大利亚属于第一种。所谓移民型殖民地(Immigration colonies)，是指英国等欧洲国家的白人移民是殖民地人口的主体，占绝对多数，而土著居民则遭到大规模杀戮或驱赶以及染上殖民者带入的疾病，人口在总人口中占绝对少数。移民将母邦的政治、经济、法律制度和文化传统带到殖民地，并仿照母邦的社会模式来进行开发和建设，因而在各个方面与母邦十分相似，可以视作母邦文化的延伸和扩展。土著文化遭到毁灭性打击，完全退出主流文化的范畴。这种殖民地及其建立的国家实际上是宗主国的拷贝和复制品，在英帝国内，北美、澳洲殖民地均属这种类型。

独立后的澳大利亚联邦，一直是西方阵营的忠实成员。先是紧紧跟随英国，迟迟不愿独立门户，对大英帝国的忠诚，令加拿大、南非等国汗颜。两次世界大战中，只要英国甫一宣战，澳大利亚总是毫不犹豫地随之参战，不惜付出巨大的人力、物力代价。加里波第战役，澳军所在的澳新军团损失惨重，可谓完败，但澳官方民间均以此为荣，大加赞颂和纪念，谓之国家和民族自立于世界民族之林的标志。第二次世界大战中，英国实力受到重创，于是澳大利亚投奔英语国家中最强大的美国门下。由于离欧洲实在太远，无法成为北约成员国，于是与美国新西兰组成了"澳新美同盟"，又参加了美国主导的东南亚条约组织。20世纪50年代以来，澳大利亚先后跟着美国参加了朝鲜战争、越南战争、伊拉克战争等。此外，由于澳大利亚的独立和1931年英联邦的成立，殖民问题已经解决，所以与其他移民殖民地形成的国家一样，并未受到"二战"后非殖民化的波及。

在英联邦国家中，除了英国之外，澳大利亚是笔者最早负笈前往和研究的对象国。在气候宜人、风景如画的布里斯班，笔者曾在昆士兰大学历史系从事为时一年的研究。由于是第一次走出国门，加上当时国际交流机会较少，所以充满了好奇，同时也有些许的紧张。总的印象是，澳大利亚地大、物博、人稀，制造业不够发达，民众生活水平较高，工作节奏不比国内快，社会福利十分完备，社会秩序良好。一般情况下，人与人之间相互尊重,以礼相待,但部分人的种族歧视却时常溢于言表,见诸行动。作为来自亚洲国家的学者,曾不止一次地接触到这种不愉快的经历。本书作者谈到20世纪50年代有上万名亚洲学生根据"科伦坡计划"到澳大利亚学习,有机会"获得了关于白澳偏见的亲身经历"。[①] 笔者到澳大利亚已是40年之后,多元文化政策也已实行了多年,但这种在公开场合明目张胆的种族主义言语与行动的挑衅和攻击仍不时发生,与美、加等国相比相差甚远,令人感到遗憾和不解,谨望今日之种族状况会发生实质性变化。当然,这种不居主流地位的种族主义行径,不会影响笔者学术研究的公正性。从澳回国后,笔者撰写了"澳大利亚与第二次世界大战"等文字,对其历史及作用和贡献均作了基于史实的客观考察和评价[②]。

本书作者斯图亚特·麦金泰尔是研究澳大利亚历史的权威学者,著有:《牛津澳大利亚史》第四卷(1986年)、《殖民自由主义》(1991年)、《一国之史》(1994年)和《战争史》(2003年)等著作。作为译者,虽然对澳大利亚历史并不陌生,并积累了较丰富的翻译经验,但由于麦金泰尔教授的这部著作属厚积薄发、举重若轻的浓缩之作,学术含量甚高,遣词造句宁繁毋简,所以译文瑕疵之处在所难免,特请各位同仁和广大读者不吝赐教。

潘兴明

---

① Stuart Macintyre, *A Concise History of Australia*, Cambridge: Cambridge University Press, 2004, p. 212.

② 参见潘兴明:《澳大利亚与第二次世界大战》,《南京大学学报》,1995年,第3期;《英属澳洲殖民地流放制度论略》,《史学月刊》,1994年,第1期;《简论澳大利亚的华人移民研究》,《世界历史研究动态》,1993年,第6期。